한눈에 읽는 파노라마 한국사

한눈에 읽는 파노라마 한국사

한시준·김철웅

nosvos

책머리에

서양에서 역사학의 아버지로 평가받고 있는 헤로도토스는 『히스토리아』를 저술한 이유에 대해, "사건은 시간이 흘러감에 따라 잊혀지고, 사람들이 이룬 위대한 업적을 세상 사람들이 알지 못하게 될 것을 우려하여 조사한 바를 서술한다"고 하였다. 헤로도토스가 말했다시피 역사는 기억을 위한 것이다. 그러면 현재 우리는 어떠한가. 『삼국사기』를 편찬한 김부식은, "지금의 지식인들은 중국의 것은 잘 알고 있으나 오히려 우리나라의 역사는 알지 못하고 있으니 유감스러운 일이다"라고 하였다. 김부식의 지적은 현재에 와서도 크게 다르지 않다. 그러나 한편으로 달리 생각해보면 우리 역사를 쉽고도 간결하게 전달하기 위한 노력도 부족했다는 사실이다. 이에 이 책은 우리 역사의 흐름과 맥락을 이해하도록 각 장마다 요약을 첨부하고 꼭 알아야 될 주요 사실을 정리하였으며, 많은 사진 자료를 제시하여 독자들의 이해를 돕도록 하였다.

이 책의 원고는 원래 스페인어권 독자들에게 한국의 역사를 쉽고 간결하게 전달하기 위한 요청에서 시작되었다. 지금까지 외국인을 위한 영문으로 된 한국사 서적은 여럿 나왔지만, 세계 주요 언어 중의 하나인 스페인어로는 제대로 된 한국사 소개서가 출간된 적이 없었다. 이에 한국사의 맥락과 주요 내용을 한 권으로 정리하였고, 이를 2009년에 단국대 아시아아메리카연구소에서 스페인어 번역본, 『Breve historia de la República de Corea(단국대학교출판부 간행)』를 출간하였다. 그 이후, 우리 역사를 쉽고 간결하게 전달한다는 원래의 취지는 한국 독자들에게도 필요하다는 판단에 따라 이 책을 간행하게 되었다.

그러나 이 책은 스페인어 판과는 또 다른 책임을 말해 두고 싶다. 우선 국내 독자들을 대상으로 하다 보니, 여러 부분에서 내용을 새로 추가하게 되었다. 한국의 세계문화유산과 연표 등의 부록을 국내 독자들을 위해 추가하였다. 특히 새롭게 해석할 여지가 있거나 재조명이 필요한 부분을 새로 추가 서술하였다. 이는 국내 독자들에게 역사에 대한 관심을 유도하기 위한 것이며, 이와 동시에 독자들이 평소에 가졌던 궁금증을 조금은 해소할 수 있기를 기대했기 때문이다. 탁자의 한 귀퉁이만 들어 나머지 세 귀퉁이를 뒤집듯, 아무쪼록 독자들이 이 책을 통해 우리 역사에 대해 조금 더 이해하고, 가깝게 다가갈 수 있게 되기를 기대해 본다.

끝으로, 이 책의 스페인어 판을 내신 고혜선 교수님과 Carranza 교수님, 책이 나오기까지 고생하신 노스보스 편집진에게 깊은 감사 인사를 드린다.

2012년 여름, 저자 일동

목차

III

남국과 북국의 역사 : 통일 신라와 발해

IV

통일 왕조 고려

V

성리학과 양반의 시대 : 조선의 건국과 발전

VI

후기 조선 사회의 변동

Ⅰ. 한국의 역사는 어떻게 시작되었나 : 한국 문명의 기원

개요

인간이 문자를 사용하기 시작한 것은 겨우 4, 5천 년 전의 일이다. 따라서 인간 활동의 대부분은 문자가 없었던 선사 시대에 이루어졌다. 고고학자들은 문자가 없었던 이 긴 시기를 도구의 재료와 제작 기술에 따라 구석기 시대, 신석기 시대, 청동기 시대로 구분한다.

한반도에 사람이 살기 시작한 것은 구석기 시대부터였다. 구석기 시대 사람들은 사냥과 고기잡이로 생활해 오다가 신석기 시대에 이르러 비로소 농경 생활을 시작하였다. 청동기 시대에 이르러 벼농사가 시작되면서 본격적인 농경이 이루어졌으며, 사회가 발전하여 국가 단계로 나아갔다.

처음에 한민족은 한반도와 만주(현재 중국의 동북 3성 지역) 일대를 생활 터전으로 삼았다. 이 지역에 자리 잡은 고조선은 한국 역사상 최초의 국가였다. 동북아시아에서 세력을 확장해 가던 고조선은 중국의 한(漢)과 대립하게 되었다. 결국 한의 침략을 받은 고조선은 BC 108년에 멸망하였다.

고조선의 멸망을 전후로 하여 한반도와 만주에는 철기 문화를 바탕으로 여러 나라[列國], 즉 부여, 고구려, 삼한(三韓)과 같은 국가들이 등장하였다.

1. 문화와 역사의 기원

(1) 한국 역사의 기원과 활동 무대

현재의 연구 결과에 따르면 지구가 탄생한 것은 대략 46억 년 전이라고 한다. 그리고 사람과 유사한 동물이 지구 상에 나타난 것은 겨우 440~300만 년 전으로 추정한다. 최초의 인류는 약 300만 년 전에 출현한 오스트랄로피테쿠스이다. 1924년 R. A. 다트는 남아프리카 타웅(Taung)에서 출토된 두개골이 사람과 유인원을 연결시켜 주는 고리라고 확신하고 '오스트랄로피테쿠스 아프리카누스'라는 이름을 붙였다. '남쪽 원숭이 사람'이라는 뜻이 말해 주듯 오스트랄로피테쿠스는 원숭이와 흡사한 모습을 가지고 있었다. 지금처럼 똑바로 걸을 수는 없었으나 원숭이와는 달리 두 발로 걸을 수 있었다. 이들의 뒤를 이어 약 100만 년 전에 호모 에렉투스(곧게 선 사람)가 등장했다. 이들은 화석이 발견된 곳에 따라 자바인, 베이징인, 하이델베르크인으로 불린다. 뇌 용량이 500~700ml 정도인 오스트랄로피테쿠스에 비해 이들의 뇌 용량은 900~1000ml 정도였다. 이것은 그 이전보다 지능이 발달했다는 것을 의미하며, 명칭 그대로 훨씬 더 똑바로 선 신체 구조였

한반도의 위치

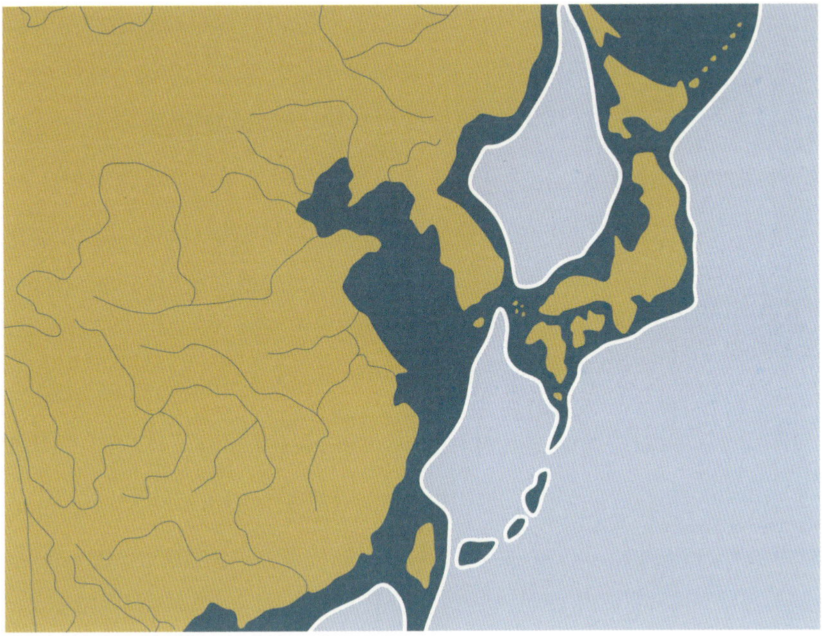

빙하기의 동아시아

다. 10만 년 전 무렵에는 호모 사피엔스(네안데르탈인)로 진화하였는데, 이들도 현재의 인류와 비교해 보면 여전히 원숭이와 비슷한 외모를 가지고 있었다. 이들에 비해 현재와 같은 외모와 지능을 가진 호모 사피엔스사피엔스(크로마뇽인)가 등장한 것은 약 4만 년 전이었다. 이들이 바로 현재 인류의 조상이다.

한편 인류 활동의 대부분은 문자가 없었던 선사 시대에 이루어졌다. 고고학자들은 문자가 없었던 시기를 도구의 재료와 제작 기술에 따라 구석기 시대, 신석기 시대, 청동기 시대로 구분한다. 처음에 인류는 직립 보행을 하여 두 손을 사용할 줄 알았고, 나무로 된 간단하고 조잡한 도구를 사용하였다. 약 250만 년 전부터는 돌을 깨뜨려서 석기를 만들었으며, 불을 사용하는 법을 알게 되면서 음식을 익혀 먹게 되었고, 사냥과 채집을 통해 식량을 조달하였다. 이 시기에 인류는 돌로 뗀석기(타제 석기)를 만들어 썼기 때문에 구석기 시대라고 부른다. 구석기 시대는 인류 역사의 시작이었다.

구석기 시대에는 빙기와 간빙기가 여러 차례 번갈아 일어났다. 이러한 기

흥수 아이

후의 변화는 자연 환경의 변화를 가져왔으며, 이는 인간 생활에도 많은 영향을 주었다. 빙기에는 지구 북반구가 빙하로 덮여 있었기 때문에 동아시아의 해수면 높이는 지금보다 훨씬 낮아 한반도와 일본 열도가 중국 대륙과 이어져 있었다. 빙하기가 끝난 후 한반도를 비롯한 동아시아 지역은 현재와 같은 지형을 갖추게 되었다. 그리하여 한반도는 동·서·남쪽은 바다로 둘러싸이고 북쪽으로만 대륙으로 이어졌다. 그리고 동남쪽으로는 해협을 사이에 두고 일본과 마주하게 되었다.

한반도와 그 주변 지역에 사람이 살기 시작한 것은 약 70만 년 전 구석기 시대부터였다. 그런데 구석기 시대에는 몇 차례의 빙하기로 인해 생태계에 변화가 있었으므로 이들 구석기인들이 현재 한국인의 조상인지는 확실하지 않다. 한반도에 흔적을 남긴 최초의 인류는 호모 사피엔스의 범주에 속하는 역포 사람과 덕천 사람, 단양 상시 유적에서 나온 상시슬기 사람이다. 호모 사피엔스사피엔스로는 승리산 사람과 청운 두루봉 흥수굴에서 발견된 흥수 아이가 있다. 이들 구석기인들은 현재의 한국인과는 연결되지 않는다. 현재 한국인의 직계 조상은 신석기 시대 이후 빗살무늬 토기를 사용했던 사람들로 추정하고 있다.

신석기 시대에서 청동기 시대를 거치는 동안 한반도와 만주 지역으로 들어와 살던 사람들이 한국인의 기원이 된 것으로 생각된다. 한국인은 인종으로는 황인종에 속하고, 언어학상으로는 알타이 어족과 가까운 것으로 보인다.

(2) 구석기 시대의 생활과 문화

주먹도끼

돌로 연장을 만들어 쓰던 시대가 석기 시대인데, 이 가운데 큰 돌에서 조각을 떼어낸 뗀석기를 사용하던 시대를 구석기 시대, 이 뗀석기를 갈아서 여러 형태의 정교한 석기를 만들어 쓰던 시대를 신석기 시대라 한다. 한반도의 대표적인 구석기 유적은 함경북도 웅기 굴포리, 평안남도 상원 검은모루 동굴, 경기도 연천 전곡리, 충청남도 공주 석장리 등이다. 이처럼 구석기 유적은 한반도 전체에서 확인되고 있다. 이로서 구석기인들이 한반도 각지에 널리 분포하여 살고 있었음을 알 수 있다.

한반도에 살던 구석기인들은 뗀석기로 다양한 용도의 도구를 만들어 썼다. 사냥 도구로는 주먹도끼(hand axe), 찍개(chopper), 찌르개(point) 등이, 요리 도구로는 긁개(scrapper), 밀개(end-scrapper) 등이, 공구로는 새기개(graver)가 있다. 특히 전곡리에서 발견된 주먹도끼는 아프리카의 아슐리안형 주먹도끼와 유사하여 주목된다.

석기 시대 유적의 분포

구석기인들은 뗀석기를 사용하여 동물을 사냥하거나 물고기를 잡아먹었으며, 또 나무 열매나 뿌리를 채취하여 먹었다. 당시 이들은 이동 생활을 하면서 동굴에서 살거나 평지에 집을 짓고 살았다. 동굴의 예로는 상원의 검은모루 동굴, 청원의 두루봉 동굴 등이 있으며, 평지의 예로는 공주 석장리의 집 자리가 있다. 이러한 집 자리들은 모두 햇빛이 잘 비치고 강이 가까운 곳에 있었다.

뗀석기

(3) 신석기 시대의 생활과 문화

빗살무늬 토기

구석기 시대에서 신석기 시대로 넘어가면서 빙하기가 지나고 다시 기후가 따뜻해졌다. 그리하여 맘모스와 같은 큰 짐승은 북쪽 추운 지대로 옮겨 가고, 토끼와 여우 같은 빠른 짐승들이 등장하였다. 이러한 자연 환경의 변화에 따라 이 시기 사람들은 이에 대응하는 새로운 생활 방법을 찾게 되었다. BC 8000년경부터 뗀석기를 여러 용도에 따라 정교하게 갈아서 사용하던 신석기 시대가 시작되었다. 또한 진흙으로 그릇을 빚어 불에 구워 만든 토기를 사용함으로써 음식물을 조리하거나 저장할 수 있게 되었다.

한반도에서 발견된 신석기 유적은 약 150개소에 이른다. 이들 유적은 한강, 대동강, 낙동강과 같은 큰 강 유역이나 이와 인접한 해안 지역에 밀집하여 분포하고 있다. 대표적인 유적으로는 서울 암사동, 경기도 양주 미사리, 부산 동삼동, 김해 수가리, 평안남도 온천의 궁산리 등이 있다. 이들 유적에서는 간석기와 낚시, 바늘 등의 뼈 도구가 발굴되었다. 특히 한반도 신석기 시대의 대표적인 토기인 빗살무늬 토기가 발견되었다.

신석기인들은 처음에는 강이나 바닷가에 살면서 뼈낚시나 그물 등으로 물고기를 잡거나 돌창이나 돌화살 등으로 사냥을 하였다. 돌로 만든 그물추는 그물을 사용하여 물고기를 잡았음을 나타내며, 돌로 만든 화살촉과 창은 짐승을 잡았음을 알려 준다. 그러다가 농사를 짓고 가축도 기르게 되었다. 농경은 집 근처의 텃밭이나 강가의 퇴적지에서 소규모로 이루어졌다. 신석기인들은 돌괭이와 돌삽으로 땅을 일구고 돌낫, 뼈낫으로 조, 피 등을 추수하였다. 그리고 이들은 돌갈판에 곡식을 갈아서 음식을 만들어 먹었다. 황해도 봉산 지탑리와 평양 남경 유적에서는 불에 탄 좁쌀이 발견되었다.

신석기인과 움집

농경과 함께 수공업 생산이 시작되었다. 신석기인들은 가락바퀴로 실을 뽑고 뼈바늘로 옷이나 그물을 만들었다. 그리고 농경이 시작되자 주거 환경도 변하게 되었다. 원형이나 모서리가 둥근 사각형의 집터에 움집을 짓고, 가운데에는 취사와 난방을 위해 화덕을 두었으며, 저장 구덩이를 두고 식량이나 도구를 저장하였다. 움집의 크기는 보통 직경이 6m, 깊이는 60cm 정도로 4~5명의 가족이 살 수 있는 규모였다. 이처럼 신석기 시대에는 한 가족이 움집에 살면서 생활하였으며, 20여 호 정도의 씨족들이 모여 마을을 형성하였다. 마을은 생산과 신앙생활을 함께하는 씨족 공동체였으며, 씨족 사회의 구성원들은 모두 평등하였다.

조개껍데기 가면

한편 신석기인들은 태양 숭배, 애니미즘, 영혼 불멸, 주술과 같은 신앙을 가지고 있었다. 강원도 오산리 유적에서는 흙으로 빚은 얼굴상이, 부산 동삼동 유적에서는 눈과 입을 뚫어 놓은 조개껍데기 가면이 나왔다. 그리고 춘천 교동에서는 시신과 부장품을 안치한 유적이 발견되었다. 이러한 유물들은 풍요나 주술의 필요에 의해 만든 것으로 짐작된다.

(4) 청동기 시대의 생활과 문화

세계 4대 문명이 대체로 청동기 문화를 바탕으로 한 데서 알 수 있듯이 구리에 주석이나 아연 등을 섞은 만든 청동기를 무기나 도구로 쓰게 되면서 인류 문화는 크게 발전하였다. 청동기 시대에는 생산과 경제 활동이 이전보다 더욱 발전하였고, 사유재산 제도와 계급이 나타났다.

인류 최초의 문명으로 평가되는 수메르 문명이 BC 3천 년, 중국의 은(殷) 문명이 BC 16세기경에 성립된 것으로 알려져 있다. 한국의 청동기 문화도 중국과 비슷한 시기에 출현하였다. 한국의 청동기 문화의 시작은 지역 간에 차이를 보이는데, 만주 지역은 BC 1천 5백 년경에, 한반도는 BC 1천 년 전후에 나타나기 시작하였다.

청동거울

비파형 동검과 세형 동검

미송리형 토기

한국 청동기 문화의 대표 유물인 비파형 동검과 다뉴조문경으로 불리는 청동 거울이 바로 이 지역에서 출토되었다. 청동기 시대 유물 중 청동 검과 같은 무기류가 많이 발견되는 것은 이 시기에 약탈과 노예 확보를 위한 전쟁이 빈번했음을 말해 준다. 이러한 전쟁을 통해 지배 영역을 확대하고, 이를 효율적으로 지배하기 위한 통치조직을 마련하였을 것이다. 그리고 반달 돌칼과 같은 석기와 미송리형 토기, 민무늬 토기도 이 시기를 대표하는 유물이다. 이러한 유물은 집터를 비롯하여 고인돌, 돌무지무덤에서 출토되었다. 이러한 청동기 유물과 유적은 만주의 송화강과 요하 유역, 그리고 한반도에 걸쳐 분포하고 있다. 이로써 한국의 청동기 문화는 독자적인 문화권을 형성하고 있었음을 알 수 있다. 그리고 청동기 시대에 통치 조직을 갖춘 최초의 국가가 등장하였다. 고조선은 바로 한국 역사 최초의 국가인데, 그 영역은 비파형 동검의 출토 지역과 어느 정도 일치하는 것으로 본다.

비파형 동검, 고인돌, 미송리형 토기 등을 특징으로 하는 한국의 청동기인은 강을 따라 펼쳐진 평야와 이와 이어진 언덕 지역에서 생활하였다. 청동기인들은 이곳에 살면서 주로 농사를 지었는데, 반달형 돌칼과 유구석부는 벼농사가 시작되었음을 말해 준다. 이 시기에는 빗살무늬 토기보다 더 단단한 민무늬 토기를 만들어 썼으며, 석기로 농기구를 만들어 썼다. 반달형 돌칼은 벼를 추수할 때에 손에 쥐고 이삭을 자르는 데 사용한 것이며, 유구석부는 땅을 가는 농구였다. 이것들은 중국에서도 벼농사에 쓰인 농구였다. 벼는 여주 흔암리 등 여러 유적에서 출토되어 실물이 확인되었다. 그리고 벼와 함께 조, 수수, 보리 등도 경작되었다.

경제생활이 향상되고 인구가 증가하면서 부족을 단위로 하는 사회가 성립되었고, 부족을 통솔하는 족장이 등장하여 족장 사회를 이루었다. 이 시기부터 이전의 평등 사회는 계급 사회로 변모하였고 지배층과 피지배층이 나누어졌다. 족장들은 이웃 부족을 정복하여 세력을 확대하였다. 족장은 정치의 지도자일 뿐만 아니라 종교 행사를 주관하는 지도자였다. 족장이 죽으면 그의 권위를 상징하는 거대한 고인돌을 만들고, 청동 검과 청동 거울을 함께 묻었다. 규모가 큰 고인돌은 덮개돌이 수십 톤에 달하는 것도 있다. 이 돌을 채석하고 운반하고 무덤을 만들기까지 수많은 사람이 동원되었을 것이다. 따라서 고인돌은 당시 지배층이 가진 권력과 경제력을 보여준다.

한편 신앙도 한층 정교해지기 시작하였다. 정치권력이나 경제력이 우세한 부족은 스스로를 하늘의 자손이라고 생각했다. 그리고 청동기인들은 바위에 동심원, 십자형, 삼각형 등의 기하학 무늬를 새겼는데, 동심원은 태양을 상징하였다. 또한 바위에 거북, 사슴, 호랑이 등의 동물과 고래 등을 새겼다. 이러한 바위그림은 사냥과 고기잡이의 성공, 그리고 풍요로운 생산을 기원하는 의미를 가지고 있다.

울주 반구대 암각화

고인돌

2. 고조선의 건국과 발전

(1) 고조선의 건국

청동기 문화가 발전하면서 족장이 지배하는 사회가 출현하였다. 이들 중 세력이 강한 족장은 여러 족장 사회를 통합하면서 더욱 권력을 강화해 나갔다. 만주와 한반도에도 부족을 다스리는 많은 족장이 나타났는데, 이 지역에서 가장 먼저 국가로 발전한 것은 고조선이었다. 『동국통감』에 따르면 단군왕검이 BC 2333년에 고조선을 건국하였다고 한다. 단군왕검은 당시 지배자의 칭호였다.

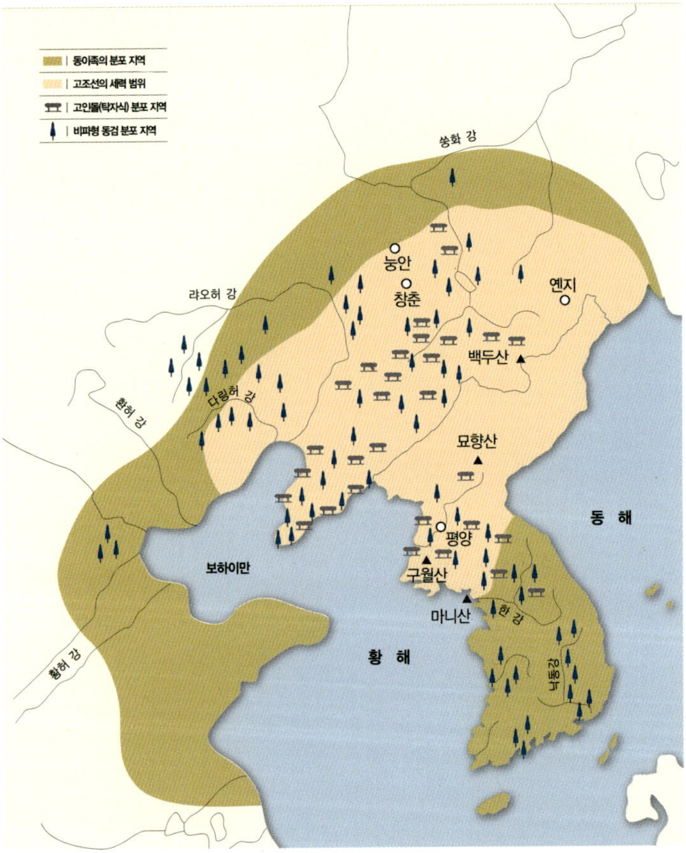

고조선의 영역과 유물

단군왕검의 고조선 건국 이야기는 한국의 시조 신화로서, 오랜 세월에 거쳐 전승되면서 여러 책에 기록되어 전해졌다. 신화는 그 시대 사람들의 관심이 상징적으로 표현된 것이고, 그 속에는 역사적인 의미가 담겨 있다. 세계의 신화가 모두 그러하듯 고조선 신화 역시 이러한 속성을 지니고 있다. 단군의 고조선 건국 신화가 실린 『삼국유사』에 의하면, 천제(天帝)인 환인의 아들 환웅은 인간 세상을 다스리고자 하였으며, 환웅은 원래 곰이었다가 인간으로 변한 여인과 혼인하여 단군을 낳았으며, 단군이 나라를 세웠다고 한다. 이것은 하늘을 숭배하는 환웅족이 곰을 숭배하는 곰족과 합쳐 나라를 세웠다는 것을 나타낸다. 그리고 단군은 주변의 부족을 통합하면서 자신의 조상을 하늘에 연결시켜 자기 부족의 우월성을 과시하고자 했을 것이다.

고조선은 요하 유역의 요녕 지방을 중심으로 성장하여 점차 인근의 족장사회를 통합해 나갔는데, 그 세력은 한반도까지 미쳤다. 고조선의 세력 범위는 한국 청동기 시대를 특징짓는 유물인 비파형 동검과 고인돌이 만주와 한반도에 분포하는 것과 관계가 있다.

(2) 고조선의 성장과 발전

고조선은 요녕 지방과 대동강 유역을 중심으로 발전을 계속하여 독자적인 문화를 이룩하였다.

BC 4세기경에는 철기 문화 단계로 접어들면서 더욱 강성한 나라로 발전하였다. 고조선의 세력 확장은 여러 나라들과 잦은 충돌을 가져왔다. 이때 고조선은 서쪽으로 난하 혹은 대릉하를 경계선으로 하여 중국의 연(燕)나라와 마주하고 있었다. 그러다가 BC 3세기 초에 연의 침략을 받아 서쪽 지방의 땅을 빼앗겼는데, 수도를 요하 지역에서 지금의 평양으로 옮긴 것도 이 무렵이었다.

BC 2세기경에는 서쪽 지방에서 세력을 키운 위만이 준왕을 몰아내고 고조선의 왕이 되었다. 위만이 지배자가 된 이후 고조선은 철기 문화를 본격적으로 수용하였으며, 중앙 정치 조직을 가진 강력한 국가로 성장하였다. 그리고 활발한 정복 사업을 펼쳐 여러 지역을 통합하면서 세력을 확대시켜 나갔다. 또한 고조선 남쪽에 있던 예(濊), 한(韓)이 중국과 직접 교역하는 것을 막고, 중계 무역을 통해 이익을 독점하였다. 이렇게 고조선의 세력이 강력해지는 데 불만을 가진 중국의 한(漢) 왕조는 대규모 침략을 감행하였다. 고조선은 처음에는 대승을 거두며 한의 대군을 잘 방어하였다. 그렇지만 한의 대군은 고조선의 수도인 왕검성을 포위, 공격하였다. 위만의 손자인 우거왕은 막강한 대군에 맞서 1년 동안 잘 싸웠으나, 결국 BC 108년에 왕검성은 함락되고 고조선은 멸망하고 말았다.

(3) 고조선의 사회와 문화

만주와 한반도의 청동기 문화를 바탕으로 성장한 고조선은 철기 문화를 받아들이면서 생산력이 증가하고 사유 재산이 늘어나 빈부의 격차가 생겨났으며 지배 계급과 피지배 계급이 발생하게 되었다. 통치 조직도 마련되어 왕 아래에 상, 대부, 장군 등의 여러 관직이 생겨났다. 그리고 사회 질서를 유지하기 위하여 법률도 제정하였다. 법률은 8개조가 있었는데 그중 세 개의 조항만 전해지고 있다. 즉 "사람을 죽인 자는 사형에 처한다.", "남을 다치게 한 자는 곡물로 갚는다.", "도둑질한 자는 잡아다 노비로 삼는다. 용서를 받으려면 50만 전(錢)을 내야 한다."는 조항이었다. 법률 내용을 보면 고조선 사회에 권력과 경제력의 차이가 생겨나고 재산의 사유가 일어나면서 형벌과 노비 제도가 갖추어져 있었음을 알 수 있다. 그리고 개인의 생명과 재산을 보호하고 사회 질서를 유지하는 데 노력하였음을 알 수 있다.

고조선 사회는 사유재산제와 아울러 노비제가 성립되고 상품, 화폐경제도 어느 정도 발전하였다. 8조밖에 없던 고조선의 법 조항이 60여 개조로 늘어난 것은 그만큼 사회 조직이 복잡해지고 있었다는 점을 반영한 결과이다.

곰은 정말 마늘을 먹고 인간이 되었나 : 단군 신화 새롭게 읽기

우리 역사상 최초의 국가는 고조선이다. 『삼국유사』에 이미 '고조선'이 등장하니 이러한 주장은 잘못된 것이다. 『삼국유사』에는 고조선 다음에 위만 조선을 서술했으니, 고조선은 위만 조선보다 앞선 '오래된(古)' 조선이라는 뜻이다. 그리고 고조선 항목에 작은 글씨로 '왕검조선'이라고 썼다. '왕검'은 단군이니, 『삼국유사』의 '고조선'은 바로 단군이 세운 조선을 말한다.

『삼국유사』 '고조선' 조항은 『고기(古記)』를 인용하였는데, 그 내용은 이른바 '단군 신화'로 널리 알려져 있다. '신화(神話, myth)'는 말 그대로 신성한 이야기, 신비스러운 이야기이다. 단군 신화도 신비하고 기이한 이야기의 연속이다. 그중에서도 곰과 호랑이가 인간이 되려 한다는 것, 그리하여 결국은 곰이 여자로 변신하였다는 내용은 받아들이기 힘든 내용이다. 그런데 '신화는 고대인의 사유나 표상의 반영'이라는 신화학(mythology)의 개념 정의로 본다면 이 내용에는 고조선 사람들이 전하고자 하는 진실이 숨어 있다.

곰과 호랑이가 인간이 되려고 하는 것은 생명의 진화 내지 인류 문화 발전의 긴 과정이 함축되어 있다. 인간이 유인원에서 진화했다는, 인간의 조상은 유인원(동물)이라는 서양의 진화론은 곰과 호랑이가 인간이 되길 원하는 것과 별반 차이가 없다. 진화론이 등장하기 훨씬 전부터 인간은 인류의 근원을 동물로 상정했다. 그리스 신화에서 신들의 왕이자 인간의 지배자 제우스는 독수리로, 때로는 황소, 백조로 변신한다. 중국 전설 상의 시조인 복희는 뱀의 몸에 사람의 상체를 하고 있다. 이렇듯 동·서양의 신화에서 신과 인간, 그리고 인간과 동물은 한 몸에서 나온 다른 변신체들로 등장한다. 따라서 단군 신화에 등장하는 곰과 호랑이는, 종족의 기원이 곰과 호랑이라고 생각했던 인간 집단일 뿐이다. 이처럼 동물이나 식물과 같은 자연물이 인간과 혈연 관계에 있다는 믿음을 토테미즘(Totemism)이라고 한다.

한편 곰과 호랑이는 환웅이 준 "신령스러운 쑥 한 타래와 마늘 스무 개"를 먹으며 인간으로 변신하기를 기대한다. 그러면 왜 쑥과 마늘일까. 그것은 사람이 되기 위해서는 사람의 음식을 먹어야 한다고 생각했기 때문이다. 결국 곰이 "쑥과 마늘"을 먹고 여자가 되었다고 한다. 그러나 이러한 해석에 왜곡이 있다. 곰은 마늘[蒜]을 먹을 수 없었다.

마늘은 서아시아가 원산지로 이미 기원전 15세기에 이집트에서 머리가 아프고 신체가 허약할 때 사용했다는 기록이 있다. 그런데 중국의 『박물지(博物志)』에 "중국에는 본디 산(蒜)이 있었는데, 장건(?~BC 114)이 서역(西域)에서 이와 비슷하면서 훨씬 큰 것을 가져왔다. 이것을 대산(大蒜) 또는 호산(胡蒜)이라 한다."라고 하였다. 즉 산(蒜)과 대산(大蒜)은 구별되는 것이다. 우리의 『동의보감』에는 "대산을 마늘, 들에 나는 산을 달래"로 구분하였다. 따라서 단군 신화에 나오는 '산(蒜)'은 대산(大蒜)인 마늘이 아니라 장건 이전의 산(蒜), 즉 우리말로 '달래'인 것이다. 세종 때의 문헌 『향약집성방』에, 산(蒜)을 '月乙賴伊'라 풀이하였으니, 월(月)은 '달'이므로, '달을뢰이'는 '달래'의 옛 말이다. 달래의 원산지는 한반도를 포함한 동아시아 지역이다. 따라서 곰은 '마늘(大蒜)'을 먹은 것이 아니라 '달래(蒜)'를 먹은 것이다. 그리고 쑥과 달래는 함께 먹을 수 있어도 쑥과 마늘은 같이 먹을 수 없다. 재배 시기가 서로 다르기 때문이다. 잘 알다시피 쑥과 달래는 이른 봄에 먹는다. 그러나 『산림경제』에 의하면 마늘은, "음력 9월에 파종하여 음력 2월 무렵에 묘종을 한 포기씩 옮겨 심고, 하지(夏至) 때에 캔다."고 하였다. 하지는 6월 중순경이다.

그러면 왜 쑥과 달래인가. 추운 겨울을 지나고 봄이 찾아오면 봄 기운을 맞고 자란 쑥과 달래를 먹고 우리들은 비로소 봄이 왔음을 느낀다. 땅속에 숨어 있던 생명을 이 세상에 나오게 하는 것이 봄이다. 봄은 새로운 탄생, 생명의 시작이다. 이런 의미에서 곰은 쑥과 달래를 먹고 새로운 탄생, 즉 사람이 되었던 것이다.

곰 여인(웅녀)은 단군을 낳고, 단군은 조선을 세워 한국의 시조가 되었다. 그러나 쑥과 달래를 먹어야 하는 고난과 역경, 시험을 거치고 첫 인간이 되었던 웅녀는 단군보다 앞선 인간의 시조였다. 이러한 웅녀의 존재는 고구려의 시조 주몽으로 이어진다. 『삼국사기』에는,

> 동부여의 금와왕이 태백산(백두산) 남쪽 우발수에 갔다가 한 여인을 만났다. 여인이 혼자 있는 것을 이상히 여겨 그 이유를 물었더니, '저는 물의 신인 하백의 딸로 이름은 유화입니다. 동생들과 물가로 놀러 왔다가 하느님의 아들 해모수를 만나 웅신산(熊神山) 밑 압록강변에서 살았습니다. 그런데 어느 날 해모수는 말도 없이 떠나가선 영영 돌아오지 않았습니다. 부모님은 중매도 없이 남자와 혼인하였다고 저를 꾸짖으며 이곳으로 귀양 보내셨습니다.'라고 하였다. 금와왕은 유화를 궁궐로 데리고 가 안쪽에 있는 어두운 방에 머물게 했다. 얼마 후 유화의 배는 점점 불렀고, 마침내 커다란 알을 낳았다. 금와왕은 분명 나쁜 징조라 여겨 버리라 했다. 그런데 알을 개, 돼지에게 줘도 먹지 않고, 들에 버려도 새와 짐승이 품어 주고 덮어 주었다. 그래서 도로 유화에게 가져다 주어서 따뜻한 곳에 잘 두었더니 한 아이가 껍질을 깨고 나왔다. 그 아이는 겉모습도 뛰어났을 뿐 아니라 놀라운 재주를 지녔는데 활을 만들어 쏘면 백발백중이었다. 당시 부여에서는 활을 잘 쏘는 사람을 주몽이라 하였기에 사람들은 이 아이의 이름을 주몽이라 불렀다. 주몽은 졸본이라는 곳에 도착해 도읍으로 정하고 나라를 세웠다. 주몽의 성은 원래 해모수의 아들로 해씨였지만 자신이 하늘신의 아들로서 햇빛을 받고 태어났다고 해서 스스로 높다는 뜻의 '고'를 성씨로 삼았다.

는 고구려 건국 신화가 실려 있다. 주몽의 어머니 유화는 하늘의 신으로 자처하는 해모수를 '웅신산(熊神山)', 즉 '곰의 신이 살던 산'에서 만났다. '곰 신'은 바

로 단군의 어머니 웅녀임이 분명하다. 그리고 유화가 '웅신산'에 살았으니 단군 신화와 주몽 신화는 곰(녀)-유화, 환웅-해모수, 단군-주몽과 같은 구조의 이야기가 된다. 결국 주몽 신화는 단군 신화의 변용이다. 이것은 고조선의 역사성이 고구려로 계승되었다는 것을 의미한다. 단군이 한국인의 시조이듯 단군 신화는 한국 신화의 원형인 것이다.

3. 열국(列國)의 성립

한국 역사상 최초의 국가인 고조선이 만주와 한반도 북부를 중심으로 세력을 펼치다가 멸망해 갈 무렵, 주변 지역에는 여러 정치 집단들이 세력을 키워 나가고 있었다. BC 4세기경에 고조선에 보급되기 시작한 철기 문화는 차츰 한반도 남부 지방까지 확대되었다.

철기 문화가 확대되면서 농기구와 무기가 발달하였고, 농업 생산력과 전투력이 높아졌다. 이러한 영향으로 여러 지역에서 국가가 형성되기 시작하였다. 만주에는 부여와 고구려가, 한반도 북부에는 옥저·동예가, 남쪽에는 삼한이 성립되었다.

열국의 위치

열국은 각 나라마다 나름대로 정치 제도와 관습을 가지고 있었다. 각 나라들은 문화 수준의 차이로 발전의 속도가 서로 달랐지만, 언어와 풍속은 비슷하였다. 특히 씨뿌리기가 끝난 뒤 또는 추수가 끝난 뒤에 하늘에 감사의 제사를 지내는 풍습은 같았다. 부여에서는 영고, 고구려에서는 동맹, 동예에서는 무천이라는 제천 행사가 있었으며, 삼한에서도 5월과 10월에 하늘에 제사를 지내고 노래와 춤으로 즐기는 풍속이 있었다.

3세기 무렵 열국의 규모를 보면 부여 8만 호, 고구려 3만 호, 마한 10만 호, 진한과 변한 4~5만 호, 동예 2만 호, 옥저 5천 호 등에 이른다고 기록되어 있다.

(1) 부여

부여는 고조선에 이어 두 번째로 등장하는 나라이다. BC 3세기 이전의 내용을 전하고 있는 『산해경』이라는 책에 부여가 등장하는 것으로 보아, 부여는 BC 4세기경에 건국된 듯하다.

부여는 현재의 만주 길림시 일대를 중심으로 송화강 유역의 평야 지대를 무대로 성장하였다. 부여는 이미 1세기 초에 이르러 최고 통치자를 왕이라고 호칭하였고, 중국과 외교 관계를 맺는 등 발전된 국가의 모습을 갖추고 있었다. 부여는 몇 개의 부족이 연합한 연맹국가였다. 왕 밑에 가축의 이름을 딴 마가, 우가, 저가, 구가 등이 있었다. 부여가 가축을 매우 중시하는 유목 문화였음을 짐작케 한다. 이들 가(加)는 각자 행정 구획인 사출도를 다스렸으며, 왕이 직접 통치하는 중앙과 합쳐 5부를 이루었다.

부여의 법으로는, 살인자는 사형에 처하고 그 가족은 노비로 삼으며, 남의 물건을 훔쳤을 때는 12배로 배상하며, 간음한 자와 투기가 심한 부인은 사형에 처한다는 내용이 있었다. 이는 고조선의 8조법과 공통된 내용이 많다.

부여의 풍속으로는 영고라는 제천 행사가 12월에 열렸다. 이때에는 하늘에 제사를 지내고 노래와 춤을 즐겼으며, 죄수를 풀어주기도 하였다. 전쟁이 일어났을 때에도 하늘에 제사를 지냈으며, 소의 굽으로 길흉을 점치기도 하였다. 그리고 부여에는 죽은 자와 함께 많은 사람을 같이 매장하는 순장의 풍습이 있었다. 순장은 이미 청동기 시대부터 존재하였다. 중국 랴오닝성 다롄시에 있는 BC 7~8세기의 무덤으로 추정되는 강상무덤에는 비파형 동검과 거푸집이 발견되었다. 그리고 주변의 무덤 구덩이에서는 140여 명의 뼈가 나왔다. 이는 권력자인 족장과 함께 순장된 것으로 보인다. 이러한 순장 풍속은 신라까지 이어졌다. 『삼국사기』에 따르면 신라 지증왕 3년 3월에, "순장을 금하였다. 그 전에는 국왕이 죽으면 남녀 각 5명씩을 죽여서 순장했는데 이때에 와서 금지했다."고 한다.

부여는 북쪽으로는 선비족, 남쪽으로는 고구려와 접하고 있었다. 이들과 경쟁하던 부여는 3세기 말에 선비족의 침략을 받아 쇠퇴하기 시작하였다. 그러다가 결국은 고구려에 복속되었다.

(2) 고구려

『삼국사기』에 의하면, BC 37년에 주몽이 부여에서 남하하여 건국하였다고 한다. 처음에 고구려는 압록강의 지류인 동가강 유역의 졸본에 자리를 잡았다. 이 지역은 높은 산과 깊은 계곡으로 된 산악 지대였기 때문에 고구려는 건국 초기부터 주변 소국을 정복하고 평야 지대로 진출하고자 하였다. 활발한 정복 전쟁을 펼친 고구려는 압록강 중류에 자리 잡은 국내성(지금의 길림성 집안)으로 옮겼다. 이때 고구려는 서쪽으로 요동 지방까지, 동쪽으로는 한반도 북부의 동해안에 자리한 옥저를 정복하였다.

고구려는 왕 아래에 상가, 고추가 등의 대가들이 있었으며, 이들은 각자 사자, 조의, 선인 등의 관리를 거느렸다. 고구려에서는 중대한 범죄자가 있으면 제가 회의를 통해 사형에 처하고 그 가족을 노비로 삼았다.

고구려는 중국을 비롯한 이웃 나라들과 경쟁하면서 성장하였다. 따라서 고구려 사람들은 무예를 중히 여겼다. 특히 활쏘기와 말타기를 잘하였으며 사냥 대회, 씨름 대회를 열어 무예를 겨루었다. 그리고 건국 시조인 주몽과 그 어머니 유화 부인을 조상신으로 섬겨 제사를 지냈다. 10월에는 추수감사제인 '동맹(東盟)'이라는 제천 의례를 지냈다. 동맹은 거국적인 행사이며 국가의 공식적인 의례였다. 국왕이 의례를 주관함으로써 왕권의 위엄을 보였으며 동시에 통치 질서를 과시하는 의미를 갖고 있었다.

한 걸음 더!

고대 왕국의 킹메이커, 소서노
: 주몽과 온조에 가려 있었던 소서노에 대한 정당한 평가

『삼국사기』 백제본기는 온조왕으로 시작한다. 즉, 백제의 시조를 온조로 본 것이다. 그리하여 『삼국사기』에는 "백제의 시조 온조왕"이라 서술했다. 이어 온조가 백제를 세운 내력을 다음과 같이 서술하고 있다.

> 그의 아버지는 '추모'인데 혹은 '주몽'이라고도 하였다. 주몽은 북부여에서 난을 피하여 졸본 부여에 이르렀다. 졸본 부여의 왕은 아들이 없고 딸만 셋이 있었는데 주몽을 보고는 보통 사람이 아니라는 것을 알고 둘째 딸을 아내로 삼게 하였다. 얼마 지나지 않아 왕이 죽자 주몽이 왕위를 이었다. 주몽은 두 아들을 낳았는데 맏아들은 비류라 하였고, 둘째 아들은 온조라 하였다. 주몽이 북부여에 있을 때 낳은 아들이 와서 태자가 되자, 비류와 온조는 태자에게 용납되지 못할까 두려워 마침내 오간 · 마려 등 열 명의 신하와 더불어 남쪽으로 갔는데 백성들이 많이 따랐다. 드디어 한산에 이르러 부아악에 올라가 살 만한 곳을 바라보았다. 비류가 바닷가에 살고자 하니 열 명의 신하가 간하기를, "이 강 남쪽의 땅은 북쪽으로는 한강을 띠처럼 띠고 있고, 동쪽으로는 높은 산을 의지하였으며, 남쪽으로는 비옥한 벌판을 바라보고, 서쪽으로는 큰 바다에 막혔으니 이렇게 하늘이 내려 준 지세의 이점은 얻기 어려운 형세입니다. 여기에 도읍을 세우는 것이 또한 좋지 않겠습니까?"라고 하였다. 비류는 듣지 않고 백성을 나누어 미추홀로 가 살았다. 온조는 한강 남쪽의 위례성에 도읍을 정하고 열 명의 신하를 보좌로 삼아 국호를 '십제'라 하였다. 비류는 미추홀이 습하고 물이 짜서 편안히 살 수 없어서 위례에 와 보니 도읍은 안정되고 백성들도 평안

하므로 마침내 부끄러워하고 후회하다가 죽으니 그의 신하와 백성들은 모두 위례에 귀부하였다. 그 후 백성들이 즐겨 따랐다고 하여 국호를 '백제'로 고쳤다.

이 기록은 온조가 백제의 시조임을 말해 주고 있다. 그런데 온조의 건국 사실 외에 또 다른 건국 이야기가 『삼국사기』에 실려 있다.

또는 다음과 같이 말한다. 시조 비류왕은 아버지는 우태로 북부여 왕 해부루의 아들이었고 어머니는 소서노로 졸본 사람 연타발의 딸이었다. 소서노는 처음에 우태에게 시집가서 아들 둘을 낳았는데 맏이는 비류이고 둘째는 온조라 하였다. 우태가 죽자 소서노는 과부로 지냈다. 뒤에 주몽이 부여에서 용납되지 못하고 남쪽으로 도망하였다. 졸본에 이르러 도읍을 세우고 국호를 고구려라 하고, 소서노를 맞아들여 왕비로 삼았다. 주몽은 그녀가 나라를 창업하는 데 잘 도와주었기 때문에 그녀를 총애하고 대접하는 것이 특히 후하였고 비류 등을 자기 자식처럼 대하였다. 주몽이 부여에 있을 때 예씨에게서 낳은 아들을 태자로 삼고 왕위를 잇기에 이르렀다. 이에 비류가 동생 온조에게 말하기를, "처음 대왕이 부여에서 난을 피하여 이곳으로 도망하여 오자 우리 어머니께서 재산을 기울여 나라를 세우는 것을 도와 애쓰고 노력함이 많았다. 대왕이 세상을 떠나시고 나라가 태자에게 속하게 되었으니, 우리들은 그저 군더더기처럼 되었다. 여기에 남아 있느니 차라리 어머니를 모시고 남쪽으로 가서 땅을 택하여 따로 도읍을 세우는 것이 낫다."고 하였다. 드디어 동생과 함께 무리를 거느리고 패수와 대수 두 강을 건너 미추홀에 이르러 살았다.

이처럼 백제의 시조는 온조왕 외에 비류왕이 존재하였다. 그러나 이 이야기는 널리 알려져 있지 않다. 즉 백제의 시조는 '온조설'과 '비류설'로 나뉜다. 지금은 당연히 백제의 시조가 온조라고 하지만, 『삼국사기』의 저자 김부식은 위의 두 사실을 서술하고 난 뒤에 "어느 것이 옳은지 알지 못하겠다."고 한 것을 보면, 반드시 온조를 백제의 시조로 단정할 수 없다.

온조 시조설과 비류 시조설을 비교해 보면 공통점과 차이점이 드러난다. 먼저 공통점을 보면 둘은 형제로 비류가 형이고 온조가 아우인 것, 비류와 온조의 생모가 주몽과 부부라는 것, 주몽의 첫아들 때문에 남쪽으로 내려와 나라를 세운 것, 그리고 이야기의 시작이 부여라는 것 등이다. 그러나 차이점도 큰데 우선 비류와 온조의 아버지에 대해 한쪽에서는 주몽이라 하고, 한쪽에서는 우태라 하였다. 또한 온조 시조설은 온조와 비류가 각각 한강 유역과 미추홀에 정착하였다가 나중에 하나로 병합되었다고 한 반면, 비류 시조설은 비류와 온조가 함께 미추홀에서 살았던 것으로 되어 있다. 이렇듯 온조 시조설은 주몽과 연계성이 뚜렷한데 비해, 비류 시조설은 주몽보다 소서노의 역할을 강조하고 있으며 첫 정착지로 미추홀을 들고 있다.

백제 시조가 온조설과 비류설이 나뉘어 등장하는 것은 백제의 건국 세력이 단일 계통이 아니었음을 말해 준다. 즉, 백제의 초기 세력은 온조계와 비류계로 나뉘어 오랫동안 경쟁 관계에 있었던 것이다. 그리고 비류가 미추홀에, 온조가 한강 유역에 자리 잡은 것은 두 집단이 각각 해양 세력과 내륙 세력으로서 그 성격이 달랐음을 말해 준다. 미추홀은 서해와 통하는 해상 지역이므로 비류 집단의 주민은 어로에 종사하며 서해와 한강을 잇는 해상 활동에 주력하였을 것이다. 이에 비해 "북쪽으로는 한강을 띠처럼 띠고 있고, 남쪽으로는 비옥한 벌판을" 바라보는 곳에 자리를 잡은 온조 집단은 내륙 농경 세력이었다. 결국 미추홀 중심의 비류계는 주도권을 상실하여 온조계 중심으로 백제 세력이 재편되었다. 비류가 "부끄러워하고 후회하다가" 죽었으며, "그의 신하와 백성들은 모두 위례에 귀부하였다."는 것이 이러한 사실을 말해준다. 또한 "백성들이 즐겨 따랐기 때문에 국호를 백제로 고쳤다."는 것은 비류 세력이 소멸되었음을 알려 준다.

한편 온조 시조설과 비류 시조설에서 가장 주목해야 할 존재는 소서노이다. 주몽은 스스로를 천제의 손자요, 하백의 외손이라 주장했다. 그러나 토착 세력에게 주몽은 떠돌이 외지 사람일 뿐이었다. 그런 그를 도와 준 사람이 소서노였다. 소서노는 졸본 부여의 왕의 딸로서 외지에서 온 주몽의 능력을 알아보았다. 백발백중의 활 솜씨로 '활 잘 쏘는 사람'이라는 뜻의 이름을 가진 주몽이 떠돌이 외지 사람인 것은 그녀에게 중요하지 않았다. 그리하여 주몽과 결혼한 소서노는 새로운 나라 건설에 나섰다. 비류 시조설을 전해 주는 기록에서, "주몽은 그녀가 나라를 창업하는 데 잘 도와주었기 때문에 그녀를 총애하고 대접하는 것이 특히 후하였고 비류 등을 자기 자식처럼 대하였다."는 것은 고구려 건국의 또 다른 주역이 소서노였음을 말해 준다. 아무런 연고도 없이 소수의 지지자만을 데리고 남하한 주몽에게 나라를 세울 수 있도록 여건을 조성해 준 사람은 바로 소서노였던 것이다. "처음 대왕이 부여에서 난을 피하여 이곳으로 도망하여 오자 우리 어머니께서 재산을 기울여 나라를 세우는 것을 도와 애쓰고 노력함이 많았다."는 비류의 말은 고구려 건국 과정에서 소서노의 역할이 얼마나 컸는지를 증명해 준다. 즉 주몽은 혼인으로 소서노 세력을 끌어들임으로써 졸본 지역에 산재해 있는 부족들을 통합하여 새로운 권력체(고구려)를 탄생시킬 수 있었다. 주몽의 능력을 알아본 소서노의 안목과 경제적 지원이 없었다면 고구려의 탄생은 불가능했다. 이런 점에서 고구려의 건국은 주몽과 소서노가 함께 이룩한 결과였다. 그러나 주몽의 첫아들 유리의 등장으로 소서노를 비롯한 비류, 온조의 운명은 바뀌고 말았다.

고구려를 건국한 주역들을 배제하고, 주몽은 첫 부인에서 태어난 유리를 자신의 후사로 삼았다. 비류가 온조에게, "대왕(주몽)이 세상을 떠나시고 나라가 태자(유리왕)에게 속하게 되었으니, 우리들은 그저 군더더기처럼 되었다."고 한 데서 이들의 절망감이 얼마나 큰 것이었는지를 짐작할 수 있다. 이때 소서노는 고구려의 건국 세력으로서 유리왕을 대신하여 자신의 아들을 왕으로 옹립할 수 있었을 것이다. 그러나 주몽과 그러했던 것처럼 아들과 함께 새로운 나라를 여는 길을 택했다.

비류는, "어머니를 모시고 남쪽으로 가서 땅을 택하여 따로 도읍을 세우는 것이 낫다."고 하여 미추홀로 향했다. 그러나 비류가 "어머니를 모시고" 남쪽으로 떠난 것이 아니라 그것은 어머니 소서노의 뜻이었을 것이다. 『삼국사기』 백제본기 온조왕 13년조에, "왕모(王母)가 사망했는데, 61세였다."고 하여 소서노의 죽음을 특별히 기록하고 있다. 그만큼 그녀의 존재가 중요했기 때문이다. 소서노는 단순히 '왕모(왕의 어머니)'가 아니라 '국모(國母)'의 존재로 추앙되고 있었다. 소서노가 세상을 떠난 뒤에 온조왕은 "나라 동쪽에는 낙랑이 있고 북쪽에는 말갈이 있어서 우리 강역을 침범하기 때문에 편안한 나날이 적다. 하물며 요즘에는 요상한 조짐이 계속 나타나고 '국모'마저 세상을 떠나셔서 스스로 편안할 수 없는 상태이니 반드시 도읍을 옮겨야겠다."고 하였다. 소서노의 죽음으로 나라가 혼란의 기미를 보이고 천도를 통해 민심을 수습할 정도로 소서노의 죽음은 백제에 큰 충격이었던 것이다. 이렇게 소서노의 죽음이 백제인들에게 큰 충격으로 다가온 것은 건국의 실질적인 주역이 바로 '국모' 소서노였기 때문이다.

온조가 왕위에 오른 이듬해에 "족부(族父) 을음이 지혜와 담력이 있다 하여 우보(右輔)로 임명하고, 그에게 군사 관계의 임무를 맡겼다."고 한다. 온조는 어머니와 함께 남하했으니 '족부(族父)'는 다름 아닌 외가인 소서노의 친족이었을 것이다. 을음에게 군사 업무를 일임한 것은 그만큼 그에 대한 신뢰가 컸기 때문이고, 그것은 을음이 바로 소서노와 같은 혈족이었기 때문이다. 결국 외가인 소서노의 친족들이 온조왕의 측근 세력으로 자리 잡은 것이다. 이처럼 소서노는 백제 건국과 안정에 절대적인 존재였다. 이에 온조왕은 소서노가 죽은 지 4년 뒤에 '국모(國母)'라 하고 사당을 세워 제사를 지냈다. 이로서 소서노는 단순히 왕의 어머니가 아니라 백제 건국을 가능하게 한 국모로 추앙되었다. 온조는 소서노가 백제를 건국한 실질적인 존재임을 인정하고 백성들에게 이를 숭배케 한 것이었다. 소서노는 고구려와 백제를 건국한 진정한 '국모'였다.

(3) 옥저와 동예

부여족의 갈래인 옥저와 동예는 각각 함경도와 강원도 북부에 위치하고 있었다. 이 지역은 토지가 비옥하여 오곡이 풍부하고 바닷가여서 소금과 해산물이 많아 경제 여건이 좋았다. 그러나 동쪽 변방에 치우쳐 있어 발전이 늦었으며, 고구려의 압력을 받아 크게 성장하지 못하였다. 각 부락에는 읍군, 삼로라고 불린 족장들이 각기 자기 부족을 다스렸으며, 이들을 통솔할 연맹왕국을 형성하지는 못하고 있었다. 처음에 고조선에 예속되어 있었던 옥저와 동예는 고조선 멸망 후에는 고구려의 지배를 받아 소금과 해산물 등을 공물로 바쳤다.

옥저에는 나이 어린 며느리를 맞이하는 민며느리제 풍속이 있었다. 가족이 죽으면 시체를 임시로 매장하였다가 뼈를 모아서 함께 묻는 가족공동무덤의 관습이 있었다. 동예에서는 고구려와 마찬가지로 매년 10월이 되면 '무천(舞天)'이라는 제천 행사를 열었다. 그리고 호랑이를 신으로 여겨 제사 지냈다. 같은 씨족끼리는 혼인을 하지 않은 족외혼을 엄격하게 지켰으며, 다른 부족의 영역을 함부로 침범하지 못하게 하였다. 만약 영역을 침범하면 '책화(責禍)'라고 하여 노비와 소, 말로 변상하였다.

(4) 삼한

한반도 남부에는 삼한이 있었다. 한강 이남에는 마한이 자리 잡았는데, 마한에는 54개의 소국이 있었다. 마한의 동쪽에 자리 잡은 진한은 12개의 소국이 있었고, 진한 남쪽에는 변한 12소국이 있었다.

삼한 중에서 마한의 세력이 가장 강력했으며, 마한의 대표국인 목지국의 지배자는 마한왕으로 불렸다. 소국 중에서 세력이 강한 지배자는 신지, 약한 자는 읍차라 하였다. 그리고 이들 정치 지배자 외에 제사장인 천군(天

君)이 있었다. 천군은 신성 지역인 소도에서 농경과 종교에 대한 의례를 주관하였다. 소도는 족장이 침범하지 못하는 신성 지역이었으며, 비록 죄인이 도망하여 들어오더라도 잡아가지 못하였다.

삼한은 철기 문화를 바탕으로 한 농경 사회였다. 벼농사를 중심으로 한 농업이 발달하였으며, 씨를 뿌리고 난 뒤인 5월과 추수를 끝낸 10월에 하늘에 제사를 지냈다. 변한에서는 철이 많이 생산되어 마한과 일본에 수출하였으며, 이를 화폐로 사용하였다.

삼한은 각자 중앙 집권 국가로 발전해 갔다. 지금의 한강 유역에서는 백제국이 성장하여 마한을 통합해 갔다. 낙동강 유역에서는 구야국과 사로국이 성장하여 각각 가야와 신라로 발전하였다.

고창·화순·강화 고인돌

고인돌은 '지석(支石)', 'Dolmen(Dol=탁자, Men=돌)', 'Table Stone'이라고 불리는 데서도 알 수 있듯이 크고 평평한 덮개돌을 몇 개의 바위로 괴어 놓은 선사 시대의 거석 구조물이다. 고인돌은 전 세계에 걸쳐 분포하고 있는데, 분포권의 밀집도를 보면 한반도와 만주가 중심 지역이다. 이 지역에는 약 3만 5천여 기에 이르는 고인돌이 분포하고 있는데, 이는 세계 모든 고인돌 수의 절반가량에 해당된다. 이들 중 세계문화유산으로 등록된 곳은 고창, 화순, 강화 지역의 고인돌 유적이다.

고창 고인돌 유적은 한국에서 가장 큰 고인돌 군집을 이루고 있는데, 작게는 10톤 미만에서 300톤에 이르는 다양한 크기의 고인돌, 그리고 탁자식, 바둑판식 등 여러 형태의 고인돌을 볼 수 있다. 화순 고인돌 유적은 고인돌의 축조 과정을 보여 주는 채석장이 있어 석재를 다루는 기술, 축조와 운반 방법 등을 확인할 수 있다. 강화 고인돌 유적은 다른 고인돌 유적에 비해 비교적 높은 산지에 분포하고 있으며, 이곳에는 길이 6.4m, 높이 2.5m에 달하는 한국 최대의 탁자식 고인돌이 있다.

고인돌의 기능에 대해서는 여러 가지 논란이 있으나 1967년 충북 제천 황석리 고인돌에서 완전한 사람 뼈가 발굴되면서 무덤이었다는 것이 확인되었다. 그러나 고인돌이 무덤 이외에도 제사를 위한 제단, 혹은 묘지의 표지석으로 기능하였다는 주장도 꾸준히 제기되고 있다. 고인돌에서는 죽은 자의 권위를 상징하는 유물과 죽은 후의 세계를 위한 부장품이 출토되었다. 출토 유물로는 비파형 동검, 청동도끼, 옥 등의 부장품과 곡식의 이삭을 자르는 반달 돌칼, 나무를 자르거나 가공할 때 쓰는 돌도끼 등이 있다.

한반도 일대의 고인돌은 형태에 따라 대체로 탁자식, 바둑판식, 개석식 등으로 구분한다. 탁자식 고인돌은 잘 다듬은 판석을 세우고 그 위에 거대한 덮개돌을 얹은 형태로 그 모양이 탁자를 연상케 한다. 이것은 한강 이북에 주로 분포하여 북방식이라고도 불렀으나 전남 지방에도 확인되고 있다. 바둑판식 고인돌은 받침돌을 놓은 후 거대한 덮개돌을 덮은 형태로 주로 한강 이남에 분포하여 남방식 고인돌이라고도 부른다. 그러나 이 역시 북쪽에서도 발견되고 있다. 개석식 고인돌은 지하에 무덤방을 만들고 바로 뚜껑을 덮은 형태로 뚜껑식 고인돌이라고도 불린다. 이 형태는 한반도와 만주에 걸쳐 고르게 분포하고 있다.

고인돌은 신석기 시대에 출현하여 청동기 시대의 대표적인 돌무덤이 되었다. 남한강 유역에 있는 양평 양수리 고인돌은 출토 유물의 방사능 연대 측정 결과 약 4,000년 전에 만들어진 것으로 확인되었다. 그리고 고인돌은 기원전 3세기경에 사라지게 된다. 고인돌은 웅장한 규모로 보아 수백 명에서 수천 명의 인력이 동원되어 축조되었을 것으로 추정된다. 따라서 많은 인력을 동원하는 것이 가능한 권력을 가진 지배 계급의 무덤이었을 것이다. 강화 고인돌 중에는 무게 80톤에 덮개돌 길이 7미터에 이르는 것도 있다. 이것을 옮기려면 적어도 500명의 젊은이가 필요하였을 것이다. 한 집을 5명으로 추정하고 한 집당 1명씩을 동원한다면 이 족장의 지배 인구는 2500명이나 된다. 고창 운곡리에 있는 고인돌은 무게가 무려 200톤에 달한다. 그리고 화순 고인돌군 중 춘양 대신리에 있는 것은 길이 7.3m, 폭 5.0m, 두께 4.0m에 무게가 280여 톤에 이른다.

북방식(탁자식) 지석묘(강화)

남방식(바둑판식) 지석묘(창녕)

개석식 지석묘(화순)

도움글

고조선의 건국 신화

『삼국유사』에는 『고기(古記)』를 인용하여 고조선 건국의 과정을 다음과 같이 서술하고 있다. "환인(天帝)의 아들 환웅이 인간 세상을 널리 이롭게 하고자 무리 3천을 이끌고 태백산(지금의 백두산)으로 내려왔다. 그는 바람의 신(풍백), 비의 신(우사), 구름의 신(운사)으로 하여금 인간의 360여 가지 일을 주관하게 하였다. 이때 곰과 호랑이가 사람이 되기를 원하였다. 환웅은 쑥과 달래를 먹으면서 100일간 햇빛을 보지 않는다면 사람이 될 수 있을 것이라고 하였다. 곰은 이를 잘 지켜 여자가 되었으며, 환웅과 혼인하여 단군왕검을 낳았다. 단군왕검은 아사달에 도읍을 정하고 나라 이름을 조선이라 하였다. 이때는 중국 요와 같은 시기이다."

『동국통감』에서는 고조선의 건국 연대를 무진년이라 하였는데, 이는 BC 2333년에 해당한다.

단군의 고조선 건국 이야기, 즉 단군 신화는 한국의 시조 신화이자 한국 역사상 최초의 건국 신화이다. 이 단군 신화는 오랜 세월에 거쳐 전승되면서 『삼국유사』, 『제왕운기』, 『동국통감』과 같은 여러 책에 기록되어 전해졌다. 그러나 신화는 신(神)에 관한 이야기로서 분명 허구이다. 그러나 신화는 그 시대 사람들의 관심이 상징적으로 표현된 것이고, 그 속에는 역사적, 문화적 의미가 담겨 있다. 세계의 모든 신화가 그러하듯 고조선 신화 역시 이러한 속성을 지니고 있다. 단군신화에서 천제(天帝)인 환인의 아들 환웅이 인간 세상을 다스리고자 하였으며, 환웅은 원래 곰이었다가 인간으로 변한 여인과 혼인하여 단군을 낳았으며, 단군이 나라를 세웠다고 한다. 이것은 하늘을 숭배하는 환웅족이 곰을 숭배하는 곰족과 합쳐 나라를 세웠다는 것을 나타낸다. 그리고 바람의 신(풍백), 비의 신(우사), 구름의 신(운사)이 인간의 일을 주관하였다는 것은 이 사회가 농경을 바탕으로 하였음을 상징한다. 주변의 부족을 통합하여 고조선을 건국한 단군 세력은 자신들의 조상을 하늘에 연결시켜 부족의 우월성을 과시하고자 했을 것이다. 이렇게 하여 단군 신화가 생겨난 것이다.

단군이 세운 나라 이름은 원래 '조선'이었다. '고조선'이라는 명칭이 처음으로 등장한 것은 『삼국유사』이다. 이때의 '고조선'은 단군이 세운 조선을 '위만 조선'과 구별하기 위한 명칭이었다. 그런데 지금의 '고조선'은 1392년에 이성계가 세운 나라 역시 조선이었으므로 단군이 세운 조선과 위만의 조선을 함께 '고조선'이라 칭한다.

참고문헌

김정배, 『한국민족문화의 기원』, 고려대출판부, 1973

천관우 편, 『한국상고사의 쟁점』, 일조각, 1975

이기백 · 이기동, 『한국사강좌(고대편)』, 일조각, 1982

김정배, 『한국고대의 국가기원과 형성』, 고려대출판부, 1986

한국고대사연구회, 『한국 고대국가의 형성』, 민음사, 1990

이종욱, 『고조선사 연구』, 일조각, 1993

윤내현, 『고조선 연구』, 일지사, 1995

국사편찬위원회, 『한국사』 4(초기국가), 1997

노태돈 편저, 『단군과 고조선사』, 사계절, 2000

국사편찬위원회, 『한국사』 1(총설), 2002

최준식, 『우리 문화유산 열두 가지』, 시공사, 2002

김정배 편저, 『한국고대사입문 Ⅰ』, 신서원, 2006

한국고고학회, 『한국고고학강의』, 사회평론, 2007

한국사연구회 편, 『새로운 한국사 길잡이』, 지식산업사, 2008

Ⅱ. 분열과 통합의 시대
: 열국과 삼국

개요

군장이 다스리는 소국들은 정복 활동을 통해 점차 삼국으로 정리되어 갔다. 고구려는 부여와 옥저·동예를, 백제는 마한을, 신라는 가야를 각각 복속하였다. 고구려, 백제, 신라가 서로 대립하며 항쟁한 시기를 삼국 시대라 한다.

삼국은 국왕의 권력을 강화하여 중앙 집권 국가로 발전하였다. 그리하여 족장을 비롯한 종래의 지배층은 점차 독립성을 잃고 중앙 정부의 귀족이나 관리로 흡수되어 갔다. 삼국 중 가장 먼저 고대 국가로 발전한 나라는 고구려였다. 고구려는 북방 유목 민족과 중국 왕조의 침략을 막아 내면서 강대국으로 발전하였다. 그 사이에 백제와 신라가 성장하여 삼국의 항쟁이 격화되었다. 삼국 중 신라가 가장 늦게 발전하였으나 삼국 통일은 신라에 의해 이루어졌다.

삼국은 귀족 중심의 사회로서 귀족이 정치, 사회, 문화의 주역이었다. 또한 삼국은 불교를 받아들여 종교와 문화의 토대로 삼았다. 따라서 삼국 시대에는 귀족 중심의 불교문화가 발달하였다. 삼국의 문화는 일본에 전파되어 일본 고대 문화 발전에 큰 영향을 주었다.

1. 삼국의 성립과 발전

(1) 고구려의 성립과 발전

삼국 중에서 가장 먼저 고대 국가의 체제를 완성한 것은 고구려였다. 졸본에서 국내성으로 도읍을 옮긴 고구려는 1세기 후반인 태조왕(재위 53~146) 대에 활발한 정복 전쟁과 함께 왕권을 강화하고 여러 세력 집단을 5부족 체제로 정비하였다. 그리고 2세기 후반에 이르러 부족의 전통을 간직하고 있던 5부족을 행정적 성격을 지닌 동·서·남·북·중의 5부로 개편하였다. 아울러 족장들을 중앙 귀족으로 편입하여 왕권을 강화해 나갔다. 특히 소수림왕(재위 371~384) 대에 이르러서는 율령을 반포하고, 불교를 공인하는 등 부족 세력을 통제하면서 중앙 집권 국가 체제를 갖추어 나갔다. 이러한 국가 체제의 정비는 광개토왕과 장수왕 때에 고구려가 비약적으로 발전

3세기의 동아시아

하는 토대가 되었다.

광개토왕(재위 391~412)은 대규모 정복 사업을 시작하였는데, 그 사실은 현재 남아 있는 광개토대왕비를 통해 확인할 수 있다. 그는 중국의 후연(後燕)을 격파하고 요동을 확보했으며, 부여와 말갈을 굴복시켰다. 그리고 백제를 공격하여 한강 이북의 땅을 점령하였다. 광개토왕의 뒤를 이은 장수왕(재위 413~491)은 수도를 평양으로 옮기고 정복 사업을 계속하였다. 장수왕은 백제의 수도 한성을 함락하고 한강 전역을 지배하였다. 또한 신라를 공격하여 남한강을 지나 소백산맥을 넘어 영토를 확장하였다. 장수왕은 이러한 정복을 기념하여 중원 고구려비를 세웠다. 이와 같은 정복 사업으로 고구려는 만주와 한반도에 걸친 광대한 영토를 차지하게 되었다.

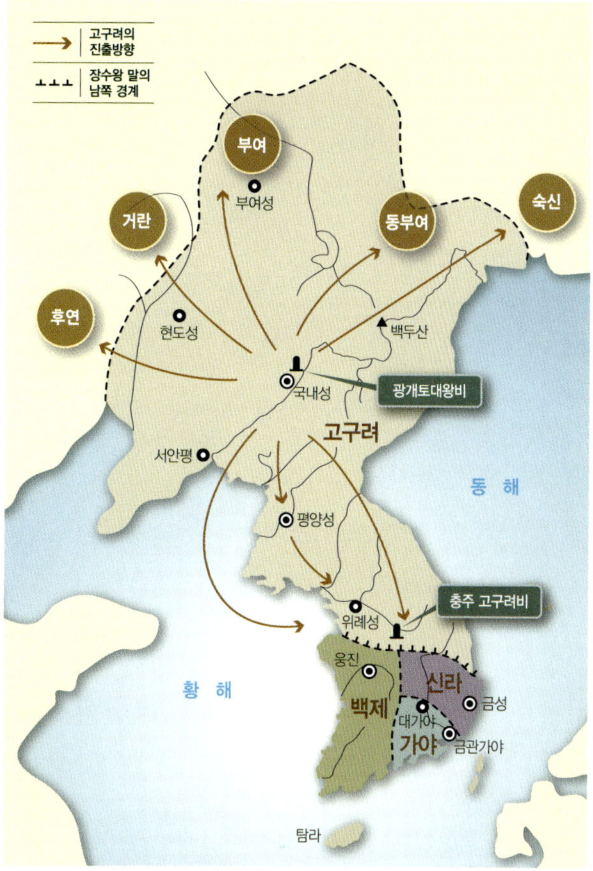

전성기의 고구려

삼국 중 제일 북쪽에 자리 잡은 고구려는 이러한 지리적 위치로 인하여 중국 등 북방 민족과 자주 충돌하였다. 특히 남조와 북조로 갈라져 오랜 분열과 혼란을 거듭하던 중국이 6세기 말, 수(隋)에 의하여 통일되면서 갈등이 심해졌다. 더구나 한강 유역을 장악하기 위하여 고구려가 신라를 공격하자 신라는 수에 접근하였다. 이에 위기를 느낀 고구려는 돌궐과 제휴하였다. 이리하여 고구려-백제-일본-돌궐을 연결하는 남북 세력과 신라와 수를 연결하는 동서 세력 간에 긴장이 고조되었다. 드디어 7세기 초에 들어 수는 고구려를 여러 차례 공격하였다. 그러나 고구려는 수의 침입을 잘 막아 내었다. 특히 수 양제가 113만의 대군을 이끌고 쳐들어왔지만 고구려의 명장 을지문덕이 수의 대군을 살수(지금의 청천강)에서

고구려와 수·당 전쟁의 상황

전멸시켰다(살수대첩, 612년).

여러 차례 고구려를 침략하다가 실패하여 국력이 약해진 수는 당(唐)에 의해 멸망하였다. 처음에 고구려는 당과 친선 관계를 유지하였으나 당 태종이 즉위하자 양국은 충돌하였다. 당 태종은 대군을 이끌고 국경 지방의 여러 성을 점령하고 국경의 요충지인 안시성을 공격하였다. 그러나 안시성에 있던 고구려군과 백성들은 60여 일간에 걸쳐 당군과 싸워 성을 잘 지켰다. 전투의 와중에 화살을 맞은 당 태종은 결국 성을 함락시키지 못하고 철군해야 했다(안시성 전투, 645년). 이처럼 고구려는 주변 지역을 정복하고 중국과의 연이은 전쟁에 승리함으로써 동북아시아의 강대국이 되었다.

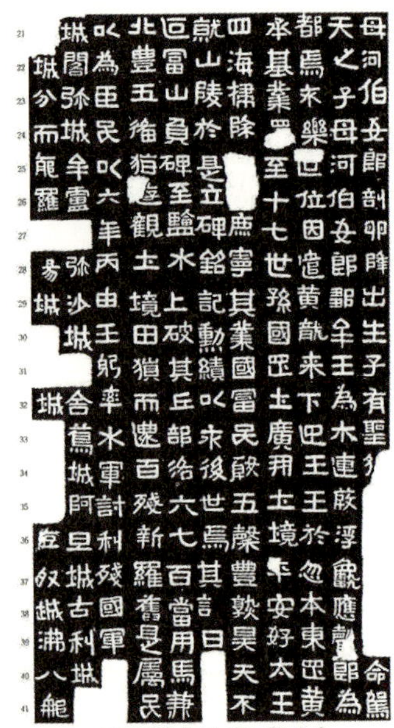
酒匂景信의 雙勾加墨本 제1면 하

광개토왕의 업적을 기록한 광개토대왕비

(2) 백제의 성립과 발전

BC 18년에 온조는 위례성(지금의 서울)에서 백제를 건국하였다. 처음에 백제는 세력이 약해 마한 왕에게 공물을 바쳐야 하는 처지였다. 점차 여러 소국들을 정복해 나갔고, 1세기 중엽에는 마한을 공격하여 이 지역의 최대 강국으로 성장하였다. 그리고 3세기 중엽인 고이왕 때에는 왕을 중심으로 하는 중앙 관료 체제를 갖추고, 율령을 반포하여 고대 국가의 기틀을 마련하였다.

국가의 체제를 정비한 후 대대적인 정복을 시작하여 영토를 확장해 나갔다. 근초고왕(재위 346~375)은 남쪽의 마한을 완전히 병합하여 영토를 남해안까지 확장하였으며, 고구려를 공략하여 일시 잃었던 한강 유역을 되찾기도 하였다. 정복을 통해 국력을 키운 백제는 해외 진출에 나섰다.

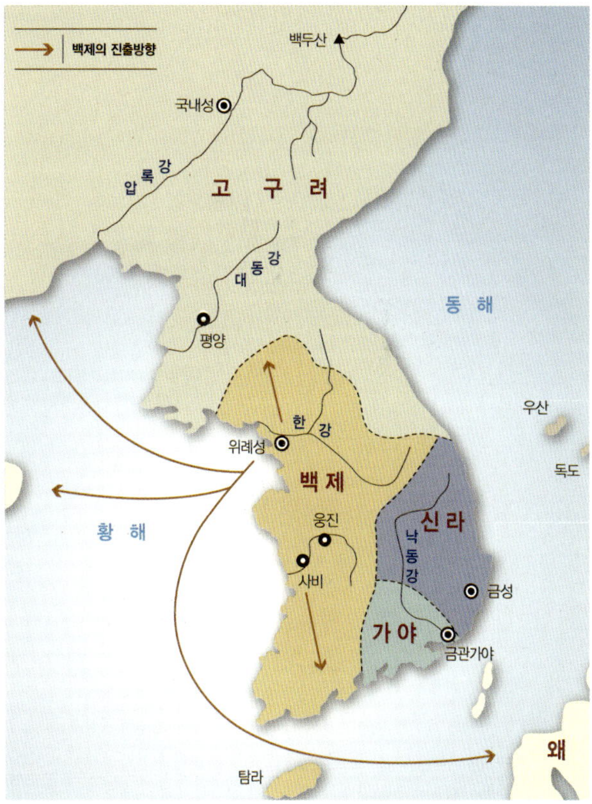

4세기 백제의 영토 확장과 해외 교류

백제는 중국 남조와 외교 관계를 맺어 고구려를 견제하는 한편, 일본 규슈 지방에는 많은 백제인이 이주하여 왜와 우호적인 관계를 유지하였다. 또 일시적이었으나 중국의 요서 지방과 산동 지방을 확보하였다. 이에 중국과 일본 규슈를 연결하는 무역권을 장악하고 무역 활동을 전개하였다. 이렇듯 백제는 삼국 중에서 해상 활동이 가장 활발한 국가였다.

한편 백제는 개로왕(재위 466~475) 때에 고구려 장수왕의 침략을 받아 수도 한성이 함락되고 개로왕은 죽임을 당했다. 이에 백제는 웅진(지금의 공주)으로 천도를 단행하였고, 성왕(재위 523-554) 때에는 다시 사비(지금의 부여)로 도읍을 옮겨야 했다.

(3) 신라의 성립과 발전

신라는 한반도 동남쪽에 위치하여 삼국 가운데 가장 발전이 늦고 국력이 약했다. 따라서 신라는 고구려와 우호 관계를 맺거나, 백제와 동맹을 맺으며 안정을 꾀하였다. 초기에는 고구려·백제의 도움을 받아 중국과 외교나 교역 활동을 벌였다. 그렇지만 점차 세력을 키워 가야를 병합하면서 국력이 신장되었다.

신라의 영토 확장과 진흥왕순수비

진흥왕(재위 540~576) 이후 신라는 크게 발전하였다. 진흥왕은 백제의 한강 유역과 낙동강 유역의 가야를 병합하고 멀리 고구려의 함흥평야까지 진출하여 영토를 크게 넓혔다. 이때부터 신라는 한강 유역을 장악함으로써 중국과 직접 교역을 할 수 있었다. 또한 신라는 수·당 등 중국 왕조와 긴밀한 외교 관계를 유지함으로써 고구려와 백제를 견제하였다.

한편 진흥왕은 정복 과정에서 투철한 애국심과 용맹스러운 전사 집단의 필요성이 높아지자 종래의 원화 제도를 전사 집단인 화랑 제도로 개편하였다. 화랑은 신라의 정복 전쟁에서 큰 공헌을 했으며, 삼국 통일의 기반이 되었다.

(4) 가야의 성장과 멸망

낙동강 하류에 자리 잡은 변한 12국은 서기를 전후로 하여 이른바 6가야로 불리는 가야 연맹으로 발전하였다. 전기 가야 연맹의 중심은 이전의 구야국이 발전한 금관가야였다. 본(本)가야로도 불린 금관가야는 김해 지방에 자리하고 있었으며, 시조는 하늘에서 내려온 수로왕이었다.

삼국이 중앙 집권 체제의 고대 국가로 발전되어 갈 때, 가야는 여전히 연맹 왕국을 유지하여 국가 발전이 늦었다. 신라와 백제의 틈바구니에 끼인 여건도 가야에게 불리하였다. 그러나 이 지역에서 생산되는 풍부한 철로 인해 철기 문화가 매우 발달하였고, 철을 중국과 일본으로 수출하여 부를 축적하였다. 그리고 비옥한 낙동강 하류의 농경지도 가야 경제력의 튼튼한 기반이 되었다.

가야의 위치

전기 가야 연맹의 중심이었던 금관가야는 신라의 팽창에 밀려 점차 세력이 약화되었다가 6세기 초에 신라에 병합되고 말았다. 그리고 금관가야가 신라에 복속된 뒤 후기 가야 연맹의 주도권을 쥐고 있던 대가야 역시 532년에 신라 진흥왕에 의해 정복되었다.

2. 삼국의 사회와 문화

(1) 삼국의 사회와 경제

삼국의 지배층은 엄격한 신분 제도를 마련하여 특권을 지켜 나가려 하였다. 개인은 능력보다 그가 속한 신분에 따라 사회적 위치가 결정되었다. 삼국의 지배 세력은 왕과 귀족이었다. 이들은 권력을 독점하고, 토지와 노비 등 많은 재산을 가지면서 여러 가지 사회적 특권을 누렸다. 반면 평민인 백성들은 국가에 세금을 바치고 각종 부역과 전쟁에 동원되었다. 천민은 사회의 최하층으로 노비와 전쟁 포로, 반란을 일으킨 자 등이 여기에 포함되었다.

삼국의 대표적인 신분 제도로는 신라의 골품 제도를 들 수 있다. 골품에는 성골과 진골, 그리고 6두품에서 4두품까지 있었다. 성골과 진골은 왕족이었고, 6두품에서 4두품까지는 귀족이자 관료들이었다. 골품에 따라 집과 마차의 크기, 관직의 정도 등 정치, 사회적 지위나 대우에서 차이를 두었다.

관등		골품				공복
등급	관등명	진골	6두품	5두품	4두품	
1	이벌찬					자색
2	이찬					
3	잡찬					
4	파진찬					
5	대아찬					
6	아찬					비색
7	일길찬					
8	사찬					
9	급벌찬					
10	대나마					청색
11	나마					
12	대사					황색
13	사지					
14	길사					
15	대오					
16	소오					
17	조위					

골품과 관등

삼국의 경제 기반은 농업이었다. 평야가 많은 백제와 신라에서는 벼농사를 많이 지었으며, 산악 지대가 많은 고구려는 밭농사를 주로 하였다. 삼국은 농업 생산력을 높이기 위해 철제 농기구를 보급하고, 소를 농사에 이용하였으며, 저수지를 만들어 가뭄에 대비하였다. 이와 함께 백성들의 생활을 안정시키기 위해 구휼 정책을 실시하였다. 고구려의 경우 빈민 구제를 위하여 진대법을 실시하였다.

농업이 발달함에 따라 상업도 번창해 나갔다. 큰 도시에는 시장이 열리고 특산물이 매매되었다. 그리고 4세기 이후에는 국제 무역도 크게 발달하였다. 고구려는 중국은 물론 북방 유목 민족과 무역하였고, 백제는 남중국 및 일본과 활발히 무역하였다. 삼국은 금·은 세공품, 마직물, 인삼 등을 수출하였으며 비단, 장식품, 책, 약재 등을 수입하였다.

(2) 삼국 문화의 발전

삼국의 문화는 불교를 기반으로 하였으며 귀족적인 취향의 문화가 발전하였다. 불교는 중국을 통해 수용하였다. 고구려는 소수림왕(재위 371~384) 때 중국 전진으로부터(372년), 백제는 침류왕(재위 384~385) 때 동진으로부터 불교를 받아들였다(384년). 한편 신라는 이보다 늦은 법흥왕(재위 514~540) 때, 이차돈의 순교를 계기로 불교를 인정하였다(527년). 이후 불교는 왕실과 귀족의 후원을 받아 발전하였고, 국가를 수호하는 데 유익한 종교라 생각되어 국가 신앙으로 확고히 자리 잡게 되었다.

'백제의 미소'라고 일컬어지는 서산 마애삼존불

삼국은 거대한 사찰을 짓고 탑을 세우고 불상을 만드는 등 불교 미술을 크게 발전시켰다. 또 한자가 사용되면서 유학과 한문학이 보급되었으며, 교육 기관도 설립되었다. 고구려에서는 수도에 태학을 설립

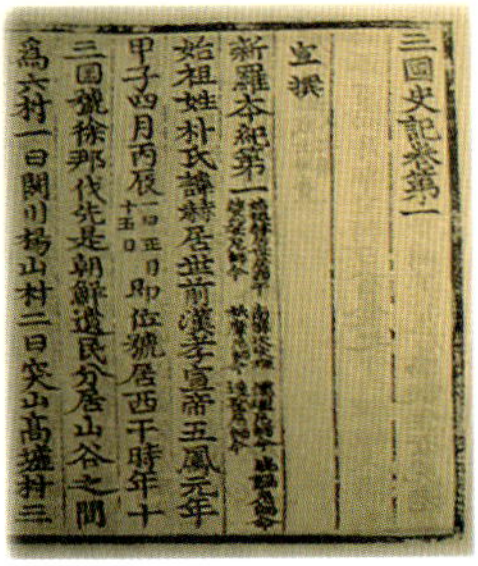
三國史記卷第一
新羅本紀第一
始祖姓朴氏諱赫居世前漢孝宣帝五鳳元年
甲子四月丙辰即位號居西干時年十
三國號徐那伐先是朝鮮遺民分居山谷之間
為六村一曰閼川楊山村二曰突山高墟村三

삼국을 서술한 역사서 『삼국사기』

하여 유학을 가르쳤고, 지방에는 경당이라는 교육 기관이 세워져 청소년에게 한학과 무술을 가르쳤다. 백제에서는 오경(五經) 박사 등의 제도를 두어 학문과 기술을 진흥시켰으며 『논어』와 『천자문』을 일본에 전해 주었다.

삼국은 모두 자기 나라의 역사서를 편찬하였다. 고구려에서는 『유기(留記)』 100권, 『신집(新集)』 5권을 편찬하였으며, 백제는 『서기(書記)』를, 신라는 『국사(國史)』를 편찬하였다. 이러한 역사 편찬은 삼국의 발전과 함께 이루어졌다. 이들 역사서는 지금 전해지지 않고 있으나 삼국 시대를 다룬 『삼국사기』, 『삼국유사』 등에 참고 자료로 활용되었다.

삼국의 문화는 불교를 기반으로 발전하였지만, 그러면서도 삼국은 각국마다 그 나름대로 특징을 가지고 있었다. 고구려의 문화는 힘과 정열이 넘치고, 백제는 우아하고 세련된 아름다움을 지녔으며, 신라는 조화미가 뛰어났다. 이러한 특징은 무용총·쌍용총의 고구려 고분 벽화, 백제 무령왕릉의 부장품들과 금동용봉향로, 신라의 금관과 장신구, 그리고 분황사 석탑이나 첨성대 같은 건축물 등을 통해 확인할 수 있다.

백제금동대향로

신라의 금관

고구려 고분벽화 〈수렵도〉

(3) 삼국 문화의 일본 전파

삼국은 중국의 문화를 받아들이면서 독창적인 문화를 발전시켰다. 그리고 이를 일본으로 전달하여 동아시아 문화 발전에 기여하였다. 삼국은 일본에 불교는 물론 유학과 기술도 전해 주었다.

삼국의 문화 전파

삼국 중 일본과 가장 긴밀한 접촉을 가진 나라는 백제였다. 4세기에 아직기는 일본 태자에게 한자를 가르쳤고, 왕인은 『논어』와 『천자문』을 전해 주었다. 이렇게 한학과 유학을 전해 줌으로써 백제는 일본의 정치사상과 유교 보급에 크게 기여하였다. 그리고 6세기에는 노리사치계가 불경과 불상을 전해 주었다. 특히 백제의 불교문화는 일본에 전해져 큰 영향을 주었는데, 교토 고류사의 미륵보살반가사유상과 호류사의 관음상에 백제 문화의 영향이 나타나 있다.

고구려도 일본에 문화를 전해 주었다. 고구려의 담징은 종이·먹·벼루를 만드는 기술을 가르쳐 주었고, 호류사에 금당 벽화를 그렸다. 그리고 승려 혜관은 불교를 일본에 전파했다. 신라는 배를 만드는 기술, 제방과 성곽을 쌓는 기술을 전해 주었다. 그리고 가야는 토기를 만드는 기술을 일본에 전해 주었다. 이처럼 삼국의 문화는 일본으로 전파되었으며, 고대 일본의 아스카 문화를 이룩하는 데 크게 이바지하였다.

경주 역사 유적 지구

유네스코 세계문화유산 중에서 도시 전체가 선정되는 경우는 흔치 않다. 그러나 경주는 도시 전체가 5개 구역으로 나뉘어 지정되었다. 이것은 경주 전체가 문화재임을 의미한다. 경주 역사 유적 지구는 신라의 역사와 문화를 한눈에 파악할 수 있다. 신라 천년(BC 57~AD 935)의 수도인 경주에는 유적이 잘 보존되어 있기 때문이다. 경주 역사 지구는 유적의 성격에 따라 5개 지구로 나누어진다. 불교 예술의 중심지인 남산 지구, 신라의 궁궐터인 월성 지구, 왕과 귀족들의 옛 무덤이 있는 대릉원 지구, 신라 불교의 중심인 황룡사 지구, 경주 방어의 핵심인 명활산성 지구로 구분된다.

경주의 중심인 월성 남쪽에 위치한 남산 지구는 그 자체가 박물관이라고 할 정도로 각종 유적이 자리하고 있다. 신라의 건국 설화에 나오는 나정(蘿井), 왕과 귀족이 즐기던 포석정, 그리고 150여 곳의 절터와 460점의 불상과 탑 등 수많은 불교 유적이 산재해 있다. 월성 지구에는 신라 왕궁이 자리하고 있던 월성, 신라 왕족 김씨의 시조인 김알지가 태어난 계림(鷄林), 인공 연못 정원인 안압지, 그리고 천문 시설인 첨성대 등이 있다. 대릉원 지구에는 왕을 비롯한 지배층의 무덤들이 있는데 대략 250여 기의 무덤이 남아 있다. 이곳에서 출토된 금관, 유리잔, 각종 토기 등을 통해 당시의 생활상을 짐작할 수 있다. 황룡사 지구의 대표적인 유적은 황룡사와 분황사이다. 황룡사는 동서 288m, 남북 281m에 달하는 거대한 규모였으며, 황룡사 앞에 있는 분황사는 남북 길이가 195m에 달하는 거대한 규모였다. 그리고 분황사에는 돌을 벽돌 모양으로 다듬어 쌓아 올린 3층탑이 있다. 이 탑은 원래는 9층이었다고 하나 지금은 3층만 남아 있고 높이는 9.3m이다. 두 사찰의 거대한 규모를 통해 신라의 불교 융성을 짐작할 수 있다.

대릉원

포석정

첨성대

황룡사 치미(높이 182cm)

도움글

근초고왕(?~375년)

백제 제13대 왕으로 즉위 후 왕권을 강화하고 이를 바탕으로 정복 활동을 개시하여 백제를 크게 발전시켰다. 이때 백제는 남북으로 영토를 크게 확장하였는데 북쪽으로는 황해도, 남쪽으로는 남해안까지 확대되었다.

근초고왕은 신장된 국력을 바탕으로 해외 활동도 강화하였다. 중국의 진(晋)나라가 약화되었을 때 중국의 요서 지역을 점령하였고, 이어서 우세한 경제력과 군사력을 바탕으로 산동 지방까지 진출하였다. 이러한 백제의 중국 진출은 중국의 역사서에도 기록되어 있다. 그리고 일본 열도의 각 지역에 백제인이 진출하여 식민지를 건설하였으니, 백제는 이때 동북아시아를 잇는 대해양제국이 되었다.

근초고왕은 그의 치적과 백제의 중흥을 기록해 두고 후세의 거울이 되게 하기 위하여 박사 고흥으로 하여금 『서기(書記)』를 저술하게 하였다.

광개토대왕(374~412년)

고구려의 제19대 왕으로 고구려의 전성기를 이룩하였다. 남쪽으로 백제를 정벌하고 왜구의 침입으로 위기에 처한 신라를 구원해 주는 등 남방으로 세력을 확장하였고, 서쪽으로는 중국의 요동 지역까지 정복 활동을 전개하였다. 그리고 영락(永樂)이라는 연호를 사용하여 중국과 대등한 관계임을 과시하였다. 한편 그의 비문에 따르면 왕의 칭호는, "국강상광개토경평안호태왕(國岡上廣開土境平安好太王)"이다. 이는 나라의 토지와 경계, 즉 영토를 크게 넓히고 나라와 백성을 평안하고도 좋게 한 큰 임금이란 뜻이다.

광개토왕이 39세의 나이로 세상을 떠나자 아들인 장수왕은 광개토왕의 공적을 기록한 능비를 세웠는데, 이 비는 지금 중국 길림성 집안현(吉林省 集安縣)에 남아 있다. 이 비문에는 고구려 건국 신화와 정복 기사를 기록하였는데, 한국뿐 아니라 중국, 일본 등 고대 동아시아 연구에 좋은 자료이다.

한편, 1946년에 신라의 수도였던 경주에서 청동 항아리인 호우(壺杅)가 발굴되었는데, 그 밑바닥에 "을묘년 국강상광개토지호태왕호우십(乙卯年 廣開土地好太王壺杅十)"이라고 새긴 글자가 있다. 글자 모양이 광개토대왕비의 글자 모양과 비슷한데, 고구려에서 광개토왕의 공적을 기려 신라에 하사한 것으로 추정된다. 이는 신라가 광개토왕 때 사실상 복속되어 있었음을 뜻한다.

광개토왕의 시호가 새겨진 호우

한강을 점령하고 세운 진흥왕의 북한산순수비

진흥왕(534~576년)

신라의 제24대 왕으로 대대적인 정복사업을 통해 신라의 영토를 최대로 확장시켰다. 진흥왕은 이사부에게 군사 업무를 맡겼으며, 이사부는 거칠부와 함께 진흥왕대 의 정복 전쟁에서 눈부신 활약을 했다. 551년에 신라는 백제와 함께 고구려를 공격하였다. 이에 백제는 한강 하류의 일부를 되찾았고, 신라는 죽령 이북을 점령했다. 553년에는 동맹을 파기하고 백제가 수복한 한강 유역을 기습하여 차지했다. 554년에 백제의 성왕이 대가야와 연합하여 쳐들어오자 관산성 전투에서 이를 물리치고 한강 하류 지역에 대한 지배권을 확고히 하고, 중국과의 직접 교통로를 확보하였다.

한편 낙동강 유역의 가야에 대한 정복에 나서 비화가야, 아라가야를 합병하였다. 가야 정벌은 562년에 이사부가 대가야를 정벌함으로써 마무리되었다. 그리고 지금의 안변에 비열홀주를 설치했는데, 이곳을 발판으로 하여 신라는 동해안 북방까지 진출했다. 진흥왕은 정복을 통해 새로 편입된 지역을 직접 순수(巡狩)하면서 확장된 강역을 확인하고 민심을 수습하였다. 이때 한강 유역의 북한산, 가야 지역의 창녕, 고구려 영토였던 황초령·마운령 등에 순수비를 세웠다.

참고문헌

이기백, 『신라정치사회사연구』, 일조각, 1974

이기백 · 이기동, 『한국사강좌(고대편)』, 일조각, 1982

국사편찬위원회, 『한국사』 6(백제), 1995

국사편찬위원회, 『한국사』 5(고구려), 1996

이기동, 『백제사 연구』, 일조각, 1996

변태섭, 『한국사통론』, 삼영사, 1988

한영우, 『다시 찾는 우리역사』, 경세원, 1997

노태돈, 『고구려사연구』, 사계절, 1999

이기백, 『한국사신론』, 일조각, 1999

국사편찬위원회, 『한국사』 1(총설), 2002

최준식, 『우리 문화유산 열두 가지』, 시공사, 2002

신형식, 『신라통사』, 주류성, 2004

김정배 편저, 『한국고대사입문』, 신서원, 2006

Ⅲ. 남국과 북국의 역사 : 통일 신라와 발해

개요

삼국 중에서 가장 발전이 늦었던 신라는 점차 국력을 키워 영토를 확장해 나갔다. 신라는 한강 유역을 점령하고, 중국 왕조와 긴밀한 외교 관계를 수립하면서 삼국 간의 항쟁에서 점차 우위를 차지해 갔다. 마침내 신라는 당과 연합하여 백제와 고구려를 멸망시켰다. 이후 신라는 삼국에 대한 지배욕을 드러낸 당을 격파하고 삼국 통일을 완성하였다.

신라의 삼국 통일로 삼국은 하나의 국가, 하나의 제도 아래에 통합되어 단일 문화를 형성해 나갔다. 그러나 얼마 후 만주에서 고구려 유민이 중심이 되어 발해를 건국하였다. 발해는 대내외적으로 고구려의 계승 국가임을 내세웠다. 남쪽에 통일 신라가, 북쪽에 발해가 정립되어 있던 이 시기를 남북국 시대라고 한다.

통일 신라는 삼국의 문화를 융합하여 더욱 높은 수준의 문화를 이룩하였다. 불교는 대중화되어 민간 사회까지 널리 퍼졌으며, 사원 건축과 불상·석탑·범종 등 불교문화가 크게 발달하였다.

698년에 고구려인 대조영이 발해를 건국하였다. 발해는 고구려의 계승 국가라는 의식이 뚜렷하였다. 발해의 지배층은 고구려인이었으며 이들이 말갈족의 여러 촌락을 통솔하였다. 발해의 문화에는 고구려의 요소가 많이 포함되어 있었다. 온돌, 불상의 양식, 기와의 연꽃무늬 등에서 고구려 문화의 요소가 뚜렷이 드러나 있다. 발해의 문화가 고구려 문화와 연결된다는 사실은 발해가 한국사의 범주임을 말해 준다.

1. 통일 신라의 성립과 발전

(1) 백제·고구려의 멸망과 삼국 통일

진흥왕 때 한강 유역을 차지하며 영토를 확장해 가던 신라는 백제의 반격을 받게 되었다. 이에 신라는 고구려에 도움을 요청했지만, 고구려는 이를 거절하였다. 이에 신라는 당과 연합을 모색하였다. 신라는 당을 끌어들여 고구려와 백제 정복에 나서게 되었다.

신라와 당 연합군은 먼저 백제를 침공하였다. 계백을 중심을 한 백제군은 사비의 길목인 황산벌에서 격렬하게 저항했지만, 김유신을 선두로 한 신라군은 백제군을 격파하고 수도인 사비성을 점령하였다. 이리하여 660년에 백제는 멸망하고 말았다.

한편 고구려는 수·당과의 전쟁에서 승리했지만 그 여파로 점차 국력이 약해지고 있었다. 게다가 실질적인 최고 권력자였던 연개소문이 죽자 지도층 사이에 내분이 일어났다. 이 기회를 틈타 신라와 당 연합군은 대대적인 공격을 개시하여 평양성을 함락하고 고구려를 멸망시켰다(668년). 이로서 신라는 백제와 고구려를 멸망시키고 삼국 통일을 완성하는 듯하였다. 그러나 백제와 고구려가 멸망하자 당은 삼국의 영토를 차지하려고 하였다.

당은 백제와 고구려의 옛 영토에 도독부를 두고 이들 지역을 직접 지배하려는 야심을 드러내었으며, 심지어는 신라마저 지배하에 두려고 하였다. 이에 신라의 문무왕(재위 661~681)은 당과 전쟁을 벌였으며, 백제와 고구려 유민들 역시 당을 축출하기 위해 저항하였다. 신라군은 20만의 당군을 매소성에서 격파하고 전쟁에서 주도권을 잡았다. 이어 금강 하구의 기벌포에서 당의 수군을 크게 격파하였다. 이리하여 당은 한반도에서 완전히 물러났으며, 신라는 삼국 통일을 완성하였다(676년).

통일 신라의 영토는 대동강과 원산을 잇는 남쪽 지역이었다. 신라는 백제의 영토를 완전히 차지했지만, 고구려의 영토는 그 일부만을 흡수하였던 것이다. 게다가 고구려를 계승한 발해가 만주에서 건국되었다. 결국 이러한 상황은 신라의 삼국 통일이 불완전한 것이었음을 의미한다. 그렇지만 신라의 통일은 한국 역사상 큰 의미를 지닌다. 삼국이 하나의 정치체로 통합되었으며, 신라가 고구려와 백제의 문화를 수용하게 됨으로써 새로운 문화를 이룩하는 계기가 되었다는 데에 큰 의의를 갖는다.

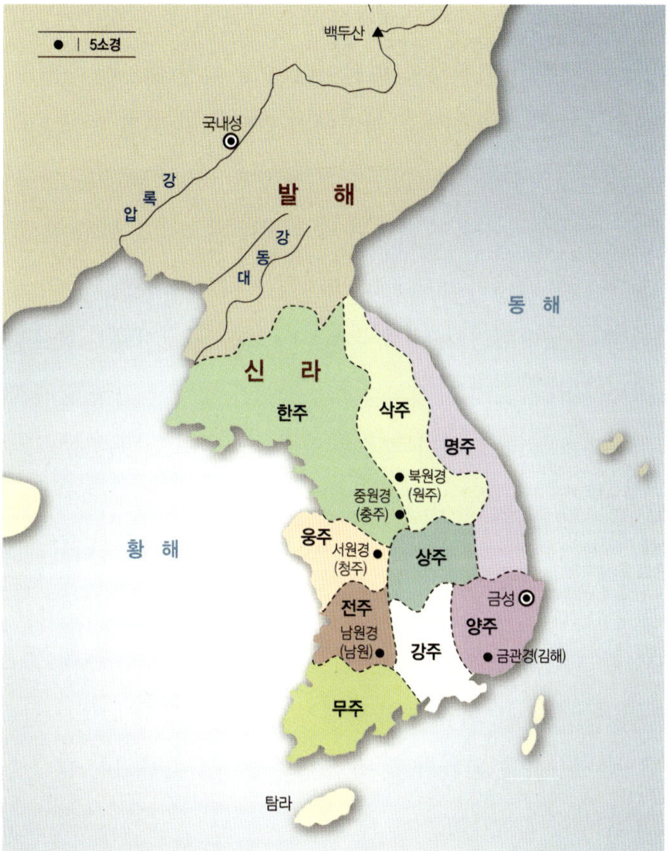

통일 신라의 영역

(2) 통일 신라의 발전

신라는 삼국을 통일하여 영토와 인구가 크게 증가하였고, 고구려와 백제의 유민들과 함께 당을 몰아내는 과정에서 하나의 민족이라는 의식이 강화되었다. 그리고 삼국 통일을 이룬 후 새로운 제도를 마련하여 여러 면에서 발전을 이룩하였다.

먼저 강력한 군사력과 경제력을 바탕으로 왕권은 강화되었고 귀족 세력은 약화되어 갔다. 종래 귀족 대표들의 모임인 화백 회의의 기능을 축소하고, 왕의 직속 기관인 집사부를 중심으로 중앙 행정 제도를 개편하였다. 그리고 넓어진 국토를 효율적으로 관리하기 위해 지방 통치 조직도 새롭게 정비하였다. 전국을 9주로 나누고 주요 지방에 5소경을 두었다. 또 군사 제도를 개편하여 중앙에 9서당을, 지방의 각 주에는 10정을 두었다. 또한 토지 제도와 조세 제도를 개혁하여 귀족의 경제력을 약화시키고 국가의 재정 수입을 늘리기 위해 노력하였다. 귀족에게 주던 녹읍을 폐지하고 관료들에게 관료전을 지급하였다. 그리고 백성들에게 정전을 주어 경작하게 하고 나라에 조세를 바치게 하였다. 그러나 녹읍은 귀족들의 반발로 곧 부활되었다. 이것은 왕권 강화에 대한 귀족들의 반발이자, 귀족 세력이 다시 커졌다는 것을 의미한다.

아랍인의 모습을 한 괘릉의 석상

통일 후 신라는 정치와 사회가 안정되고 경제가 번영하였다. 그리고 당과 곧 화친하여 평화를 유지하면서 인적 교류를 확대해 나갔다. 외교 사절을 비롯하여 유학생, 승려, 상인 등의 왕래가 빈번해져 문화 교류가 활발해지고 국제 무역이 번성하게 되었다. 당에는 신라방과 신라촌이라 불린 신라인의 마을이 있었고, 이들을 감독하는 관청인 신라소가 있었다. 그리고 신라인들은 당에 사찰을 세웠는데, 이를 신라원이라 하였다.

신라는 당에 금·은의 세공품, 종이와 먹, 그리고 약재로 인기가 있었던 인삼을 수출하였다. 그리고 당으로부터 비단, 책, 공예품을 수입하였는데, 이러한 물품들은 대개가 귀족들의 사치품이었다. 신라에는 아랍 상인들도 들어와 교역했는데, 이들은 보석과 향료를 가지고 왔다. 신라에 들어온 아랍인의 모습은 신라의 토용(土俑)과 괘릉의 석상에서 확인할 수 있다.

신라는 바다를 통한 해상 무역도 활발하게 추진하였다. 해상 무역을 주도한 대표적 인물은 장보고였다. 그는 지금의 완도에 청해진을 세웠는데, 이곳에는 1만 명의 군인과 수백 척의 배가 상주하면서 국제 무역에 종사하였다. 이를 기반으로 장보고는 당과 신라와 일본을 잇는 해상권을 장악하고, 동아시아 국제 무역에서 크게 활약하였다.

남북국 시대의 국제 무역과 청해진(완도)

한 걸음 더!

대왕암은 문무대왕의 무덤인가 : 대왕암을 둘러싼 진실 공방

문무왕은 백제와 고구려를 평정하고 당나라를 몰아내어 삼국 통일을 완수한 뛰어난 군주였다. 이 같은 위대한 업적을 이룩한 문무왕이 재위 21년 만인 681년에 죽음이 다가오자 죽어서도 나라를 지키겠다는 의지를 나타내었다. 유언하기를, "자신의 시신을 불교식에 따라 화장하여 유골을 동해에 뿌리면 용이 되어 국가를 평안하게 지키도록 하겠다."는 것이다. 이 유언에 따라 화장한 유골을 동해의 큰 바위 위에 장사 지내게 되었는데, 이 바위를 사람들은 대왕암(사적 제158호)이라 부른다.

대왕암은 육지에서 약 200여 미터 떨어진 바닷가에 있다. 대왕암은 네 개의 큰 암초 덩어리가 외곽을 둘러싸고 있고 그 안쪽엔 바닷물이 가득 차 있다. 그리고 중앙에 약간의 넓은 공간이 있는데, 이 공간에 거북등 같은 큰 돌이 있다. 위에서 내려다보면 십자 모양으로 물길이 나 있어 대왕암 안으로 바닷물이 늘 흐르고 있는데 그중에서도 동쪽과 서쪽은 바닷물이 들고 빠지는 수로의 역할을 하고 있다. 자연적으로 물길이 나 있는 상태이나 약간의 인공을 가하여 가다듬은 흔적이 있다. 바닷물은 파도와 함께 동쪽 물길을 따라 중앙 공간으로 흘러 들어와 서쪽 물길을 통해 빠져나간다. 중앙으로 들어온 바닷물은 곧 잔잔해지고, 물 높이는 중앙의 큰 바위를 살짝 덮을 정도를 유지한다. 이 돌 밑에 문무왕의 유골이 있는 것으로 사람들은 믿고 있다. 그러나 이곳이 과연 문무왕의 능(陵)인지는 의문점이 있다.

『삼국사기』에 "7월 1일, 문무왕이 죽자 동해에 있는 거대한 바위 위에 장사를 지냈다."고 기록하고 있다. 『삼국유사』에 보다 정확한 위치가 기록되어 있다.

"능(陵)이 감은사(感恩寺) 동쪽 바다에 있다."는 것이다. 실제 대왕암 서쪽 1.5km 쯤 가면 절터가 나타난다. 1979년 발굴 당시 감은사라는 글씨가 새겨진 기와 조각이 나와 감은사 터로 밝혀졌다. 현재 절터에는 두 기의 3층 석탑과 건물의 주춧돌들이 남아 있다. 감은사는 문무왕과 관련이 깊다. 『삼국유사』에, "감은사는 처음 문무왕이 창건했으나 마치지 못하고 죽자 그의 아들 신문왕이 완공했다."고 기록하고 있다. 문무왕의 뜻을 이어받아 완공한 절이니 절의 이름도 아버지의 은혜에 감사한다는 뜻의 감은사다. 감은사는 말 그대로 문무왕을 기리기 위해 지어진 사찰이다.

감은사 인근에는 문무왕과 관련된 또 다른 유적이 있다. 대왕암이 내려다보이는 해변 언덕에 세워져 있는 이견대라는 정자가 있다. 현재 모습은 1970년 발굴 조사에 의해 밝혀진 것을 기초로 1979년에 복원한 것이다. 『삼국유사』에 이견대에 대한 기록이 있다. "문무왕의 유언에 따라 그 뼈를 장사 지낸 곳이 대왕암이고, 절은 감은사이며, 용으로 변한 모습을 바라본 곳에 이견대가 있다."고 하였으니 대왕암과 감은사 가까이에 이견대가 있다는 것이다. 그런데 대왕암 가까이에 이견대를 세운 이유가 있다. 『주역』에 "나는 용이 하늘에 있으니 대인을 보면 이롭다(飛龍在天 利見大人)"라는 구절이 있다. 바로 이견대는 동해의 용(문무왕)을 보는 곳이다. 『삼국사기』에 후대 왕들이 이견대를 찾아와 바다(대왕암)를 바라봤다는 기록이 여러 번 등장한다.

한편, 1975년에 신라오악조사단이 형체도 알아볼 수 없을 정도로 심하게 무너져 있던 탑을 조사했다. 그때 파손된 불상과 함께 화장터의 흔적들이 발견하였다. 현재 일부를 복원하였는데 이 탑의 이름은 능지탑(陵旨塔)이다. 이 탑은 일반적인 탑과는 모양새가 다를뿐더러 탑이 절터에서 발견되는 것과 달리 이곳엔 탑 외에 다른 유적이 없다. 『삼국사기』에 의하면 문무왕은 자신이 죽고 열흘 뒤에 화장을 하라는 유언을 남긴다. 그때 문무왕의 시신을 화장했던 곳이 "고문 외정(庫門外庭)"이다. 풀이하면 고문의 바깥뜰이다. 이 "고문 외정"은 바로 능지탑이 있는 곳이다. 유언대로 능지탑에서 문무왕의 시신을 화장했던 것이다. 그리고 사천왕사 터에서 문무왕릉비의 일부가 발견되었는데, 여기에 "분골경진(粉骨鯨津)"이란 글귀가 있다. 뼈를 가루로 만들어 고래가 사는 바다에 뿌렸다는 것이다. 그러면 문무왕은 왜 뼛가루를 동해에 뿌리라고 했을까.

먼저 문무왕의 감은사에 대해, "문무왕이 왜병을 진압하려 이 절을 처음 지었으나 마치지 못하고 돌아가자 신문왕이 역사를 마쳤다."라고 한 기록에 주목할 필요가 있다. 그리고 감은사의 금당 밑까지 바닷물이 들어오도록 설계하였다. 이는 용이 쉽게 접근하도록 하기 위함이라고 한다. 문무왕이 감은사를 창건하고자 한 것은 왜를 진압하기 위한 목적이었다. 수도인 경주에서 곧장 동쪽으로 가면 감포 해변에 이르고 이곳에 감은사가 있다. 즉 감은사는 동해 가까이에 있다. 결국 감포와 감은사는 바다에서 수도 경주로 들어오는 관문이 된다. 문무왕에게 감은사 앞바다는 전략적으로 중요한 곳이었던 것이다. 그리하여 문무왕은 불교의 힘을 통해 왜구를 막아 내려는 의지로 감은사를 창건하고자 한 것이다. 그리고 감은사 가까이에 있는 대왕암에서 뿌려져 동해의 용이 되고자 한 것 역시 왜구를 의식했기 때문이다. 문무왕에게 왜라는 존재는 신라의 제일 걱정거리였다. 백제 멸망 직후 왜의 수군 1000척이 백제를 도우러 백강에 왔다. 이때 신라는 "4번 싸워 모두 400척을 불태우니 연기가 하늘에 치솟고 바닷물이 붉게 물들었다."고 한다. 이것이 바로 백제 멸망을 결정지은 그 유명한 백강구 전투이다. 통일을 이룩한 문무왕에게 남아 있는 오직 하나의 걱정거리는 동해 건너 있던 왜였던 것이다.

이렇듯 대왕암 주변에 있는 감은사와 이견대 유적은 이곳이 문무왕의 능이라는 사실을 뒷받침해 주는 듯하다. 그리고 대왕암 안쪽에 움푹 파인 웅덩이와 바깥으로 난 수로에 인위적으로 깎아 낸 흔적이 있어 그 가능성을 높여 주었다. 과연 대왕암은 문무왕이 묻힌 무덤일까. 2001년 3월, 경주문화재연구소에서 이 사실을 확실히 하기 위해 조사를 펼쳤다. 십자 수로를 막고 물을 퍼낸 후 중앙에 놓인 바위를 조사하였다. 거북등처럼 놓인 바위는 정확히 남북 방향으로 길게 놓여 있었다. 조사 결과 이 바위는 가로 3.74미터, 세로 2.46미터, 높이 1.35미터로 무게 20톤가량으로 추정되었다. 인위적인 흔적이나 크기로 보아 거북등 아래에 문무왕의 인골이나 부장품 등이 묻혔을 가능성이 오래전부터 제기되어 왔었다. 그러나 거북등 모양의 바위 아래의 암초는 평탄하였고 거북등 모양의 암석과 서로 맞닿아 있었다. 암초 위에 거북등 바위가 올려져 있는 상태여서 아무것도 묻을 수 없는 구조였다. 그리고 어떠한 인공의 흔적도 없었다. 결국 대왕암에는 문무왕의 시신과 관련하여 어떠한 것도 안치될 수 없었다. 따라서 대왕암은 "왕의 시신을 묻어 놓은 곳=능"이라 할 수 없다.

그러나 대왕암은 문무왕이 계신 곳으로 받아들여졌다. 결코 문무왕의 무덤이 아니었으나 신라 사람들은 문무왕의 무덤으로 생각했다. 문무대왕의 시신을 화장을 하고 나서 뼛가루를 대왕암에서 뿌리고 그곳을 신성시하기 위해 대왕암의 자연적인 조건을 살려서 물이 잘 빠져나가도록 수로를 만들었다. 이것은 감은사 금당 아래 구멍을 뚫어 용이 절에 들어오게 한 것과 같은 장치이다. 화장하여 뼛가루를 뿌린 것만으로는 문무왕을 추념하기에는 부족하므로 암초를 인공적으로 가공하여 대왕암을 일종의 무덤으로 만든 것이다. 그리하여 실제는 '능'이 아니되 '능'으로 인식되었다. 그리하여 신라인들은 죽어서 용이 된 문무왕이 이곳에 머물러 있으며, 위기 때에 나라를 지켜 준다고 믿었다. 이러한 믿음은 문무왕의 아들인 신문왕 때로 이어졌다.

문무왕과 관련된 유적 즉 대왕암, 감은사, 이견대는 모두 문무왕의 아들인 신문왕이 만든 것이다. 그리고 신문왕이 만파식적(萬波息笛)을 얻은 이야기는 문무왕과 관련되어 있다. 만파식적은 신통력 있는 피리였다. 『삼국유사』에 보면 "이 피리를 불면 적병이 물러가고 질병이 낫고 가물 때는 비가 오는데 이를 만파식적이라고 부르고 국보로 삼았다."는 기록이 있다. 그런데 이 만파식적의 유래에 대왕암과 문무왕이 등장한다. 문무왕이 죽고 바로 그다음 해 대왕암에서 기이

한 일이 일어났다. "해중의 큰 용(海中大龍)"이 된 문무왕이 아들 신문왕의 꿈에 나타나 "대나무로 피리를 만들어 불면 천하가 화평해질 것이다."라고 하였다. 이 이야기를 듣고 만든 피리가 바로 만파식적이다. 대왕암은 통일을 이룬 문무왕을 상징하는 유적이었고, 그 뒤를 이은 신문왕은 대왕암에서 얻은 만파식적을 강력한 왕권의 상징물로 삼았다. 신라를 보호하는 신비한 능력을 지닌 대왕암과 만파식적에 대한 믿음은 신라를 하나로 묶는 중요한 구심점이었다. 그리하여 만파식적이 신문왕의 것이듯 대왕암은 문무왕의 무덤이라는 굳은 믿음이 전해지게 되었다. 사실이 아니지만 무덤이 실재하는 것으로 믿고 싶었던 것이다.

(3) 통일 신라의 문화

정치가 안정되고 국제 무역이 활발히 이루어짐에 따라 신라의 학문과 문화, 예술도 크게 발전하였다. 불교는 통일 이후에 더욱 융성하여 귀족에서 평민에 이르기까지 널리 확산되었다. 그리고 유명한 고승들이 많이 등장하였는데, 그중에서 화엄종을 일으킨 의상, 불교 종파의 통합과 불교의 대중화에 힘쓴 원효가 특히 유명하였다. 불교가 융성함에 따라 인도까지 불교를 배우러 가는 신라 승려도 많았다. 혜초는 인도를 순례한 후 당으로 돌아와 『왕오천축국전』을 남겼다. 그리고 신라 말에는 참선을 중요시하는 선종 불교가 유행하여 호족 세력의 환영을 받았다.

통일 신라는 불교의 융성에 따라 불교문화가 크게 발전하였다. 대량으로 불경을 인쇄하기 위한 목판 인쇄술, 그리고 질 좋은 종이를 만들 수 있는 제지술이 발달하였다. 불국사 삼층 석탑에서 나온 『무구정광대다라니경』은 8세기 초에 만들어진 두루마리 불경으로, 세계에서 가장 오래된 목판 인쇄물이다.

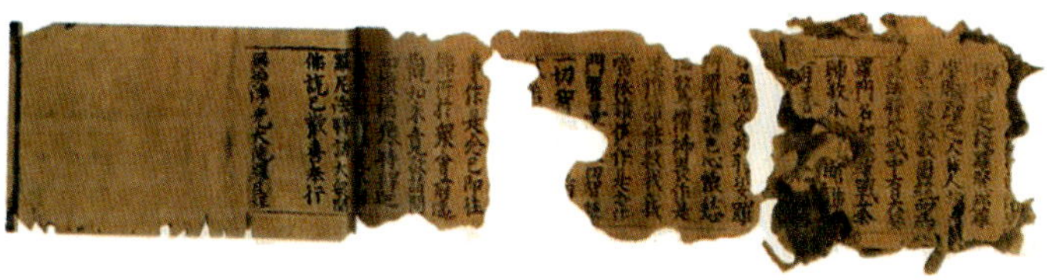

무구정광대다라니경

과학·기술 분야도 크게 발전하였는데, 전문 기술자에게 박사라는 칭호를 주어 우대하였다. 또한 궁궐, 사찰 등의 축조에 수학을 이용하여 건축이 더 정밀해졌으며, 건축과 예술이 크게 발전하였다. 특히 비례와 균형을 강조한 건축물이 많이 세워졌는데 불국사, 석굴암 등이 대표적이다. 그리고 안압지는 신라의 궁궐 건축의 우수성을 잘 보여 준다. 안압지의 건물은 구릉, 연못, 인공 섬 등과 매우 자연스럽게 어울리도록 꾸며져 있어 신라인의 뛰어난 건축 기술과 조경술을 확인할 수 있다.

불국사의 석가탑

불국사의 다보탑

안압지

석굴암 본존불

석굴암 사천왕상

석굴암 팔부중상과 금강역사

한편 유학의 발달로 교육 기관인 국학이 설립되고 여기에 박사와 조교를 두어 『논어』, 『효경』 등의 유교 경전을 가르쳤다. 또한 독서삼품과라는 관리 채용 제도를 두어 유학에 능한 자를 선발하였는데, 이 역시 유학의 발달을 촉진시켰다. 이렇게 하여 훌륭한 학자들이 많이 배출되었다. 해박한 한문학을 바탕으로 외교 문서를 잘 지었던 강수, 이두를 정리하여 문자 보급에 이바지한 설총, 당에 유학하여 명성을 드높인 최치원 등이 특히 유명하였다.

(4) 신라 말의 혼란과 후삼국의 성립

통일 이후 약 100여 년간 안정과 번영을 누리던 신라는 8세기 이후 점차 사회 기강이 흐트러져 갔다. 그리고 진골 귀족들이 왕위를 두고 경쟁하면서 혼란에 빠지기 시작하였다. 혜공왕(재위 765~780) 때에 일어난 대공의 난은 왕위 쟁탈전으로 이어졌다. 이 과정에서 김양상이 혜공왕을 죽이고 왕위에 올라 선덕왕(재위 780~785)이 되었다. 선덕왕 대에도 왕위 쟁탈전이 벌어져 김경신이 경쟁자 김주원을 내쫓고 원성왕(재위 785~798)으로 즉위하였다. 이에 대한 반발로 김주원의 아들인 김헌창은 공주를 근거로 반란을 일으켰다. 왕위 쟁탈전은 이후에도 계속되어 진골 귀족이 왕을 죽이고 새 왕으로 즉위하는 일이 빈번히 일어났다. 이러한 정치적 혼란 속에서도 귀족들은 사치와 방탕에 물들어 있었다.

신라의 혼란은 진성 여왕(재위 887~897) 때에 들어와 극에 달했다. 자연재해가 잇따르는 가운데 강압적인 수취가 계속되자 살기가 어려워진 농민들은 남의 노비가 되거나 떠돌이 생활을 하였다. 결국 신라에 대한 불만이 고조되는 가운데 가난한 농민들이 정부에 무력으로 저항하기 시작하였다. 이미 중앙 정부의 통제력은 민란을 진압하지 못할 정도로 약화되어 있었다. 그리하여 각 지방에서는 독자적인 세력들이 나타나 중앙 정부에 도전하게 되었다.

호족이라 불리는 지방 세력가들은 자신의 근거지에 성을 쌓고 군대를 보유하고서 그 지방에 대한 행정권과 군사권을 장악하였다. 호족은 스스로를 성주 또는 장군이라고 하면서 농민을 지배하였으며, 신라에 대해 반독립적인 입장을 취하였다. 나아가 이들은 이웃 호족을 제압하거나 연합하여 세력을 더욱 키워 나갔다. 지역민을 독자적으로 지배한 이들 호족의 등장에 의해 신라는 전국적인 내란에 휩싸이게 되었다.

신라 말에 등장한 여러 호족 가운데 신라에 반기를 들고 나라를 세우는 자들이 생겨났다. 그리하여 견훤이 후백제를, 궁예가 후고구려를 건국함으로써 신라와 함께 다시 세 왕조가 성립되었다. 나중에 왕건은 궁예를 몰아내고 고려를 건국하였다. 이렇게 신라 말에 세 나라가 항쟁하던 때를 후삼국 시대라고 한다.

후삼국의 영역

2. 발해의 흥망

(1) 발해의 건국과 발전

고구려 멸망 이후 대동강 이남 지역은 신라가 지배하였으며, 대동강 이북과 요동 지역은 당의 관할하에 들어갔다. 그런데 만주 지역에 있던 고구려의 유민들은 고구려 부흥 운동을 전개하면서 당에 저항하였다. 결국 고구려의 장군이었던 대조영은 고구려 유민과 말갈족을 이끌고 지금의 길림성 돈화시 부근에 있는 동모산에서 발해를 세웠다(698년). 발해의 건국으로 만주는 고구려에 이어 계속 한국 역사의 활동 무대가 되었다.

발해의 영역과 5경

발해는 고구려의 계승 국가라는 의식이 뚜렷하였다. 발해의 지배층은 대부분 고구려인이었으며 이들이 말갈족의 여러 촌락을 통솔하였다. 왕족인 대씨(大氏)를 비롯하여 귀족들인 고(高), 장(張), 오(烏) 등의 성씨는 모두 고구려인들이었다. 그리고 발해 왕은 외교 문서에서 스스로를 '고려 왕'이라고 칭하였고, 발해가 고구려의 영토와 부여의 풍속을 이어받은 국가임을 밝혔다. 이렇게 고구려 계승의식을 가진 발해는 고구려를 멸망시킨 당과 신라에 대해 적대적인 태도를 취하였다. 반면에 북쪽의 돌궐과 남쪽의 일본과는 친선 관계를 유지하였다.

발해는 2대 무왕 때부터 영토를 확장하여 북만주 일대를 차지하였고, 3대 문왕 때에는 요하까지 영토를 확장하고 수도를 상경(흑룡강성 영안현)으로 옮겼다. 발해는 발전을 계속하여 10대 선왕 때에는 북으로 흑룡강, 남으로 함경도 영흥 지방, 동으로 연해주, 서쪽으로는 개원에 이르는 넓은 영토를 차지하였다. 이때 발해는 '해동성국(海東盛國)'이라 불리며 전성기를 이루었다.

발해의 성장에 위협을 느낀 당과 신라는 발해를 견제하였다. 신라는 한때 발해를 공격하였으나 곧 관계를 회복하여 여러 차례 사신을 보냈다. 그리고 대립하던 당 역시 발해와 외교 관계를 회복하였다. 나아가 발해는 당에 말, 도자기, 산삼을 수출하고 당으로부터는 비단, 서적 등을 수입하는 등 활발히 교역하였다.

9세기 후반을 고비로 국력이 약화되기 시작하였다. 그리고 마침내 916년에 발해 서쪽에서 건국한 거란의 침략을 받아 926년에 멸망하고 말았다. 이리하여 230년간 지속되던 발해는 종말을 고하였다. 발해 멸망 후 발해 유민들은 부흥 운동을 일으켰으나 실패하였고, 5만 명에 이르는 발해인들은 고려로 망명하였다.

(2) 발해의 문화

발해는 고구려의 문화를 계승, 발전시키는 한편 당의 문화를 받아들여 수준 높은 문화를 이룩하였다. 발해의 문화는 웅장하고 패기가 넘치던 고구려 문화의 성격을 그대로 지니고 있으면서도 한층 부드럽고 세련된 기품을 가지고 있었다. 이러한 발해의 높은 문화 수준은 불상·석등 등의 불교 문화재를 통해 확인할 수 있다.

수도 상경은 발해 문화의 중심지였다. 상경은 당의 수도인 장안을 모델

발해 상경성 터 위성사진

로 하여 동서 4.4km, 남북 3.5km의 외성(外城)과 동서 840m, 남북 580m의 내성으로 이루어져 있었다. 내성 안에 궁궐이 있었으며, 내성 남문과 외성 남문 사이에는 너비가 110m에 이르는 대로를 두고, 좌우로 바둑판 모양의 시가지를 건설하였다. 현재 발해의 궁궐터에는 돌로 만든 사자상과 석등이 남아 있는데, 고구려적인 요소를 강하게 띠고 있다.

발해 무늬벽돌

한편 중앙 통치 조직인 6부의 명칭이 충, 인, 의, 지, 예, 신과 같은 유교의 이념에서 따온 것을 보면 유학이 매우 발달하였음을 알 수 있다. 그리고 당으로 유학 간 학생들 중에는 과거 시험에 합격하는 사람이 많았다.

발해의 문화에는 고구려의 요소가 많이 포함되어 있다. 온돌, 불상의 양식, 기와의 연꽃무늬 등은 고구려적인 요소를 뚜렷이 드러내고 있다. 발해의 문화가 고구려 문화와 연결된다는 사실은 발해가 한국사의 범주임을 말해 준다. 그러나 230년 동안 계속된 발해가 멸망하자 만주 지역은 한국사의 활동 무대에서 사라지게 되었다.

발해 이불병좌상

발해 정혜공주묘 돌사자

발해는 왜 한국사인가 : 동북공정의 허구성

우리는 모두 발해의 역사가 한국사의 일부란 사실에 아무런 의심을 갖지 않는다. 그러나 이러한 생각은 어디까지나 '한국 내'에서만 해당된다. 중국은 이른바 '동북공정'을 통해 발해사가 중국 역사의 하나라고 주장하고 있다. 사실 발해의 시조인 대조영(?~719)의 출신이 고구려인인지, 말갈인인지 명확하지 않아 논란을 가중시키고 있다. 대체로 한국 학자들은 대조영을 고구려 출신으로 보고 있지만, 중국 및 일본 학자들은 그가 말갈인이라 주장한다.

최치원은 「사불허북국거상표(謝不許北國居上表)」에서, "발해의 원류(源流)는 고구려가 멸망하기 전에 본디 작은 부락이었다. 말갈의 족속이 번성해지자 그 무리 중 속말이라는 소번(小蕃)이 있었는데, 일찍이 고구려를 추종하여 고구려 영내로 옮겼다."고 하였다. 대조영이 속한 속말부가 고구려로 이주해 온 사람들이라는 것이다. 말갈 7부의 하나인 속말부는 원래는 송화강 유역에 있었다. 이곳은 그 전에 부여가 있었던 지역이었다. 부여 멸망 후 송화강 유역에서는 물길(勿吉)이 부여를 대신하여 주도권을 잡았는데, 이들이 말갈로 불려지기 시작하였다. 이후 대조영의 조상들은 고구려로 들어와 요동의 태자하 유역에 정착하였다. 『요사(遼史)』에 "양수(梁水) 지역이 바로 발해인의 고향이다."라고 하였는데, 양수는 지금의 태자하이다. 이러한 과정에서 대조영 집단은 고구려에 귀속되어 동화되면서 원래의 말갈족에서 멀어져 갔다. "대조영은 본래 고구려의 별종(別種)"이라고 한 『구당서(舊唐書)』의 기록, "발해는 본래 속말말갈로서 고구려에 붙은 자들"이란 『신당서(新唐書)』의 내용 등이 대조영 집단의 고구려 정착 과정을 말해 주고 있다. '고구려 별종'이나 '고구려에 붙은 자들'이라는 말은 대조영 집단이 순

수 말갈족도 아니고, 그렇다고 순수 고구려인도 아니었음을 의미한다. 결국 그는 말갈의 혈통을 이어받았지만 오래전에 고구려로 귀화하여 이미 고구려인이 된 상태였다. 이 때문에 『고려사』와 『고려사절요』에서 대조영을 본래는 속말말갈이었지만 고구려인이라고 기록하였던 것이다. 고구려 유민에 의해 고구려를 계승한 발해는 중국사의 일부가 아니라 당연히 한국사의 하나인 것이다.

한편 대조영 집단은 고구려 멸망 후에 요동에서 고구려 유민을 규합하면서 세력을 키워 나갔다. 그 결과 698년에 새로운 나라를 세우게 되었다. 이에 당에서 걸걸중상을 진국공(震國公)으로 삼으려 했다. 이러한 명칭을 주려고 한 것은 당시의 나라 이름이 진국(震國)이었기 때문이다. 그러나 이후 당은 태도를 바꾸어 이해고로 하여금 토벌하게 하였다. 공격이 있기 전에 걸걸중상이 사망하여 아들 대조영이 진국을 이어 갔다. 대조영은 이해고의 추격을 격퇴하며 동모산으로 이동하였다. 새로운 근거지를 마련한 대조영은 당의 세력을 견제하기 위해 당과 대립하고 있던 돌궐에 사신을 보내 외교 관계를 맺었다. 또한 신라에도 사신을 파견하여 국교를 맺었다. 그리고 705년에 당과 국교를 수립하여 불안한 정세를 안정시켰다. 그렇게 하여 대조영은 고구려 옛 지역에 대한 정복 활동에 주력할 수 있었다. 그리하여 주변의 말갈족과 고구려 유민을 흡수하였는데, 『구당서』에 "말갈의 무리와 고구려 유민이 속속 귀속하였다."고 한다. 대조영이 진국 대신에 발해란 국호를 사용하기 시작한 것은 713년이었다.

대대적인 정복 사업은 2대 무왕(武王) 대까지 이어졌다. 대조영의 뒤를 이어 즉위한 대무예(재위 719~737)는 시호 무왕(武王)이 의미하듯 대대적인 정복에 나섰다. 무왕은 남쪽으로 진출하여 신라의 동해안 지역까지 진출하였다. 이에 신라는 발해를 대비하여 721년에 지금의 강릉 일대에 장성(長城)을 쌓았다. 무왕의 대대적인 정복 사업에 힘입어 발해는 고구려 전성기의 영토 3분의 1 정도를 회복할 수 있었다. 그리고 문왕도 무왕의 유업을 이어받아 대대적인 정복 사업에 힘썼다. 그 결과 발해는 영토가 북쪽으로 송화강 하류, 남으로는 대동강과 원산만 이북의 한반도 북부에 이르게 되었다.

3대 왕인 문왕 대흠무(大欽茂)는 정복 사업의 성공을 토대로 국가 체제 정비에 주력하였다. 문왕은 중앙 정치기구와 지방 통치 제도를 정비하였다. 중앙 부서인 정당성(政堂省)을 시작으로 3성 6부(三省六部)의 제도를 확립하였다. 문왕은 지방 통치 제도도 마련했는데, 지방을 부·주·현(府州縣制)와 5경(京)으로 편성하였다. 부 아래에는 주 · 현이 있어 부 → 주 → 현의 3단계 지방 통치 체계를 갖추었다. 5경은 상경 용천부, 중경 현덕부, 동경 용원부, 남경 남해부, 서경 압록부를 말한다. 이 중 상경이 오랫동안 수도로 기능했다. 그리고 9세기 초에 선왕 때에 와서 발해는 5경 15부 62주로 지방 통치 체계를 완성하였다. 이렇듯 문왕은 중앙과 지방의 통치 제도를 마련하여 국가 체계를 완성하였다. 그리하여 문왕은 '대흥보력효감금륜성법대왕(大興寶曆孝感金輪聖法大王)'라는 존호(尊號)를 받았다. 그중 '금륜성법대왕'은 불교의 전륜성왕(轉輪聖王)을 이르는 말이다. 전륜성왕은 천하인 수미 4주(須彌四州)를 통일하고 불법(佛法)으로 세상을 다스리는 제왕이다. 결국 문왕은 천하를 통일한 정복군주라는 것이다. 이런 자부심은 발해의 강력한 국력에 나온 것이었다.

771년에 일본에 보낸 외교문서에서 문왕은 그 자신을 하늘의 자손(天孫)이라 하였다. 그리고 발해인들은 문왕을 '황상(皇上)'이라 불렀으니 당시의 발해인이 군주를 황제로 인식하였다는 것을 말해 준다. 고구려는 독자적인 천하관과 천손의식이 가지고 왕을 높여 태왕(太王)으로 불렀으나 '황제'라는 호칭은 사용하지 않았다. 그러나 발해는 황제라 칭하며 고구려 때보다 그 위상이 높아졌음을 만천하에 드러내었다. 이는 또 다른 황제국인 중국과 대등하게 발해가 존재하였음을 보여 주고 있다. 발해는 중국과 구별되는 또 다른 세계의 중심이라는 것이다. 그리고 발해는 일본에 보낸 국서에서, "고구려의 옛 영토를 회복하고 부여의 풍속을 간직하고 있다."고 하여 고구려의 후예임을 분명히 밝혔다. 또한 당에서는 발해를 '해동성국(海東盛國)'이라 하여 그 국제적 위상과 발해의 독자성을 인정하였다. 따라서 발해가 중국사의 일부라는 주장은 성립하지 않는다.

한국의 세계문화유산

불국사와 석굴암

불국사와 석굴암은 신라 경덕왕(재위 742~765) 때 재상이었던 김대성이 751년에 창건하기 시작하여 774년에 완공하였다. 김대성은 불교의 윤회설에 따라 현세의 부모를 위해 불국사를, 전생의 부모를 위해 석불사를 세웠다고 한다. 석불사는 건립 당시 석굴암의 명칭이다. 불국사는 신라의 수도인 경주 토함산 중턱에, 석굴암은 정상에 못 미친 곳에 동해를 향해 있다.

불국사는 대웅전 구역과 극락전 구역으로 나누어져 있다. 대웅전 구역은 현세의 석가정토를, 극락전 구역은 내세의 아미타정토를 상징한다. 오른쪽에 자리한 대웅전 구역이 왼쪽에 위치한 극락전 구역보다 훨씬 넓다. 그리고 정면에서 보면 대웅전 구역은 극락전 구역보다 한층 더 높으며, 3m 정도 앞으로 더 나와 있다. 불국사는 대웅전 구역을 더 강조한 건축물임을 알 수 있다. 이렇듯 불국사는 석가정토, 즉 석가의 세계인 불국토를 상징하고 있다.

불국사의 토대인 석조 구조는 창건 당시의 것으로 잘 다듬은 다양한 형태의 석재로 화려하게 꾸며져 있다. 특히 대웅전으로 통하는 연화교와 칠보교의 두 계단은 정교하게 잘 다듬은 돌기둥과 둥근 돌난간, 그리고 세부의 부드러운 세공을 잘 보여 주는데, 이는 신라인들이 돌을 다루는 기술이 매우 뛰어났음을 말해 준다. 대웅전 앞의 석가탑(높이 8.2m)은 각 부분의 비례와 전체의 균형이 잘 맞아떨어져 간결하고도 장중한 멋이 있으며, 다보탑(높이 10.4m)은 정교하게 잘 다듬은 여러 가지 모양의 석재를 마치 목재처럼 잘 짜 맞추었다. 이러한 독특한 구조와 화려한 기교에서 뛰어난 예술성을 느낄 수 있다.

불국사 전경

석굴암은 인공으로 석굴을 축조하고 내부 공간에 본존불을 중심으로 관음보살상 및 제자상과 천왕상 등 총 39체의 불상을 조각하였다. 석굴암 한가운데에 높이 3.5m의 당당하고 부드러운 미소를 띤 석가모니 불상이 있다. 얼굴과 어깨를 드러낸 옷의 주름은 생동감이 있고, 깊은 명상에 잠긴 듯 가늘게 뜬 눈, 엷은 미소를 띤 입술, 당당하고 풍만한 전체 모습은 근엄하면서도 자비로움을 느끼게 한다. 당의 승려 현장(602~664)이 지은 『대당서역기(大唐西域記)』에 따르면, "석가모니가 깨달음을 이룬 바로 그 자리에 대각사(大覺寺)가 세워져 있고, 거기에 깨달음을 이룬 모습의 불상이 동쪽을 향해 앉아 있다. 불상의 높이는 1장 1척 5촌, 양 무릎 폭이 8척 8촌, 어깨 폭이 6척 2촌이다."라고 하였다. 석굴암의 본존불 크기와 이 기록이 일치하고 있는데, 이는 바로 석굴암의 본존불이 석가모니를 형상화한 것임을 알 수 있다. 그리고 나머지 조각상들도 동아시아 불교 조각의 최고 걸작품이라고 평가할 만하다. 화려한 장식을 세밀하게 조각한 십일면관음보살상, 용맹스러운 모습의 인왕상과 사천왕상, 보살들의 우아한 모습 등은 깊은 숭고함을 느끼게 한다. 또한 석굴 조성에 있어 수학을 바탕으로 한 고도의 건축 기술과 뛰어난 조형 감각은 종교의 숭고함, 뛰어난 건축술과 예술성을 총체적으로 실현한 것이라고 할 수 있다. 즉 불국사와 석굴암은 부처님의 나라를 자신들의 땅에 구현하려 했던 신라인들의 염원이 담긴 곳이며, 신라의 전성기에 이룩한 최고의 걸작이라고 할 수 있다.

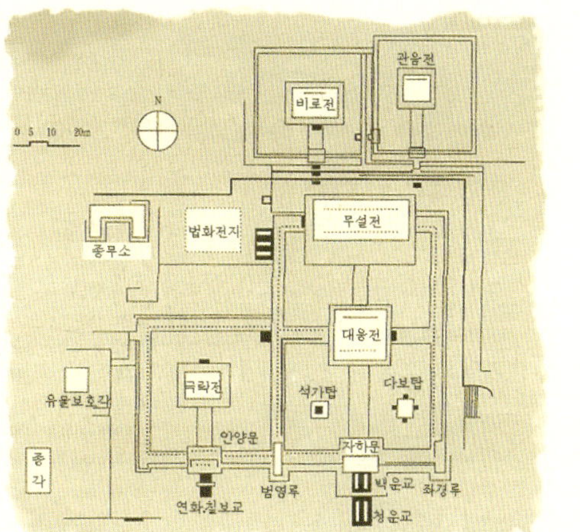

불국사의 전각 배치

도움글

문무왕(재위 661~681년)

문무왕은 태종무열왕(재위 654~661)의 장자로서 왕위를 이어받아 재위 기간 동안 고구려를 멸하고 당을 한반도에서 축출하여 삼국을 통일하였다. 문무왕은 자신이 죽으면 불교식으로 화장한 뒤 유골을 동해에 묻으면 용이 되어 왜구를 막겠다는 유언을 남겼다. 681년에 문무왕이 죽자 유언에 따라 화장한 유골을 동해의 큰 바위에 장사 지냈다. 이 바위를 대왕암(大王岩)이라고 한다. 대왕암은 해안에서 200m쯤 떨어져 있는 암초로 그 가운데에 사방으로 물길이 있어 언제나 바닷물이 드나들 수 있다. 이 물길 가운데에 길이 3.7m, 높이 1.45m, 너비 2.6m의 길고 넓적한 돌이 남북으로 놓여 있다. 이 돌 밑에 문무왕의 유골이 안치되어 있는 것으로 알려지고 있다.

문무왕릉으로 알려져 있는 대왕암

한편 문무왕의 아들인 신문왕(재위 681~692)은 대왕암과 가까운 곳에 감은사를 지었는데, 금당 아래는 빈 공간으로 되어 있다. 『삼국유사』에 따르면 동해의 용이 된 문무왕이 이곳으로 드나들 수 있도록 그렇게 만들었다고 한다.

장보고(?~846년)

장보고는 무예에 자질이 있어 당으로 건너가 군인이 되었다. 이곳에서 장보고는 수많은 신라인이 해적에게 납치되어 와서 비참한 생활을 하는 것을 목격하였다. 당에서 귀국한 뒤 장보고는 흥덕왕(재위 826~836)에게 요청하여 군사 1만 명을 모아 청해진(지금의 완도)을 건설했다(828년). 청해진 대사(大使) 직을 맡은 장보고는 이곳을 근거지로 하여 해적을 소탕하고 남·서해안의 해상권을 완전히 장악하였다. 이를 바탕으로 장보고는 당·신라·일본을 잇는 해상 무역로를 장악하고 국제 무역을 주도하기 시작하였다. 해상 무역을 통해 일종의 해상왕국을 형성한 장보고는 신라와 일정한 거리를 두고 독자적인 세력을 형성해 나갔다. 그는 독자적으로 당에 무역선을 보내 교역 활동을 했다. 그리고 일본에도 회역사(廻易使)라는 독자적인 이름으로 사절단을 파견하였다. 이렇게 동아시아 무역에서 크게 세력을 떨친 장보고는 중국 산동성 적산촌에 법화원(法華院)이라는 절을 세웠다. 이처럼 장보고 세력은 국제적으로 번성하였는데, 중국에 유학한 일본 승려 엔닌[圓仁]은 귀국할 때에 그에게 뱃길을 부탁하기도 했다. 엔닌은 『입당구법순례행기(入唐求法巡禮行記)』를 남겼는데, 여기에는 장보고의 활약상이 기록되어 있다.

복원된 법화원

참고문헌

이기백·이기동, 『한국사강좌(고대편)』, 일조각, 1982

한규철, 『발해의 대외관계사』, 신서원, 1994

송기호, 『발해정치사연구』, 일조각, 1995

국사편찬위원회, 『한국사』 10(발해), 1996

국사편찬위원회, 『한국사』 9(통일 신라), 1998

변태섭, 『한국사통론』, 삼영사, 1988

한영우, 『다시 찾는 우리역사』, 경세원, 1997

이기백, 『한국사신론』, 일조각, 1999

국사편찬위원회, 『한국사』 1(총설), 2002

최준식, 『우리 문화유산 열두 가지』, 시공사, 2002

신형식, 『신라통사』, 주류성, 2004

김정배 편저, 『한국고대사입문』, 신서원, 2006

Ⅳ. 통일 왕조 고려

개요

후삼국을 통일하여 신라에 이어 다시 통일 왕조를 이루어 낸 고려는 정치·사회 체제를 정비하고, 귀족 중심의 사회와 문화를 발전시켰다. 그러나 12세기에 들어 고려 사회는 크게 동요하기 시작하더니 결국은 12세기 후반에 문신 중심 체제에 반발한 무신들이 무신 정변을 일으켰다. 그리하여 100년 동안의 무신 정권이 탄생하였다. 이때 고려는 몽골(원)의 침략을 받게 되었으며, 이후 원의 간섭을 받아 영토를 상실하고 정치적 간섭을 받는 등 자주성이 훼손되는 시련을 겪었다.

고려 시대에는 불교문화와 유교 문화, 그리고 토착 신앙이 융합되면서 발달하였고, 외국과의 교류도 활발하여 문화의 폭이 더욱 확대되었다. 또 고려대장경의 조판 및 금속 활자의 사용과 같은 빛나는 문화를 이룩하였고, 고려청자 등의 명품을 만들어 고려인의 예술적 재능과 창조적 역량을 발휘하였다.

1. 고려의 건국과 발전

(1) 고려의 후삼국 통일

신라 말기에 이르러 지방 각지에서 호족들이 반란을 일으키자 신라는 내란에 빠지고 말았다. 이후 대호족들이 출현하여 신라에 반기를 들고 나라를 세웠는데, 옛 백제 땅에서는 견훤이 후백제를, 옛 고구려 땅에서는 궁예가 후고구려(태봉)를 세웠다. 이리하여 통일 신라는 다시 삼국으로 나눠지게 되었으니, 이를 후삼국 시대라 한다.

후삼국 시대의 판도

918년, 태봉에 정변이 일어나 왕건이 새로운 왕으로 즉위하고 국호를 고려라 하였다. 그런데 원래 왕건은 신라의 변방인 송악의 중소 호족에 불과하였다. 그렇지만 왕건 가문의 근거지인 송악이 서해에 가까워 상업과 무역 활동을 하는 데 매우 유리하였다. 이를 바탕으로 왕건 가문은 부를 축적할 수 있었으며, 이 지역을 대표하는 호족으로 성장하였다. 세력이 약했던 왕건 가문은 궁예의 부하가 되었지만, 왕건은 해상 세력이라는 집안 배경을 잘 살려 해전에서 여러 차례 공을 세워 높은 지위에 올랐다. 그러면서 수많은 호족의 호응을 얻으며 자신의 영역을 넓혀 나갔다. 결국 호족의 지지를 받은 왕건은 전제 군주 궁예를 몰아내고, 고려를 건국하였다. 그리고 수도를 송악(지금의 개성)으로 옮겼다.

태조 왕건은 안으로는 호족 세력을 통합하여 정치를 안정시키고, 밖으로는 삼국이 대치하는 상황에서 늘 전쟁에 대비해야 했다. 이를 위해서는 호족의 협조가 필요하였다. 이에 태조 왕건은 유력 호족과 혼인하는 정책으로 연합해 갔다. 호족 연합 정책은 옛 태봉 지역의 호족 세력들을 규합하여 왕권의 안정을 꾀하는 데서 시작되었지만 신라와 후백제 지역의 호족 세력들이 귀부해 오면서 통일 정책으로 이어졌다. 후백제는 호족에 대해 무력으로 복속하는 방법을 택했던 데 비해 고려는 호족의 독자성을 인정해 주는 유화 정책을 내세웠으므로 호족들은 자연히 고려 쪽으로 기울게 되었다.

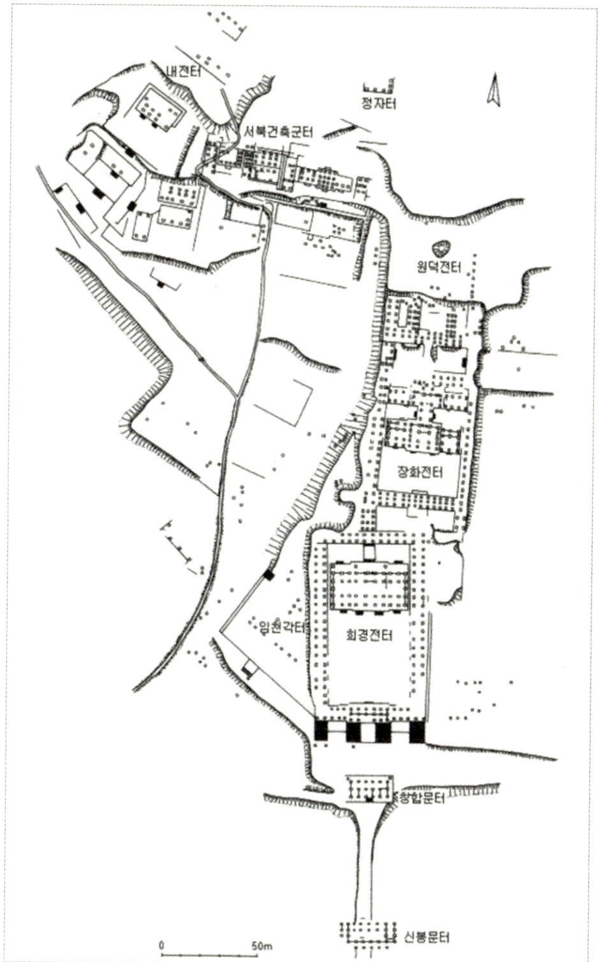

고려 개성 궁궐터

정세가 점점 고려에 유리하게 돌아가는 가운데 후백제에 정변이 일어났다. 왕위 계승에서 밀려난 데 불만을 품은 신검은 아버지인 견훤을 쫓아내고 왕이 되었다. 이에 견훤은 고려로 망명하였다. 그리고 얼마 후에는 신라 왕이 고려에 항복해 왔다. 이후 고려는 936년에 견훤을 앞세워 후백제군을 대파하고 신검의 항복을 받았다. 이리하여 고려는 신라, 후백제를 차례로 멸하고 후삼국을 통일하였다.

궁예는 정말 폭군인가
: 후삼국 시대 최대 판도를 차지했던 궁예의 진면목

9세기 말엽에 통일 신라는 쇠퇴의 길로 접어들고 있었다. 중앙 귀족들의 권력투쟁은 격심하여 자주 왕위가 교체되었고, 농민들은 대대로 살던 고향을 떠나 떠돌이 생활을 하거나 산속에 들어가 도적이 되었다. 이리하여 농민 반란이 전국을 휩쓸게 되었다. 이윽고 견훤이 백제(후백제)를, 궁예가 고려(후고구려)를 건국함으로써 몰락해 가던 신라와 함께 후삼국 시대를 열었다. 그런데 왕건이 궁예를 몰아내고 고려를 세우더니 결국은 후삼국을 통일하였다. 『고려사』에는 궁예의 최후를 이렇게 적고 있다.

> 홍유, 배현경, 복지겸 등이 모의하여 밤에 태조(왕건)의 집에 가서 추대할 뜻을 말하니 태조가 거절하여 허락하지 않았다. 부인 유씨가 손수 갑옷을 들어 태조에게 입히고 여러 장수들과 함께 밖으로 나오니 달려오는 자가 이루 헤아릴 수 없었으며 먼저 궁문에 이르러 북을 치며 떠들썩하게 기다리는 자가 또한 1만여 명이나 되었다. 궁예가 이를 듣고 놀라 북문을 빠져나가 산속으로 도망하였다. 허기가 심하여 보리 이삭을 몰래 끊어 먹다가 사람에게 죽임을 당하였다.

이렇게 궁예는 독자적인 세력을 형성한 이후 28년 만에 왕건에 의해 비참한 최후를 맞이하였다. 그리고 견훤은 장남 신검에 의해 왕위에서 쫓겨나 금산사에 갇혀 있다가 이곳을 빠져나와 왕건에게 항복하였다. 이듬해에 후백제군이 고려군에 패하고 신검이 항복하자 그만 병으로 죽고 말았다. 그러면 궁예가 몰락한 이유는 무엇이었을까?

원래 궁예는 신라의 왕자 출신이었다. 아버지는 신라 제47대 헌안왕인지 제48대 경문왕인지 확실치 않다. 5월 5일에 이빨이 있는 채 태어난 궁예는 나라에 해를 끼치게 된다는 예언 때문에 부왕이 사람을 보내 죽이도록 하였다. 이에 어머니가 궁예를 위층에서 던지자 유모가 밑에서 받아 도망하여 가까스로 살아날 수 있었지만 이 과정에서 그만 한쪽 눈이 유모의 손가락에 찔려 애꾸가 될 수밖에 없었다. 이 이야기는 궁예가 왕실의 암투로 버림받은 존재임을 말해준다. 궁예는 유모로부터 자신의 과거 이야기를 듣고 신라에 대한 저주와 분노로 치를 떨었을 것이고, 한편으로는 왕자라는 자부심을 가졌을 것이다. 이후 궁예는 출가하여 '선종(善宗)'이라 칭했다. 이때 농민 봉기가 발발하자 궁예는 그동안 숨겨 왔던 권력에 대한 욕구를 해결할 기회가 왔다고 생각했다. 진성여왕 5년(891)에 그는 북원의 농민군 지도자 양길을 찾아갔다. 양길은 그를 잘 대우하고 병사를 나누어 동쪽으로 진격하도록 하였다. 궁예는 진성 여왕 8년에 600여 명을 거느리고 명주(강릉)로 향하였다. 명주로 들어간 후 3,500명의 대부대를 이루게 된 궁예는 스스로 '장군'이라 칭하였다.

스님에서 출발하여 농민군의 작은 부대를 지휘하였다가 대부대의 장군이 되었던 궁예는 백성들의 영웅이었다. 그는 병사들과 동고동락하고 재물을 균등히 배분하여 군사들의 존경을 받았다. 그리하여 궁예는 북서쪽으로 진격했다. 그의 세력에 놀란 예성강 일대의 호족들이 궁예에게 귀부하였으니, 송악의 호족인 용건과 왕건 부자도 이때 궁예의 부하가 되었다. 독자적인 궁예의 행동에 분개한 양길은 대대적으로 군사를 동원하여 대적해 보았지만 궁예에게 대패하였다. 이리하여 궁예는 중부 지역의 강자가 되었다. 궁예가 "병사들과 동고동락"하여 얻은 결과였다.

궁예는 901년에는 공식적으로 왕이라 칭하고 국호를 '고려(후고구려)'라 선포하였다. 궁예는 고구려 유민이 많이 살고 있는 이 지역의 지지를 얻기 위해 나라 이름을 고구려의 다른 이름인 '고려'라 한 것이다. 그러나 궁예는 918년 신하인 왕건에게 쫓겨나 도망 다니다가 살해당하였다. 그러면 궁예가 몰락한 이유는 무엇이었을까. 쿠데타 세력이 내세운 명분은 궁예가 형벌을 마음대로 하여 처자와 신하들을 살육하고 백성을 도탄에 빠지게 하였다는 것이었다. 궁예는 왕후 강씨가 다른 남자와 간통했다고 하여 죽였으며 두 아들도 살해하였다. 또한 궁예는 의심이 많아져 종종 신하들을 살해하였다. 그런데 국왕들은 즉위 과정에서나 왕권 강화를 위해 형제들과 수많은 사람들을 죽이게 된다. 고려의 숙종, 조선의 태종과 세조가 그러했다. 그러나 이들을 폭군이라 하지 않는다. 차이가 있다면 궁예는 쫓겨난 군주라는 것이다. 즉 궁예가 폭군이 된 것은 쿠데타에 성공한 왕건 측의 시각이 작용했기 때문이다.

궁예는 송악에 도읍한 지 8년 만인 905년에 다시 철원으로 수도를 옮겼다. 이로써 송악 일대의 호족과 궁예의 갈등이 시작되었다. 철원으로 환도하기 전에 궁예는 국호를 '고려'에서 '마진'으로 고쳤고 11년에는 국호를 '태봉'으로 고쳤다. 국호 '고려'의 포기는 고구려 계승 의지의 포기를 의미한다. 궁예는 고구려 유민들의 지지를 받기 위해 '고려'를 택했지만 이제 자신만의 새로운 나라를 선포한 것이다. 이는 고구려 유민들의 반발을 불러일으키기에 충분했다. 그리고 궁예에 대한 호족들의 불만도 점점 커져 갔다. 궁예는 자신의 권력을 강화하기 위해 반대 세력을 숙청해 나갔다. 심지어 왕후 강씨와 두 아들을 죽였다. 이러한 극단적인 행동은 정국을 공포정치로 몰고 갔다. 급기야 궁예는 2인자였던 왕건이 반란을 도모한다고 의심하기 시작하였다. 이제 더 이상 국왕 궁예에게 도전할 사람은 없었다. 결국 왕건과 호족들은 선택의 기로에 서게 되었다. 궁예의 전제 통치를 수용할 것인지, 아니면 새로운 군주를 세울 것인지를 결정해야 했다. 『고려사』에 의하면 왕건이 정변을 일으키자마자 달려온 사람들이 만여 명이 넘었다고 한다. 28년 간의 궁예 통치에 호족과 백성들이 반기를 든 것이다. 궁예는 민심의 이반으로 저항 한 번 제대로 하지 못하고 도망가야만 했다. 호족들이 등을 돌리고 측근들이 배반하는 결정적인 순간에 끝까지 그를 지켜 줄 측근 세력은 주변에 남아 있지 않았다.

궁예는 쫓겨난 신라 왕자로서 신라에 대한 극단적인 증오심을 가지고 있었다. 그리고 난세가 다가오자 백성들과 동고동락하며 크게 세력을 얻을 수 있었다. 백성들의 열망을 잘 알고 있었던 궁예는 고구려 부흥으로 화답하여 후삼국의 주도권을 잡아 나갔다. 이때까지 궁예는 시대를 이끈 영웅이었다. 그러나 자신이 펼친 새로운 세상에 너무 몰두한 나머지 고구려의 계승을 철회하여 고구려 유민의 반발을 야기하였고, 지나친 권력 독점은 호족의 반발을 일으키게 되었다. 결국 극단에 몰린 호족은 쿠데타를 선택했다. 궁예를 쫓아낸 왕건은 다시 '고려'라는 국호를 회복하여 백성들의 마음을 얻었다. 그리하여 후삼국의 최대 판도를 차지하여 후삼국 통일의 기반을 다진 궁예의 공(公)은 사라지고 가족과 신하를 죽인 과오만 기억된 폭군이 되었다.

(2) 문벌 귀족 사회의 성립

신라 말은 '호족의 시대'였다. 이 시기에 등장한 호족은 후삼국의 주도 세력이었으며, 고려 건국의 주역이었다. 태조 왕건은 호족을 잘 규합함으로써 후삼국을 통일할 수 있었다. 그런데 통일이 완성되고 태조가 죽자 왕권이 매우 불안정하게 되었다. 태조가 혼인을 통해 호족을 규합하던 정책이 부작용을 낳게 되었던 것이다. 태조 사후에 외척들 간에 왕위 계승을 둘러싼 다툼이 일어났다. 그리하여 태조의 아들인 혜종, 정종, 광종이 연이어 즉위하였다.

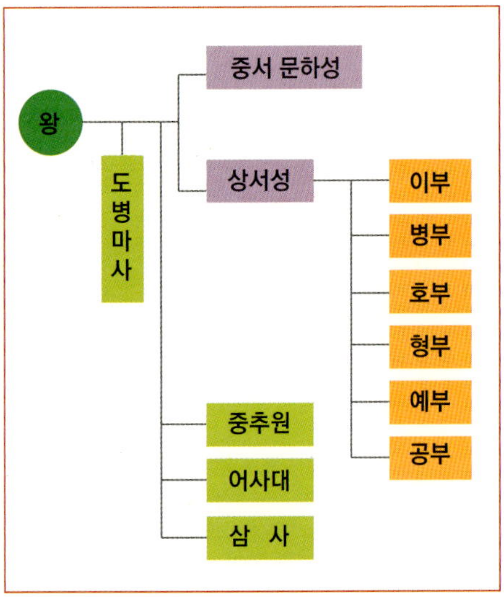

고려의 통치 기구

왕권 강화는 4대 광종(재위 949~975) 때부터 시작되었다. 국왕이 자주 바뀌는 어수선한 분위기에서 즉위한 광종은 왕권의 안정을 최대 목표로 삼았다. 즉위부터 7년까지 광종은 호족 세력을 무마하는 데 주력하면서, 건국에 공이 많은 호족에게 등급을 나누어 해마다 쌀 12석~25석씩을 하사하였다. 그리고 광종은 광덕이라는 연호를 사용하고, 자신이 황제임을 선포하였다. 이렇게 하여 국왕의 권위를 높이고자 했다. 어느 정도 정치의 안정을 되찾은 광종은 재위 7년부터 새로운 제도를 시행하여 호족 세력을 견제하고 왕권을 강화해 나갔다. 광종은 노비안검법, 공복제(公服制), 과거제 등을 실시하여 통치 체제를 정비하고 왕권을 강화하는 한편, 호족들을 무자비하게 숙청해 나갔다. 이로써 광종은 대대로 권력을 누린 호족을 굴복시키고 정국을 안정시켰다.

광종의 왕권 강화 과정에서 종래의 호족은 관료로 편입되어 갔다. 관직은 정치권력의 원천이자 사회적 지위의 상징이었다. 그런데 관료 중에서도 어떤 특권을 가진, 그리고 그 특권을 세습하는 계층이 있었다. 즉, 귀족은 관료 가운데에서도 남다른 특권을 보장받고 있던 사람들이었다. 이들은 5품 이상의 관료로서 여러 특권을 누렸는데, 대표적인 특권은 음서제와 공음전시과였다.

음서제란 조상의 음덕에 따라 그 자손에게 벼슬을 주는 제도였다. 이 제도에 의해 5품 이상의 고위 관료는 자손에게 벼슬을 줄 수 있었다. 이렇게 음서를 통해 벼슬길에 들어간 이들은 대부분 5품 이상으로 진급하였다. 그리하여 다시 이들은 후손에게 벼슬의 혜택을 주었다. 결국 음서제는 관직을 세습할 수 있는 제도였다. 다음으로 고려의 귀족이 가진 특권은 공음전시과였다. 국가에서 받은 토지의 경우 본인이 죽은 뒤에는 나라에 반환해야 하는 데 비해, 공음전시과에 의해 받은 토지는 자손에게 세습할 수 있었다. 그리하여 공음전시는 5품 이상의 귀족 관료들에 한하여 지급됨으로써 이들이 경제적 특권을 세습할 수 있도록 해 주었다. 이렇게 귀족들은 특권을 누렸으며, 이러한 가문 출신들이 고려를 운영해 나갔다. 그리하여 고려를 문벌 귀족 사회라고 한다.

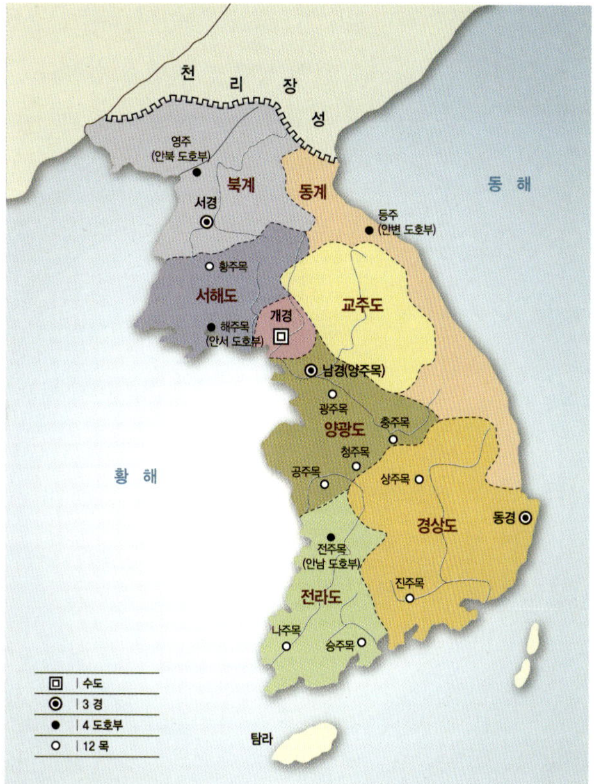

고려의 지방 제도

고려 사회는 왕족과 귀족들이 상류층을, 하급 관리와 기술직 관리, 하급 장교들이 중류층을, 그리고 평민이 하류층을, 천민과 노비는 최하류층을 이루었다. 상류층과 중류층이 지배 계층을 이루었으며, 평민의 대부분을 차지하는 농민은 조세, 공납, 부역의 의무를 지고 있었다.

고려의 주산업은 농업이었다. 고려는 관리의 지위에 따라 18등급으로 나누어 농지와 임야를 지급하였는데, 관리는 농민에게 농지를 경작시키고 수확의 일부를 받았다. 이와 별도로 농민들은 사유지를 가지고 있었는데, 수확량의 10분의 1을 나라에 조세로 바쳤다.

고려는 농민의 생활 안정을 위하여 빈민 구제 시설인 의창, 물가 조절 기관인 상평창, 빈민 구제 기구인 제위보 등과 빈민을 위한 의료 시설인 동·서 대비원, 혜민국 등 사회 시설을 마련하였다.

(3) 고려 전기의 국제 관계

10세기 동아시아에서는 커다란 변동이 일어나고 있었다. 한반도에서는 고려가 후삼국을 통일하였고, 요하 상류에서 세력을 키운 거란은 발해를 멸망시켰다. 그리고 960년에는 송(宋)이 오대(伍代)의 혼란을 수습하고 중국을 통일하였다. 이리하여 동아시아는 고려, 거란(요), 송이 서로 경쟁하게 되었다.

고려는 송과 친선 정책을 펴 나가며 활발하게 교류하였다. 고려는 사신의 왕래, 학생과 승려의 유학, 상인들의 무역 활동 등을 통해 송의 제도와 문화를 받아들였다. 한때 거란의 압력으로 사신 왕래가 끊어진 적도 있었으나, 연합하여 거란의 위협에 대항할 만큼 송과 고려의 관계는 긴밀하였다.

그러나 고려와 거란의 관계는 순탄하지 않았다. 건국 초기에 거란이 고려와 친교를 요청해 왔으나, 고려는 거란이 야만적인 나라이며 발해를 멸망시켰다고 하여 이를 거부하였다. 이에 불만을 품은 거란은 고려와 송이 서로 연합하여 자신들을 위협한다고 보고 고려를 침공하였다.

거란의 침입은 993년에 시작되었다. 이때 거란은 소손녕으로 하여금 수십만의 대군을 이끌고 고려를 공격하게 하였다. 그러나 고려는 거란군을 청천강에서 저지하고 서희를 보내 외교 교섭을 하도록 하였다. 서희는 소손녕과 회담하여 거란과 고려 북쪽 국경 지대에 자리한 강동 6주가 고려의 영토임을 확인받았다. 소손녕은 거란과 통교하겠다는 고려의 약속을 받고 철수하였다. 거란의 1차 침입을 계기로 오히려 고려는 압록강까지 국경을 확장할 수 있었다.

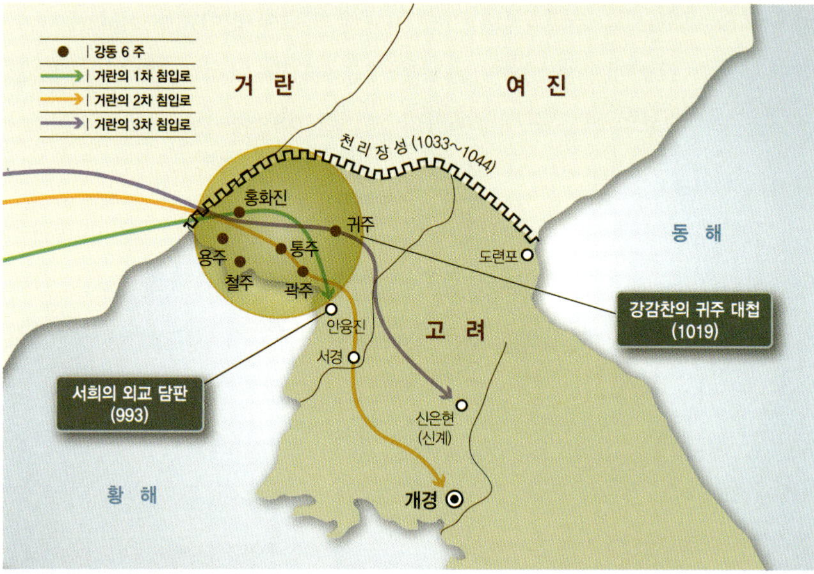

거란의 고려 침입 경로와 윤관의 9성

1차 침입 이후에도 거란은 고려를 견제하기 위해 침략을 계속하였다. 거란의 2차 침입은 양규가 거란군을 크게 격파하여 잘 막아 냈다. 거란은 소배압의 지휘하에 대군을 이끌고 3차 침략을 감행하였으나 강감찬이 귀주에서 거란군을 전멸시켰다(귀주대첩, 1019년). 그 후에도 침입이 있었으나, 결국 전쟁에 지친 두 나라 사이에 강화가 성립되어 평화 관계가 유지되었다. 그러나 고려는 이에 방심하지 않고 개경 주위에 나성을 쌓고, 덕종(재위 1031~1034) 때에는 압록강 입구에서 동해안의 도련포에 이르는 천리장성을 쌓아 거란의 침략에 대비하였다.

한편 고려 동북쪽 국경 지대에는 여진족이 거주하고 있어 일찍부터 고려와 친밀한 관계를 가지고 있었다. 여진족은 고려를 부모의 나라라고 하여 말과 화살 등의 물품을 바쳤으며 고려에서는 식량과 농기구를 주어 그들을 회유하였다. 그러나 12세기에 들어와 여진족이 부족의 통일을 이루어 내면서 세력이 강성해지자 천리장성 부근까지 남하하여 고려와 자주 충돌하였다.

여진족의 침입이 잦아지자 고려는 여진족 정벌을 위해 별무반이라는 특수 부대를 편성하고 윤관으로 하여금 이들을 토벌하게 하였다. 여진족을 정벌한 윤관은 그곳에 9성을 쌓아 군대를 주둔시켰다. 그러나 생활 터전을 잃은 여진족이 9성의 반환을 애걸하였다. 고려는 이곳이 방어하기에 매우 어렵다는 이유로 여진에게 돌려주었다.

점점 강성해진 여진족은 1125년에 금(金)나라를 세웠다. 그리고 거란을 멸망시키고, 또 송을 공략하여 북중국을 장악하였다. 이와 함께 고려도 금의 압력을 받게 되었는데, 고려는 평화 관계를 유지하고자 금의 요구를 적절히 들어주었다.

고려의 국제 무역

한편 고려는 상인의 활동이 활발하여 국제 무역이 성행하였다. 수도 개성과 가까운 예성강 입구의 벽란도는 국제 무역항으로 번영을 누렸다. 이 항구에는 송나라 상인은 물론 아라비아 상인까지 와서 무역하였다. 고려의 수출품은 금·은·나전 칠기·화문석 등이었고, 수입품은 비단·책·약재·자기 등이었다. 특히 아라비아 상인들은 수은, 향료를 가지고 들어와 고려와 교역했으며, 이들에 의하여 고려(코리아)라는 이름이 서양에 알려지게 되었다.

2. 무신 정권과 고려 후기의 사회

(1) 무신 정권의 등장

문벌 귀족 사회였던 고려는 문신을 우대하고 무신을 천대하는 사회였다. 이에 대한 부작용이 12세기부터 나타나기 시작하였다. 문벌을 앞세워 정치권력을 독차지하던 이자겸은 난을 일으켜 왕권에 도전하였다. 그리고 권력을 독점하던 개성 문벌 귀족에 불만을 가진 서경 세력이 저항하였으니, 이를 묘청의 난이라고 한다. 묘청과 이자겸의 난으로 고려는 크게 동요하기 시작하였다. 이에 이어서 오랫동안 차별 대우를 받아 불만을 품고 있던 무신들이 정변을 일으켰다.

1170년, 정중부를 중심으로 한 군인들이 문신을 죽이고 국왕 의종(재위 1146~1170)을 폐위시켰다. 정권을 잡은 무신들은 명종(재위 1170~1197)을 옹립하고 권력을 독차지하였다. 이렇게 하여 무신 정권이 탄생하였다. 그러나 무신 간의 권력 다툼이 계속됨으로써 혼란은 계속되었다. 무신들이 정권을 잡았지만, 지위는 매우 불안정하였다. 계속해서 무인들 간에 피비린내 나는 권력 쟁탈이 일어나 무인 집정의 지위가 안정되지 못한 것이다. 그뿐만 아니라 무신 정변 이후 각 지방에서 빈번하게 일어난 민란 등으로 인해 정국

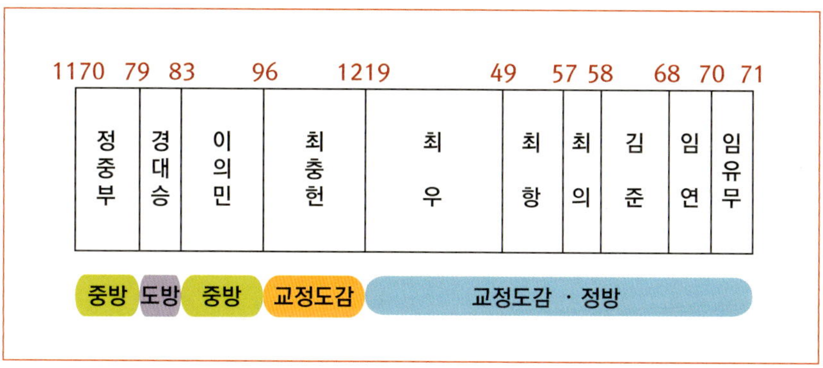

무신 정권의 변천

은 매우 어수선해졌다. 이러한 정세는 최충헌이 이의민을 살해하고 집권한 이후 완전히 다른 양상으로 변하였다.

최충헌은 국왕을 마음대로 폐위시키고 새 왕을 옹립하는 등 왕권을 능가하는 권력을 휘둘렀다. 그리고 교정도감이라는 기관을 두고 1인 독재의 기틀을 마련하였다. 이렇게 하여 권력을 독점한 최충헌은 무인 집정의 자리를 아들 최우에게 주었으니, 이로서 4대 60여 년 동안 최씨 정권은 지속되었다. 최씨 정권은 제4대 집정인 최의가 집권 1년 만에 김준에 의해 살해되면서 끝났다. 이후 무신정권은 김준, 임연, 임유무로 이어졌다.

무신 정변이 일어난 지 백 년이 지난 1270년, 국왕 원종(재위 1259~1274)이 임유무를 살해함으로써 무신 정권은 막을 내리게 되었다. 이후 국왕이 다시 권력을 회복하였다.

무신집정자들은 왜 왕이 되지 않았나 : 허수아비 왕과 무신집정자들

고려 오백 년 역사에서 무신란만큼이나 중대한 사건은 일찍이 없었다. 이런 이유로 의종 24년(1174)을 기점으로 고려 시대를 전기와 후기로 나눈다. 정3품의 대장군으로 고위 무신이었던 정중부, 산원의 하급 무관이었던 이고·이의방, 이렇게 세 사람이 중심이 되어 일으킨 무신란은 문신에 대한 무신들의 반감 때문이었다. "무릇 문신의 관을 쓴 자는 서리라도 죽여서 씨를 남기지 말라."고 외친 그들의 쿠데타가 많은 군인들의 호응을 받은 것은 당연한 결과였다. "호문(好文)의 군주"였던 의종은 문신 귀족들과 어울려 시를 지으며 환락에 빠져 있었는데, 이에 대한 무신들의 소외감과 반감은 극에 달해 있었던 것이다.

무신란으로 의종은 거제도로 쫓겨갔다가 경주로 옮겨졌고, 결국은 이의민에 의해 비참하게 살해되고 말았다. 의종 대신 왕위에 오른 이는 명종(1170~1197)이었다. 그 뒤를 이어 신종(1197~1204), 희종(1204~1211), 강종(1211~1213), 고종(1213~1259), 원종(1259~1274)이 즉위하였고, 무신집정자들도 정중부-경대승-이의민-최충헌 집안 등으로 이어졌다. 무신정권의 몰락기였던 원종대를 제외하고 보면 재위 기간이 비교적 짧거나 아니면 고종의 경우처럼 매우 길다. 고려 국왕의 평균 재위 기간이 14년 정도였다는 것을 생각해 보면 이 시기가 아주 독특한 시기임이 분명하다. 이렇게 된 데는 무신집권자들이 자신의 의지대로 국왕을 교체하였기 때문이다. 그러면 왕위마저 마음대로 했던 무신들은 왜 스스로 왕이 되지 않았을까.

무신집정자들이 스스로 왕이 되지 않은 첫째 이유는 바로 무신란의 발생에서 기인한다. 무신란은 무반 전체의 지지를 받고 일으킨 것이 아니었다. 무신들 사이에도 노선의 차이가 분명하였고, 정국에 대한 이견도 상당히 컸다. 무신들은 강경 세력과 온건 세력이 공존하고 있었다. 이의방 등이 문신의 집을 철거하려 하자 진준이 "우리가 미워하고 원망하는 자들은 이복기, 한뢰를 비롯한 4, 5인이다."하면서 만류하였는데, 이는 무신란의 확대를 싫어한 노선 차이 때문이었다. 그리고 쿠데타군의 외침처럼 모든 문신을 일시에 제거할 수도 없는 노릇이었다. 무신란의 온건파와 무신란에 참여하지 않은 무신, 무신들에게 우호적이었던 일부 문신 등이 아직 존재하고 있었던 이런 상황에서 국왕의 제거는 불가능한 것이었다. 따라서 의종을 뒤이은 명종 때의 무신 정권은 바로 국왕의 권위를 배경으로 하여 반대 세력을 무마하였다. 그들은 국왕의 후광을 등에 업고 국왕의 훌륭한 신하임을 내세웠고, 왕실의 보호자임을 주장하였다. 무신란 초기에 정권을 장악한 강경파 이의방과 그의 형 이준의 사이에 불화가 일어났는데, 이준의가 '네가 세 가지 큰 죄악이 있다. 임금을 시해하고 그 집과 첩을 탈취하였으니 죄악이 하나요'라고 말하고 있다. 이처럼 임금을 축출하고 시해한 죄를 성토한 것은 자신을 왕실의 보호자로 자처하면서 자신을 정당화하고자 한 것이다. 불안정한 무신 정권을 유지하기 위해 초기의 무신 집정자들은 한편으로는 국왕의 권위를 인정해주면서 또 한편으로는 국왕의 대리자로서 자신의 정권 장악을 정당화시키려고 하였다. 경대승이라는 인물의 등장은 바로 이러한 무신 정권의 불안정성을 잘 보여준다.

경대승은 문신에 대하여 비교적 호의적인 인물이었다. 강건하고 학식을 중히 여기던 그는 무신정권에 불만을 가지고 있었다. 경대승은 결사대 30인을 이끌고 정중부를 제거하여 새로운 집권자에 올랐다. 많은 사람들이 그의 집권을 축하하자, "임금을 살해한 자가 아직 살아 있는데, 어찌 축하를 받을 것인가."라고 한 그의 말에서 의종과 문신을 죽이고 정권을 잡은 무신들에 대한 반감이 그대로 드러나 있다. 경대승은 4년가량 집권하다가 명종 13년에 30살의 젊은 나이로 그만 병으로 죽고 말았기 때문에 무신들을 제거하려는 '복고의 뜻'은 제대로 이루지 못했다.

경대승이 죽은 후 천민 출신인 이의민이 명종의 부름을 받고 새로운 무신 집권자로 등장하였다. 명종은 "성격이 나약하여 모든 나라 일이 여러 장군들에 의해서 결정되었고, 왕은 고개만 끄덕일 뿐이었다."고 기록되어 있는 인물이었다. 무신란을 일으킨 세력에 의해 즉위한 명종은 복고를 따르기보다는 무신란 주도세력에 의지하고 있었다. 그리고 이의민은 명종을 통해 기존의 무신 세력에게 신뢰와 안도감을 주고자 하였다. 명종과 이의민의 결탁으로 명종의 왕위는 유지될 수 있었고, 이의민은 12년 동안 정권을 잡을 수 있었다.

명종 26년(1196)에 이의민을 살해하고 정권을 잡은 최충헌은 이후 60여 년간 4대에 걸쳐 무신 집권자를 배출했다. 최충헌은 집권 초기에 이의민과 결탁되어 있던 왕실 세력을 축출하였다. 급기야 명종을 폐하고 신종을 즉위시켰다. 최충헌은 집권 기간 동안 명종·희종을 폐하고, 신종·희종·강종·고종을 즉위시켰다. 최충헌은 집권 후 문·무관의 임면권을 장악하여 관료 사회에 군림하는 한편, 문반을 우대하여 정권을 안정시키려고 노력했다. 그의 아들 최우 역시 최충헌의 정책을 답습하여 문신을 우대하는 정책에 중점을 두어 정방(政房)과 서방(書房)을 두어 운영하였다. 이로서 최씨 정권은 문신들의 지지를 얻을 수 있었다. "신종은 최충헌이 세운 임금으로서 모든 일이 최충헌의 손에서 나왔다. 왕은 다만 자리를 보존하고 있을 뿐 허수아비와 같았다."는 『고려사』의 평가는 미약한 왕권을 잘 설명해 준다.

적대적인 무신을 제거하고 문신들의 협조에 의해 강력한 독재정권을 이룩한 최충헌 역시 스스로 왕위에 오르지 않았다. 고려 왕조를 유지해야 한다고 하는 전통적 관념을 결코 무시할 수 없었기 때문이었다. 최충헌이 이의민을 제거할 때에 "그는 일찍이 임금을 살해한 죄를 범하였고 왕위를 엿보고 있었다."는 구실을 들고 있다. 그리고 최충헌은 왕에게 「봉사십조(奉事十條)」를 올려 정치를 개혁하고 태조 왕건이 제정한 법을 준수할 것을 건의하고 있다. 이것은 고려 왕조에 대한 권위를 부정하지 않겠다는 그의 의도를 엿보게 한다.

한편 외교 관계에 있어서도 국왕의 존재는 필수적인 요소였다. 명종을 폐하고 새로운 군주를 세우고자 할 때, 최충헌의 조카였던 박진재는 "왕진과 왕민이 모두 국왕이 될 만하나 금나라에서 진이 있는 것을 알지 못하니 만일 진을 왕으로 세운다면 왕위를 찬탈하였다고 할 것이니 민을 세우는 것만 같지 못합니다."라고 하였다. 일찍이 강조(康兆)가 목종을 제거하고 현종을 옹립하자 요(遼)의 성종(聖宗)은 강조의 죄를 묻는다는 것을 빌미로 현종 원년(1010)에 직접 40만 대군을 이끌고 쳐들어왔다. 이것은 고려를 침입하기 위한 구실에 불과한 것이지만, 국내의 정치 변동이 전쟁의 원인을 제공할 수 있는 것이다. 이런 점 때문에 최충헌은 정권의 안정을 위해 외교 문제의 원인을 원천적으로 피하고자 하였으므로 새 왕을 세우는 데 있어서도 북방의 금나라를 의식하지 않을 수 없었다. 결국 최충헌이 왕위에 오른다는 것은 국내외에 있어 많은 위험 부담이 따랐다. 최충헌은 국왕이 되어 새로운 왕조를 개창하려는 비현실적인 모험을 하기보다는 국왕의 권위를 이용하여 정권을 유지하는 현실을 택했던 것이다.

최충헌은 자신의 뜻대로 국왕을 폐위시키거나 옹립하는 한편, 왕실과 밀착되어 갔다. 최충헌은 강종의 딸과 혼인하여 왕실과 인척 관계를 맺었고, 아들 향은 종친과, 또 다른 아들인 성은 희종의 딸과 각각 혼인시켰다. 최충헌은 자신이 왕이 되지는 않았지만, 왕실과의 혼인을 통해 왕실과 밀착되어 있었다. 그리하여 고종 3년에는 국왕이 최충헌의 공헌을 칭찬하면서 그에게 왕씨 성을 하사하였다. 이것은 최씨 정권이 왕실의 일부가 되었음을 의미한다. 왕위에 오르지 않고도 국왕의 지위에 있었으니 굳이 왕이 되려는 모험을 할 필요가 없었던 것이다.

(2) 고려와 몽골의 전쟁

최충헌 정권이 안정되어 갈 무렵, 몽골 고원에서 새로운 세력이 등장하였다. 칭기즈칸(1167~1227)은 1204년에 몽골을 통일하더니 중앙아시아와 만주, 그리고 중국으로 정복 전쟁을 시작했다. 고려와 몽골이 처음으로 만난 것은 1216년이었다. 몽골군에 쫓긴 거란족은 고려로 들어왔다가 강동성에 갇히게 되었다. 이에 고려군과 몽골군은 공동 작전을 펴서 강동성을 함락했다. 이것이 고려와 몽골의 첫 접촉이었다. 이후 몽골이 강력한 군사력을 배경으로 고려를 위협함으로써 양국의 관계는 순탄치 못했다. 이런 와중에 고려에 왔던 몽골 사신 저고여가 살해되자 이를 빌미로 고려를 침략해 왔다.

고려는 1231년 제1차 침략을 시작으로 1259년에 이르기까지 모두 6차에 걸쳐 몽골의 침략을 받았다. 몽골의 1차 침입을 겪은 고려는 이듬해 강화도로 천도했다. 이것은 몽골과 전쟁을 지속하겠다는 의지의 표현이었다. 그리고 육지에 남아 있는 백성들에게는 산성이나 섬으로 들어가 몽골군에게

몽골의 세계 지배

저항하도록 하였다. 김윤후는 처인성(지금의 용인)에서 살리타가 이끄는 몽골군을 물리쳤으며, 지광수는 몽골군이 충주성으로 쳐들어왔을 때 성을 끝까지 방어하였다. 몽골 항쟁에는 사회적으로 천대받던 노비와 천민들도 적극 참여하여 몽골군과 용감히 싸웠다. 한편, 고려는 부처의 힘으로 나라의 위기를 극복하고자 대장경을 조판하기도 하였다.

몽골의 침략(1231~1259)

고려와 몽골의 전쟁은 강화가 성립되는 1259년까지 약 30년에 걸쳐 진행되었다. 이후 삼별초의 항쟁까지 포함하면 약 40년간에 걸친 것이었다. 오랫동안 몽골과 항쟁한 고려는 큰 피해를 입었다. 국토는 황폐해지고 수많은 백성이 목숨을 잃었으며, 부인사의 대장경과 황룡사 9층탑을 비롯한 귀중한 문화재가 파괴되거나 불타 없어졌다. 장기간에 걸친 항전으로 국력이 소모되고 항쟁을 주도하던 무신 정권이 약해지자 고려는 몽골의 화의 요청을 받아들여 강화를 맺었다.

몽골과 화의가 성립된 후 무신 정권이 몰락하고 왕정이 회복되자 고려는 수도를 다시 개경으로 옮겼다. 그러나 무신 정권의 무력 기반이었던 삼별초는 몽골과의 화의와 개경 천도를 거부하고 계속해서 몽골에 항쟁하였다. 삼별초는 강화도에서 진도로 근거지를 옮겨 몽골군과 싸웠으며, 진도가 함락되자 다시 제주도로 옮겨 항전을 계속하였다. 그러다가 끝내 고려와 몽골 연합군에 의해 평정되고 말았다(1273년).

고려 몽골 전쟁과 삼별초의 항쟁

(3) 원의 간섭과 고려 후기 사회

몽골과 화의를 맺은 고려는 곧 새로운 시련에 부딪쳤다. 1271년, 나라 이름을 원(元)으로 바꾼 몽골은 일본 원정에 나섰다. 고려는 원을 위하여 정벌에 필요한 병선과 군량, 그리고 군사를 지원해 주었다. 더구나 원은 고려에 정동행성이라는 기관을 두어 고려의 내정을 간섭하였다. 이뿐만 아니라 원은 화주에 쌍성총관부를, 서경에 동녕부를, 제주도에 탐라총관부 등을 두어 고려의 일부 영토를 직접 지배하였다. 그리고 원은 고려의 관제와 왕실에서 쓰는 용어도 몽골식으로 바꾸도록 하였다. 특히 고려 왕은 원의 공주와 강제로 혼인하게 되었으며 원의 의지에 따라 자주 왕위가 교체되었다.

몽골과 강화를 맺었던 원종(재위 1259~1274)은 태자를 원나라로 보내야 했다. 원종의 태자는 나중에 고려에 돌아와 충렬왕(재위 1274~1308)이 되었다. 이후 고려 왕은 충선왕-충숙왕-충혜왕-충목왕-충정왕 등으로 이어졌다. 이 '충' 자 돌림의 고려 왕은 글자 그대로 원에 충성을 바쳐야만 했던 존재였다. 이처럼 고려는 원에게 여러 간섭을 받아 자주성을 크게 상실하였다. 원의 정치적 간섭과 함께 몽골어와 몽골식 의복 등 몽골 문화가 고려에 들어오게 되었다. 그리고 고려 사람들이 원에 들어가 활동하게 됨으로써 고려 문화도 원에서 유행하였다.

14세기 중반부터 원의 세력이 약화되기 시작하자 고려는 반원 정책을 적극 추진하여 자주성을 회복하고자 하였다. 공민왕(재위 1351~1374)은 정동행성을 폐지하고 쌍성총관부를 쳐서 철령 이북의 옛 국토를 회복하였으며, 고려 관제를 다시 회복하였다. 그뿐만 아니라 몽골식 생활 풍습도 금지하고 고려 내의 친원 세력을 제거하였다. 공민왕은 반원 정책의 추진과 더불어 개혁을 단행하여 백성의 생활 안정을 도모하였다. 원의 간섭하에서 지배 세력으로 등장한 권문세족이 개혁의 대상이었다. 공민왕은 이들 권문세족이 불법으로 점유한 토지를 환수하여 옛 주인에게 돌려주었고, 양민이었지만 억울하게 노비가 된 자를 해방시켜 주었다.

한편, 공민왕 때 중국의 홍건적이 침입하자 최영과 이성계가 이를 격퇴했다. 또한 최무선은 화약의 제조법을 개발하여 화통도감이라는 무기 제조 기구를 설치하고, 이곳에서 화약과 각종 화포를 제조하여 왜구 격퇴에 사용하였다. 최무선은 자신이 제작한 화포로 진포 싸움에서 왜선을 격퇴하였다. 그리고 일본의 왜구가 해안 지방뿐만 아니라 내륙까지 침입하여 노략질을 일삼자 최영과 이성계는 홍산과 황산 등지에서 크게 무찔렀다. 이 과정에서 백성들에게 신망을 얻은 이성계는 신진 사대부와 협력하여 고려를 멸하고 조선을 건국하였다.

3. 고려의 문화

(1) 불교와 유교의 융성

삼국 시대에 들어온 불교는 고려 시대에 들어 더욱 융성하였다. 고려는 태조 왕건 때부터 불교를 우대하고 보호하는 정책을 폈다. 수도 개경은 물론이고 지방 곳곳에 많은 절과 탑이 세워져 불교 왕국이라고 불릴 정도의 면모를 보여 주었다. 고려는 유명한 승려에게 국사, 또는 왕사라는 칭호를 주어 나라와 왕의 스승으로 대우했다. 승려들은 승과라는 과거를 보아 관료들처럼 승계를 받았으며, 사람들에게 매우 존경을 받았다.

고려 불교는 교종과 선종 두 파가 있었다. 전기에는 교종이, 후기부터는 선종이 유행하였다. 보조국사 지눌은 선종을 중심으로 교종을 융합하고자 노력하여 조계종을 확립하였다. 불교가 융성함에 따라 불교문화도 발전하였다. 불교 경전의 집대성인 대장경이 여러 차례 만들어졌다. 특히 거란과 몽골의 침략과 같은 국가 위기를 당해 대장경판을 제작함으로써 부처의 힘으로 이를 극복할 수 있다고 여겼다. 고려의 불교는 개인의 신앙을 넘어 나라를 보호하는 호국 불교의 성격을 가지고 있었던 것이다.

신라 말 고려 초의 교종과 선종

고려의 대장경은 거란의 침입이 있었을 때 처음 만들어졌고, 이후 대각국사 의천은 외국에서 모아 온 불교 서적을 모아 속장경을 만들었다. 이 경판은 대구 부인사에 보관되었다가 몽골의 침입 때 불타 없어졌다. 몽골의 침입으로 대장경이 불타자 다시 대장경을 만들었는데, 이것이 현재 해인사에 보존되어 있다. 이 대장경판은 8만 장에 이른다고 하여 흔히 팔만대장경이라고 부른다.

불교문화가 발전하면서 많은 불상들이 만들어졌다. 고려 시대의 불상은 신라의 석굴암 본존 불상과 같은 조화와 비례의 강조에서 탈피하여 규모와 개성을 추구하였다. 논산 관촉사 미륵불, 파주 용미리 마애석불, 안동 제비원 석불 등이 이러한 특징을 보여 주고 있다. 이러한 변화는 고려 시대에 와서 조각 기술이 쇠퇴했기 때문이 아니라 조화와 균형보다는 독자성을 추구한 지방 세력의 미적 감각을 반영한 결과이다.

선종 불교의 유행과 함께 승려의 사리를 모신 부도가 만들어졌다. 정토사 홍법국사 실상탑과 법천사 지광국사 현묘탑, 여주에 있는 원종대사 혜진탑이 대표적이다. 그리고 불화가 유행하였는데, 현재 한국에는 몇 점 남아

관촉사 미륵불(높이 18.2m)

지광국사 현묘탑(높이 6.1m)

있지 않고, 일본에 상당수의 작품이 전해지고 있다. 고려 때 세워진 건물 중 현재까지 남아 있는 목조 건축으로는 안동 봉정사의 극락전, 영주 부석사의 무량수전, 예산 수덕사의 대웅전 등이 있다.

지방에서는 신라 말기부터 성장한 각 지역의 호족들에 의해 각 지방마다 다른 개성을 지닌 탑과 불상이 만들어졌다. 고구려가 지배하던 지역에서는 월정사 8각 9층 석탑으로 대표되는 8각탑이 유행하고, 경기 지역에서는 신라 탑과는 다른 7층의 거대한 다층탑이, 백제 지역에서는 부여 정림사지 5층 석탑 계열의 5층탑이, 신라 지역에서는 석가탑을 닮은 3층 석탑이 유행하였다.

한편 고려 후기에 들어와 사회가 혼란해지자 불교계도 점차 타락해 갔다. 사원들은 권문세족의 후원을 받아 넓은 농장을 차지하고, 고리대금업 또는 장사를 하여 큰 부를 축적하였다. 이렇게 불교계가 세속화하고 승려들이 타락해 가자 불교는 고려의 사회 지도 이념으로서의 지위를 잃어 갔다. 그리하여 불교를 대신해 유교가 영향력을 넓혀 나갔다.

불교가 신앙생활을 주도하고 정치, 사회, 문화 등에 걸쳐 큰 영향력을 행사한 것에 비해, 유교는 정치사상과 의례 방면에 크게 기여하였다. 고려는 건국 초부터 학교를 세워 유학을 진흥시키고자 했다. 고려는 개경에 국자감, 지방에 향교를 세워 유학을 가르쳤다. 관학 외에 사학(私學)도 발전하여 12개의 사학이 일어나 관학을 능가하는 인기를 누렸다.

무신 정권 때 유학은 큰 타격을 받았으나 충렬왕 때 다시 활기를 찾았고, 원나라 학자들과의 교류를 통하여 크게 발전하였다. 이 시기에 성리학이 들어와 유학 발전의 새로운 계기를 마련하였다. 안향(1243~1306)에 의해 고려에 들어온 성리학은 이제현(1287~1367)·이색(1328~1396)·정몽주(1337~1392) 등에 의하여 발전되었고, 고려 사상계에 큰 변화를 주었다. 고려 사회에서 불교와 공존하던 유교는 성리학을 수용한 이후 불교를 비판하기 시작하였다. 처음에는 사원과 승려의 폐단과 비행을 공격하였으나, 점차 불교가 도덕과 인륜에 어긋나는 것이라 하여 불교 자체를 배척하게 되었다.

그리하여 성리학으로 무장한 신진 사대부들이 고려 말의 정국을 장악하였다.

지방 지주 출신으로 성리학에 밝은 신진 사대부들은 권문세족을 반대하고 반원 친명 정책을 주장했다. 그리고 홍건적의 난이 일어나고 왜구가 빈번이 고려를 침범해 오자 이 와중에 공을 세운 무장 세력이 새롭게 등장했다. 그중 이성계가 신진 사대부와 뜻을 같이했다. 이성계는 위화도 회군을 단행하여 우왕과 최영을 쫓아내고, 성리학자이자 신진 관료였던 신진 사대부들을 중심으로 조선을 건국하였다.

(2) 학문과 예술

신라 시대부터 내려오던 향가가 점차 쇠퇴하고 그 대신 한문학이 크게 발달하였다. 특히 과거 제도가 실시됨으로써 유학과 한문학이 발달할 수 있는 계기가 되었다. 고려 시대에는 역사서의 편찬도 활발하였다. 그러나 오늘날까지 전해지고 있는 역사서는 많지 않다. 고려 중기에 저술된 『삼국사기』는 지금까지 전해 오는 가장 오래된 역사서이다. 김부식이 편찬한 『삼국사기』는 일연이 지은 『삼국유사』와 함께 한국의 고대사를 연구하는 데 가장 중요한 역사서이다.

고려는 귀족 사회가 발달함에 따라 예술도 크게 발전하였다. 고려 예술을 대표하는 것은 청자인데 고려 사람들의 예술적 재능과 창의력을 잘 나타내고 있다. 초기의 청자는 단순한 비색을 좋아한 문신 귀족의 취향을 반영한 순수 청자가, 무신 정권 시기에는 화려한 장식을 좋아한 무신들의 취향을 반영한 상감 청자가 유행하였다. 청자는 병·항아리·주전자·접시·필통·향로 등 다양하였으며, 색깔은 황록색·황갈색도 있었으나 비색으로 된 것이 가장 아름다웠다.

고려 시대에는 여러 차례 대장경이 조판되면서 목판 인쇄술이 발달하였다. 뒤이어 금속 활자를 발명하여 활판 인쇄를 시작하였다. 고종(재위

1213~1259) 때 금속 활자로 『상정고금예문』이라는 책을 발간하였다. 이것은 서양보다 200여 년이나 앞선 것이었지만 현재 전해지지 않고 있다. 현재 남아 있는 『직지심체요절』은 1377년에 청주 흥덕사에서 간행된 것으로 세계 최초의 금속 활자본으로 공인되고 있다.

'고려장'은 정말 고려의 장례 풍습인가 : 고려장 설화에 대한 오해와 진실

옛날에 노인을 산중에 버리는 풍습이 있었다. 어느 노인이 나이가 70세가 되자 아들은 늙은 아버지를 지게에 지고 깊은 산중으로 들어가서 약간의 음식과 지게를 놓아둔 채 돌아오려고 했다. 그러자 그를 따라왔던 어린 아들이 그 지게를 다시 가지고 오려고 하였다. 그가 아들에게 그 이유를 묻자, 아들은 '아버지가 늙으면 이 지게로 버리려고요.'라고 대답하였다. 이 말에 크게 뉘우친 그는 늙은 아버지를 집에 모셔 와 잘 봉양하였다.

이 이야기는 우리나라에 전해져오는 설화 가운데 하나인데, 중국 「효자전」의 원곡(原穀) 이야기도 이와 비슷한 내용이다. 이러한 설화는 불교 경전인 「잡보장경(雜寶藏經)」에도 나온다. 즉 국법에 늙은이를 버리도록 하였는데, 이를 어기고 늙은 아버지를 숨긴 채 잘 봉양하던 대신(大臣)이 늙은 아버지의 지혜로 국가의 어려운 문제를 해결하였으며, 이를 계기로 나라에서는 이 풍속을 폐지하였다는 것이다. 이렇듯 노인을 버리는 이야기는 우리나라뿐 아니라 안도이나 중국 등지에서도 전해져 오고 있다. 그런데 이러한 풍속을 우리들은 '고려장(高麗葬)'이라고 부른다. 그리고 고려장은 고려라는 말이 들어 있어서 당연히 고려의 풍습일 것으로 생각한다. 그러나 중국의 설화나 불경에서 등장하니 고려의 장례 풍속이라 할 수 없다. 노인을 산속에 방치하는 것을 고려의 장례 풍속으로 생각하는 것은 근거 없는 오해일 뿐이다. 『고려사』에 의하면, "조부모나 부모가 살아 있는데 아들과 손자가 호적과 재산을 달리하고 공양을 하지 않을 때는 징역 2년에 처한다."고 규정하고 있었다. 이렇게 부모에 대한 효도를 강조하는 사회에서 늙은 부모를 내다 버리는 것이 풍습으로 있을 수 없다.

사람들에게 널리 알려진 고려장이 고려 시대의 장례 풍속이 아니라면 고려 사람들은 어떻게 장례를 치른 것일까. 고려는 경종 원년(976)에 문무 양반의 무덤에 대해 규정이 있었고, 나중에 이장할 때 후손이 조상의 묘임을 확인할 수 있도록 지석(誌石)을 묻었다. 이러한 묘지명에는 장례에 대한 기록도 남아 있는데, 매장한 경우도 있지만 죽은 자를 화장(火葬)한 사례가 많이 나타난다. 그리고 화장한 후 일정 기간 동안 사찰에 봉안한 뒤에 유골을 묻기도 하였다.

화장은 고려 사회가 불교의 영향을 깊이 받고 있었음을 알려 주는 장례 방법이다. 공양왕 원년에 헌사(憲司)가 상소하기를, "근래에 불교의 다비법(茶毗法)이 성행하여 사람이 죽으면 시체를 뜨거운 불꽃 속에 넣어 장사를 지냅니다. 모발을 태우고 피부를 익혀 뼈만 남기는데, 심한 자는 뼈를 태워 그 재를 날려서 물고기와 새들에게 보시합니다. 반드시 이와 같이 한 연후에야 가히 하늘에 가서 태어날 수 있고 가히 서방 정토에 이를 수 있다고 합니다. 사대부로서 고명한 자도 또한 모두 이에 현혹되어 죽으면 땅에 장사하지 않는 자가 많습니다."고 하였다. 이 기사는 다비법, 즉 화장이 고려 사회에서 널리 성행하였음을 보여 준다.

집에서 임종한 경우 빈소를 사찰로 옮겨 장례를 치렀으며, 심지어 사찰에서 임종을 맞은 경우도 많았다. 화장은 사찰 근처에서 이루어졌으며, 유골을 수습하여 사찰에 모시고 아침저녁으로 음식을 올렸다. 인종 11년(1133)에, "부모의 유골을 임시로 사찰에 안치해 놓고 여러 해에 이르도록 장례하지 않는 자가 있다."고 한 인종의 지적은 바로 이러한 사정을 말해준다. 유골은 일정 기간 동안 사찰에 봉안하였다가 땅에 묻는데, 사망에서 유골의 매장까지 걸리는 기간은 일정하지 않았다. 묘지명에 의하면 사찰에 봉안한 후 매장하기 전까지의 시기는 2~3년이 보편적이었는데, 짧게는 2개월에서부터 길게는 7년에 이르는 경우도 있었다.

고려 시대 사람들은 제사도 집에서 하지 않고 사찰에서 재를 올렸다. 사망일로부터 49일이 되면 49재를 올리고 100일이 되면 백일재를 올렸다. 사찰 봉안 기간 동안 제사는 주로 승려의 주도하에 이루어졌다. 재를 준비하기 위한 비용은 아들과 딸이 균등하게 부담하였다. 당시에는 아들과 딸이 균등하게 상속받았으므로 딸도 제사에 참여할 수 있었으며, 그 비용의 일부를 내는 것은 당연한 일이었다. 그리고 제사의 주관도 아들, 딸의 구분 없이 행해졌는데, 이것을 '윤행(輪行)', '윤회봉사(輪廻奉祀)'라 한다.

죽은 이에 대해 상복을 입는 기간은 상례를 치르는 사람과의 친소에 따라 달랐다. 이를 다섯 등급으로 나누어 참최(3년), 자최(3년, 또는 1년) 대공(9월), 소공(5월), 시마(3월)로 구분하였다. 참최 3년과 자최 3년은 자식이 아버지와 어머니를 위해 입는 복제이다. 그런데 삼년상을 규정한 오복제는 고려 시대에 제대로 지켜지지 않고 있었다. 고려는 부모 상에 100일 후에 공무(公務)를 보게 하였다. 삼년상은 국가 사무에 중대한 지장을 초래하며, 현실 생활에도 불편을 가져올 수 있는 제도였다. 따라서 이에 대한 단축은 불가피한 조처였다. 고려 시대에 삼년상이 제대로 시행되지 않은 것과 마찬가지로 상주의 여묘 살이도 잘 지켜지지 않았다. 여묘란 묘소를 상주가 3년간 지키는 것인데, 고려의 지배층들은 노비에게 묘소를 지키도록 하고 그 대가로 양인으로 신분을 상승시켜 주기도 하였다. 이렇게 된 것은 그만큼 3년의 여묘 살이가 실제로 행하기에는 힘든 일이었기 때문이다. 사망에서 매장까지 화장, 유골 수습, 사찰 봉안, 매장 등의 여러 단계의 과정을 거쳐야 했으므로 따로 여묘 생활을 한다는 것은 불가능한 일이었다. 이러한 고려의 상장례는 『경국대전』에 귀천을 막론하고 누구든지 삼년상을 시행할 것을 규정한 것, 그리고 가묘(家廟)를 설치하여 여기에서 조상 제사를 행하며, 『주자가례』에 따라 적장자가 기일 제사를 주재하도록 한 조선 시대와 여러 가지로 달랐다.

고려대장경과 해인사 장경판전

불교를 믿는 나라에서는 전래된 불경을 집대성하기 위해 많은 노력을 기울이는데, 불경을 집대성한 것을 '대장경'이라 한다. 그러나 불경은 그 양이 방대하여 모든 경전을 모아 완벽하게 한 질로 만드는 것은 여간 어려운 일이 아니었다. 이런 대장경 중의 하나가 한국에 남아 있는데, 이것이 이른바 '팔만대장경'으로 알려져 있는 고려대장경이다. 고려는 강화도에 대장도감(大藏都監)을 두고 남해에 분사대장도감(分司大藏都監)을 두어 각판을 추진하였다. 대장경판의 판각은 1237년부터 1248년까지 12년 동안 이루어졌는데 준비 기간을 합치면 모두 16년이 걸려 완성된 것이다. 이 대장경판은 고려 현종(1009~1031) 때 새긴 초조대장경이 몽골의 침입으로 불타 버리자 몽골의 침략을 불교의 힘으로 막아낼 수 있다는 염원으로 만들기 시작하였다. 이규보(1168~1241)의 기록에 따르면, 1011년 거란의 침입 때 대장경을 새겨 거란군이 물러간 사례를 들어 몽골의 침략을 맞아 이들을 물리치게 해달라는 염원으로 이 사업을 시작하였다고 한다. 이를 위해 전해져 오던 대장경 이외에 중국과 일본의 여러 불경을 수집하여 이를 편집·교정하였다. 이렇게 하여 모두 1,496종 6,568권에 달하는 방대한 규모의 대장경을 완성하였다. 만들어진 각판은 81,258장에 달하였는데, 이를 통상적으로 '팔만대장경'이라고 부른다.

대장경판은 81,258장에 이르며, 글자 수는 5천 2백만 자로 추정된다. 글자 하나하나가 모두 고르고 정밀하여 현재 전하는 대장경 중에서도 가장 오랜 역사와 내용의 완벽함으로 높은 평가를 받고 있다. 또한 인쇄를 위한 경판이라는 점에서 고려의 정교한 인쇄술을 엿볼 수 있다. 고려대장경판은 대장경판으로는 아시아 전역에서 유일하게 완벽한 형태로 현존하고 있다. 그리고 고려대장경판은 이미 사라진 초기 목판 제작술의 귀중한 자료로 평가받고 있다. 경판 표면에는 옻칠을 하여 글자의 새김이 760년이 지나도록 생생한 상태로 남아 현재까지 인쇄할 수 있을 정도이다.

해인사 장경판전은 13세기에 만들어진 고려대장경판 8만여 장을 보관하고 있는 건물이다. 장경판전은 길이 60m, 높이 8m에 달하는 큰 규모의 두 건물을 남북으로 나란히 배치하고 동쪽과 서쪽에도 작은 규모의 건물을 두었다. 장경판전의 정확한 창건 연대는 알려져 있지 않으나 1457년에 40여 칸을 중창하였고, 1488년에도 대장경 경각을 중건했다는 기록이 있어 조선 초기의 건물임을 알 수 있다. 장경판전은 사찰 건물에서 흔히 보이는 화려한 장식을 하지 않았고, 오로지 경판의 보관을 위한 기능을 충실히 갖추었다. 장경판전은 적절한 환기와 적정 온도의 유지, 습도 조절 등을 자연적으로 가능할 수 있도록 설계되었다. 이러한 과학적 설계가 대장경판이 지금까지 온전하게 보존되어 있는 중요한 이유이다.

고려대장경은 당시까지 동아시아 지역에 존재하던 모든 불교 경전의 내용을 집대성한 가장 방대한 문헌으로 동아시아 지역 당대 최고의 경전이라 할 수 있다. 고려대장경보다 먼저 제작된 북송대장경과 고려 초조대장경 그리고 거란대장경은 거의 전해지지 않고 있다. 고려대장경 이전에 중국 및 일본에서 제작된 경전과 비교해 볼 때 고려대장경은 오늘날과 비교해도 놀라운 수준이다. 초조대장경과 송의 대장경, 그리고 거란대장경의 내용을 비교하면서 철저하게 교정하여 가장 완벽한 대장경으로 만들었다. 그리고 고려대장경은 글자의 정교함과 내용의 정확성으로 인해 높은 평가를 받고 있다. 몽골과의 전란기임에도 우수한 대장경을 만들 수 있었던 것은 고려의 높은 문화 수준 때문이었다.

대장경판은 경남 남해에서 판각하여 강화도 대장경판당으로 옮겨 보관하였으나 왜구의 빈번한 침범으로 내륙인 합천 해인사로 옮기게 되었다. 조선 태조 7년인 1398년에 내륙에 자리 잡은 합천 해인사로 옮겨진 고려대장경은 현재까지 원형 그대로 보존되어 있다.

해인사에 보관 중인 고려대장경판

직지심체요절

원래 이름은 『백운화상초록불조직지심체요절』(이하 『직지』라 함)이다. 책 제목의 '직지'는 "직지인심(直指人心) 견성성불(見性成佛)"이라는 구절에서 채록한 것으로 "참선하여 사람의 마음을 직시(直視)하면, 그 심성이 곧 부처님의 마음임을 깨닫게 된다."는 뜻이다. 이 책은 고려 말의 고승(高僧)인 백운 경한(景閑)(1299~1374)이 75세가 되던 해(1372)에 신도들에게 선(禪)의 요체를 깨닫게 하고, 선의 맥을 계승케 하고자 저술한 것이다. 『직지』는 여러 불교 서적을 섭렵한 후 뛰어난 승려들의 법어와 문답 중에서 선의 요체를 깨닫는 데 필요한 것만을 간추린 것이다.

직지심체요절(복원)

완성된 『직지』는 백운의 제자 석찬과 달담이 청주 흥덕사에서 1377년 7월에 금속 활자로 인쇄하였다. 『직지』 간기에 고려 우왕 3년(1377)에 청주 흥덕사에서 금속 활자로 책을 인쇄하였음을 기술(宣光七年丁巳七月 日 淸州牧外興德寺鑄字印施)하고 있는데, 이것은 독일의 구텐베르크보다 70여 년이나 앞선 것이다. 1972년 유네스코가 개최한 "세계 도서의 해"에 출품되어 세계 최고(最古)의 금속 활자본으로 공인되었다.

『직지』는 상·하 2권으로 되어 있으나, 현재 하권만이 유일하게 프랑스국립도서관이 소장하고 있다. 하권은 39장이었는데, 첫째 장은 없고 2장부터 39장까지 총 38장만이 남아 있다. 소장 경위는 다음과 같다. 고종(재위 1863~1907) 때 주한 프랑스 대리공사로 서울에서 근무한 바 있는 꼴랭 드 쁠랑시(Collin de Plancy)가 수집해 간 장서에 포함되어 있다가 골동품 수집가였던 앙리 베베르(Henry Vever)에게 넘어갔으며 그가 1950년에 사망하자 유언에 따라 프랑스국립도서관으로 이관되어 오늘에 이르고 있다.

도움글

금속 활자

지식의 보급은 책을 통해 이루어진다. 그러나 직접 베껴 쓰는 필사(筆寫)로써는 다량의 책을 간행할 수 없다. 이에 목판 인쇄와 금속 활자 인쇄를 통해 책을 다량으로 보급하고자 하였다. 그런데 금속 활자의 발명과 사용은 한국이 세계 최초이다. 고려의 금속 활자가 세계 최초의 것임이 공인된 것은 1972년 "세계 도서의 해"를 기념한 전시회에서 프랑스의 파리 국립도서관이 소장한 『백운화상초록불조직지심체요절(白雲和尙抄錄佛祖直指心體要節)』이 공개되면서부터이다. 이 책은 1377년(우왕 3)에 흥덕사(충청북도 청주)에서 금속 활자로 찍어 낸 것이다. 그러나 이보다 앞서 금속 활자로 처음 출판된 책은 1234년(고종 21)에 인쇄된 『상정고금예문(詳定古今禮文)』이다. 이것은 구텐베르크(Gutenberg)가 금속 활자를 만든 1450년보다 216년이나 앞선 것이다. 고려 시대에 발명, 사용된 금속 활자는 조선 시대에 와서 크게 발전하여 실록을 비롯한 많은 책을 금속 활자로 간행하였다.

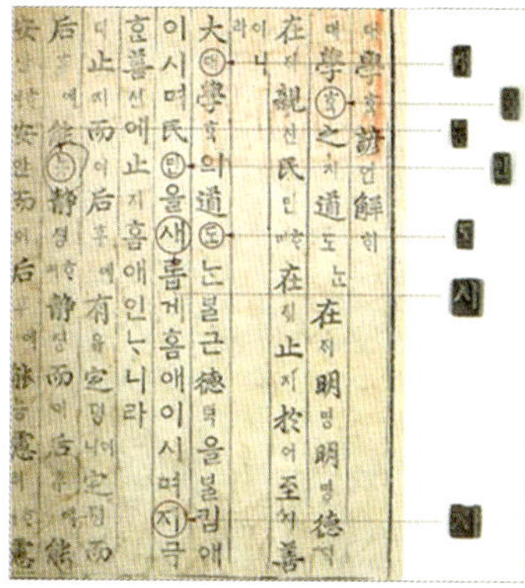

금속 활자본 『대학』

고려청자

한국의 자기는 신라 말에 중국의 자기 제작 기술을 받아들임으로써 시작되었다. 따라서 고려자기 역시 중국 자기의 영향을 받았지만, 고려는 곧 중국을 능가하는 독창적인 청자를 만들었다.

고려 청자

고려청자가 처음 만들어지기 시작한 때는 대략 10세기경으로 초기 청자는 그 표면이 고르지 못하고 녹갈색을 띠었다. 그러다가 11~12세기에 이르러 세계 최고 수준의 청자로 발전했다. 비색 청자 혹은 순청자라고 불리는 이 시기의 청자는 고요한 연못을 들여다보는 듯한 신비로운 색을 띠었다. 중국 송에서도 천하제일의 청자로 고려의 '비색 청자'를 들었다.

고려청자는 12~13세기에 들어 상감 청자로 발전했다. 상감 청자는 그릇 표면에 무늬를 음각으로 새긴 후 그 안을 흙으로 메우고 구워낸 것이다. 이는 고려가 처음 시도한 자기 제작 방법이었다. 상감 청자는 고려인이 창안한 독창적인 방법으로 고려자기의 정수였다. 상감 청자로 대표되는 고려청자는 화려하면서도 세련되고 정교한 조각을 뽐내었다. 이것은 귀족의 취향으로 고려청자는 고려 귀족 문화의 소산이었던 것이다.

고려청자는 무늬와 유약, 기타 만드는 수법에 따라 다양한 형태가 있다. 청자기린유개향로(靑磁麒麟鈕蓋香爐), 청자비룡형주자(靑磁飛龍形注子), 창자사자유개향로(靑磁獅子鈕蓋香爐), 청자상감모란문항(靑磁象嵌牡丹文缸) 등은 특히 유명한데, 이것들은 국보로 지정되어 있다.

참고문헌

김상기, 『신편 고려시대사』, 서울대출판부, 1985

김당택, 『고려 무인정권 연구』, 새문사, 1987

윤용혁, 『고려 대몽항쟁사 연구』, 일지사, 1991

장동익, 『고려후기 외교사연구』, 일조각, 1994

한국중세사학회, 『고려시대사 강의』, 늘함께, 1997

김당택, 『원 간섭 하의 고려 정치사』, 일조각, 1998

도현철, 『고려말 사대부의 정치사상 연구』, 일조각, 1999

박종기, 『오백년 고려사』, 푸른역사, 1999

박용운 외, 『고려시대 사람들 이야기』, 신서원, 2001

국사편찬위원회, 『한국사』 1(총설), 2002

최준식, 『우리 문화유산 열두 가지』, 시공사, 2002

김갑동, 『고려전기 정치사』, 일지사, 2005

박용운 외(공저), 『고려시대사의 길잡이』, 일지사, 2007

김철웅, 『고려』, 청아출판사, 2008

박용운, 『고려시대사』, 일지사, 2008

V. 성리학과 양반의 시대 : 조선의 건국과 발전

개요

14세기 말에 이르러 고려가 혼란해지자 무인 세력을 대표하는 이성계는 신진 사대부와 함께 조선을 건국하였다. 조선의 국왕은 최고 권력자로서 통치 체제의 중심이었으며, 성리학을 정치 이념으로 한 신진 사대부는 건국의 주도 세력으로서 조선의 지배층이 되어 정국을 주도해 나갔다. 이들 조선의 건국 세력은 불교 대신에 유교를 정치 이념으로 내세우고, 민생 안정과 부국강병을 위한 개혁을 추진하였다.

15세기에 조선은 유교 사상과 양반 중심의 체제를 확립하는 한편, 『경국대전』을 편찬하여 국가의 통치 체제를 확립하였다. 그리고 농업을 근본 산업으로 하는 경제 정책을 실시하여 농업생산력이 발전하고 경제와 사회가 안정되었다. 이에 조선의 문화와 과학 기술도 발전하였다. 특히 한글을 창제하여 독자적인 문자를 갖게 되었다.

16세기에는 성리학이 크게 융성하였으며 새로운 정치 세력으로 사림(士林)이 등장하였다. 사림 세력이 확대되면서 향촌 사회에 유교의 윤리 도덕이 널리 보급되었다. 그리고 이황과 이이 등의 대학자가 나와 성리학이 크게 발전하였다. 그러나 지배층의 분열과 대립, 국방력의 약화 등으로 인해 일본과 후금(청)의 침략을 받게 되었다.

1. 조선의 건국과 통치 체제의 확립

(1) 고려의 멸망과 조선의 건국

공민왕은 원의 간섭에서 벗어나 고려의 자주성을 회복하고자 하였다. 이를 위해 일련의 개혁을 추진하였지만, 이 과정에서 지배 세력인 권문세족과 갈등을 빚었다. 이러한 갈등이 확대되면서 공민왕은 반대파에게 암살되었고, 나이 어린 우왕(재위 1374~1388)이 즉위하였다.

우왕이 즉위하였을 때, 중국에서는 명(明)이 원을 북쪽으로 몰아냈다. 원을 몰아내면서 명은 고려의 북방 영토에 철령위를 설치하고 이를 지배하였다. 우왕은 고려의 영토를 회복하기로 하고, 이성계와 조민수로 하여금 군대를 이끌고 요동을 정벌하도록 하였다. 그러나 고려의 외교 노선으로 친명 정책을 주장하던 이성계는 군대를 이끌고 압록강까지 진격하였다가 위화도에서 회군하고 말았다. 이에 이성계는 우왕을 폐하고 창왕(재위 1388~1389)을 옹립했다. 우왕은 이성계를 죽이고 복위를 도모하려고 하였지만, 이 사건을 빌미로 이성계와 신진 사대부는 우왕과 창왕을 죽이고 공양왕(재위 1389~1392)을 세웠다.

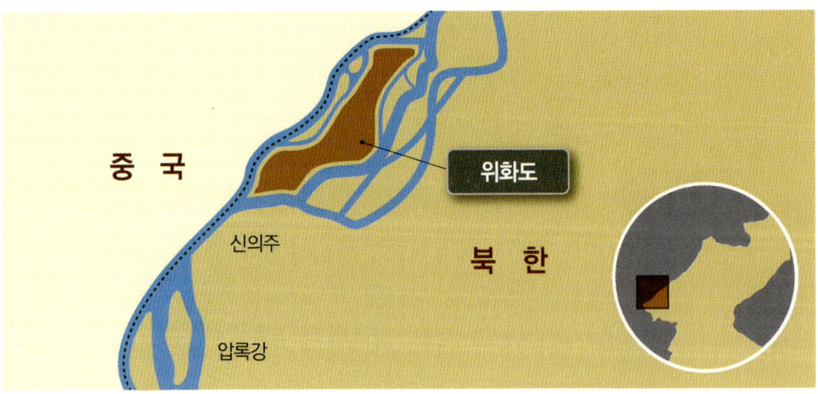

위화도의 위치

왕권을 무력화시키고 권력을 장악한 이성계는 조준의 건의에 따라 '과전법'이라는 토지 개혁을 단행하여 권문세족의 경제적 기반을 무너뜨렸다. 그리고 정치, 군사, 경제 등 모든 방면에서 옛 지배 세력을 몰아낸 이성계는 마침내 1392년 7월 인심이 이미 떠났다는 것을 이유로 공양왕을 폐위하였다. 이성계는 신하들의 추대를 받고 새로 왕위에 올랐다.

이성계는 즉위 초에 국호를 그대로 고려라 칭하고, 법과 제도도 모두 고려의 것을 따를 것임을 선언했다. 그러나 이듬해, 국호를 '조선'이라 했으며, 새 수도의 건설에 나섰다. 조선이라는 국호는 고조선을 계승한다는 의미이며, 유구한 역사를 강조하려는 의도가 있었다. 한양을 도읍으로 정하고 태조 2년(1393) 9월부터 시작하여 궁궐과 종묘, 4대문 등을 지어 수도의 모습을 갖추었다.

조선은 성리학 이념을 가진 신진 사대부가 주축이 되어 건국되었다. 따라서 조선은 유교를 사회 운영의 기본 원리로 삼았다. 그리고 고려의 문벌 귀족 사회를 대신해 양반 관료 사회를 지향해 나갔다.

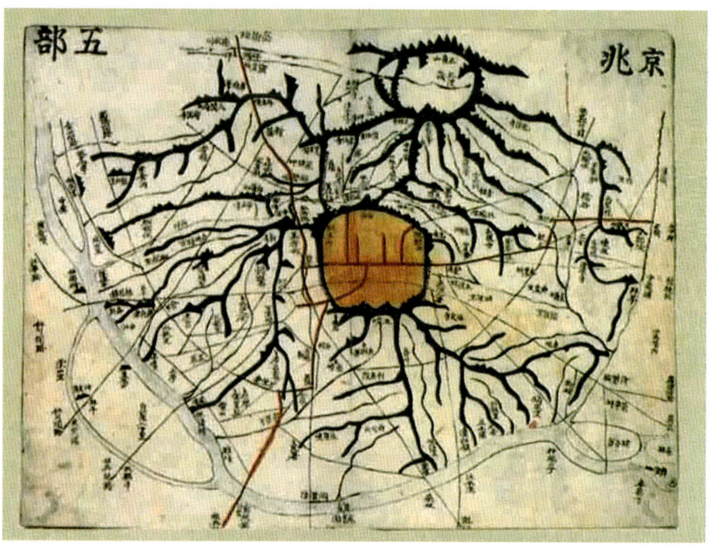

한성(대동여지도)

(2) 통치 체제의 정비

건국 후 조선은 왕권을 확립하고 나라의 기반을 다지기 위해 노력하였다. 태조 때는 정도전, 조준 등의 개국 공신들이 정치의 실권을 쥐고 국가의 기초를 다져 나갔다. 이러한 개국 공신 중심의 정치는 왕실의 반발을 불러왔다. 태조의 아들 이방원은 쿠데타를 일으켜 정국을 주도하던 정도전을 제거하고 자신의 형을 왕(정종)으로 세웠다.

정종(재위 1398~1400)은 재위 2년 만에 스스로 물러나고 이방원이 왕위를 차지하였다. 왕위에 오른 태종(재위 1400~1418) 이방원은 왕권을 강화해 나갔다. 제도를 개혁하여 국왕에게 모든 권한이 집중되도록 하였으며, 개국 공신이 소유한 사병(私兵)을 없애고 병권을 장악하였다. 그리고 인구를 파악하고 백성을 통제하기 위해 호패법을 실시하였다.

태종의 뒤를 이은 세종(재위 1418~1450)은 능력 있는 젊은 학자를 기용

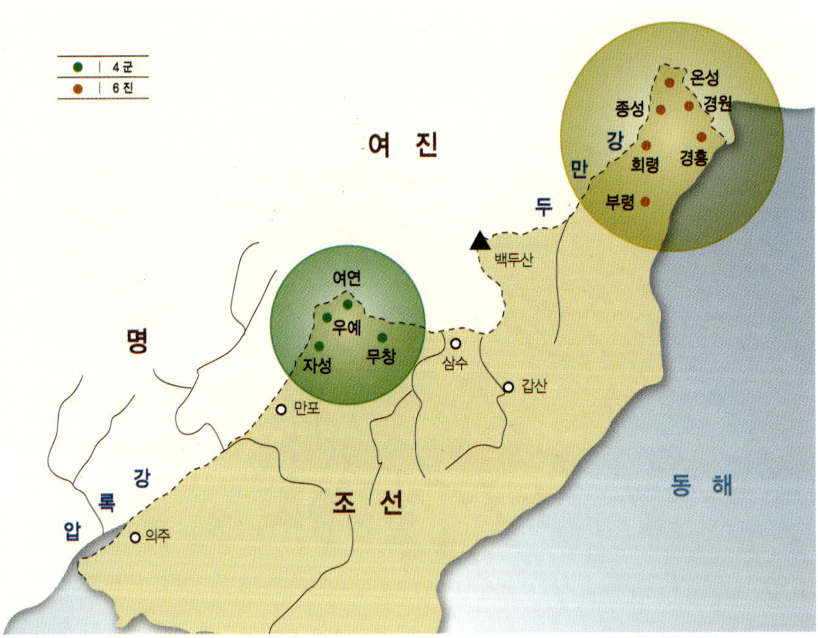

4군 6진의 위치

하여 많은 업적을 남겼다. 특히 집현전에 우수한 학자를 등용함으로써 많은 발전을 이룩하였다. 세종이 집현전을 설치한 목적은 조선이 표방한 유교 정치를 원만히 수행하는 데 필요한 인재를 양성하고 학문을 연구하는 데 있었다. 집현전의 학자들은 옛 제도를 연구하고 각종 서적을 편찬하는 등 주로 학술적인 임무를 맡았다. 그 결과 수많은 인재를 배출했으며, 이를 토대로 훈민정음을 창제하는 등 정치와 문화가 크게 발전하였다. 그리고 국토 확장에 힘써 조선의 강역을 압록강과 두만강까지 확장하였다. 이때 확정된 조선의 영토는 현재까지 이어지고 있다.

세종의 아들이었던 세조(재위 1455~1468)는 조카 단종(재위 1452-1455)을 몰아내고 왕위에 올랐다. 세조는 왕권 강화와 국가 체제 확립에 힘을 기울였다. 세조는 즉위 직후에 왕권을 강화할 목적으로 육조 직계제(六曹直啓制)를 시행하여, 국가의 모든 정무를 중신(重臣)과 의논하여 처결하였다. 이로서 의정부 대신(大臣)의 권한은 줄어들고, 왕권이 강화되었다. 그리고 과전(科田)을 폐지하고 직전법을 실시하여, 현직 관리에게만 토지를 지급하도록 하였다.

한편 세조의 손자로서 예종(재위 1468~1469)을 이어 즉위한 성종(재위 1469~1494)은 제도를 정비하여 국가의 체제를 완비해 나갔다. 우선 법전을 정비하여 집권 체제를 정비하였다. 건국 이래 100여 년간에 걸쳐 반포된 여러 법전·교지·조례·관례 등을 총망라하여 『경국대전』을 완성하였다. 이어 『대전속록』을 완성하여 통치의 근거가 되는 법제를 완비하였다. 제도 정비와 함께 유교 이념을 구체적으로 실현해 나갔다. 재가녀(再嫁女)의 자손을 관리 등용에서 제한하였고, 불교를 배척하는 한편 승려가 되려는 자를 엄하게 통제하였다. 이것은 조선의 통치 윤리로서 유교를 정착시키기 위한 조처였다. 이러한 일련의 정책과 제도 정비를 통해 조선은 유교 중심의 양반 체제를 확립하게 되었다.

(3) 조선의 통치 체제

1) 중앙과 지방의 통치 제도

조선의 통치 제도는 『경국대전』에 규정되어 있다. 관리는 문반과 무반의 양반으로 구성되어 각각 1품에서 9품까지 나뉘어 있었다. 관직은 중앙 관직인 경관직과 지방 관직인 외관직으로 구분하였다.

최고 통치 기관은 의정부로 중요 정책을 수립하는 기관이었다. 그 아래에 정책 집행 기관인 6조를 두었다. 의정부에는 영의정, 좌의정, 우의정 등 세 명의 정승과 4명의 고관(高官)이 있어 모든 정사를 관할하였다. 6조는 이조, 호조, 예조, 병조, 형조, 공조 등을 가리킨다. 이조는 행정과 인사 문제를, 호조는 재정과 조세를, 예조는 외교와 교육을, 병조는 군사 행정을, 형조는 형법을, 공조는 건설 등을 각각 맡아 보았다.

그 밖에 주요한 중앙 관청으로는 국왕의 잘못을 일깨워 주는 사간원, 관리들의 비리를 감찰하는 사헌부, 국왕의 학술 자문 기구인 홍문관, 국왕의 비서 기관인 승정원, 사법 기관인 의금부 등이 있었다. 그리고 역사 편찬과 보관을 담당하는 춘추관, 관리의 양성 기관이자 최고 교육 기관인 성균관 등이 있었다.

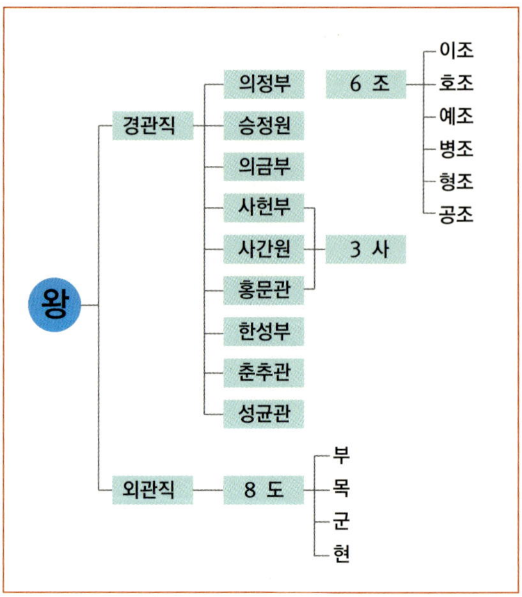

조선의 통치 조직

사헌부, 사간원, 홍문관은 정치를 비판하는 임무도 함께 가지면서 '언론 삼사(三司)'로 불렸다. 삼사의 관원들은 합동으로 부당한 일을 직언하기도 하였으며, 삼사의 언론 활동은 왕일지라도 막을 수 없었다. 이러한 삼사의 활동은 권력의 남용과 부정을 방지하기 위한 것이었으며, 국정은 물론 왕의 사생활까지도 견제하였다.

한편 지방은 8도 체제였다. 전국이 8도 체제로 정비되기 시작한 것은 태종 때였다. 태종은 1413년에 종래의 서북면을 평안도, 동북면을 영길도로 고쳤다. 이듬해에 경기좌·우도를 경기도로 개칭하였다. 1417년에는 풍해·영길도를 황해·함경도로 개칭하여 8도 체제를 확립하였다. 이로서 경기도, 충청도, 전라도, 경상도, 강원도, 황해도, 평안도, 함경도 등의 8도가 성립되었다. 이때 정해진 8도의 명칭은 현재까지 지속되고 있다.

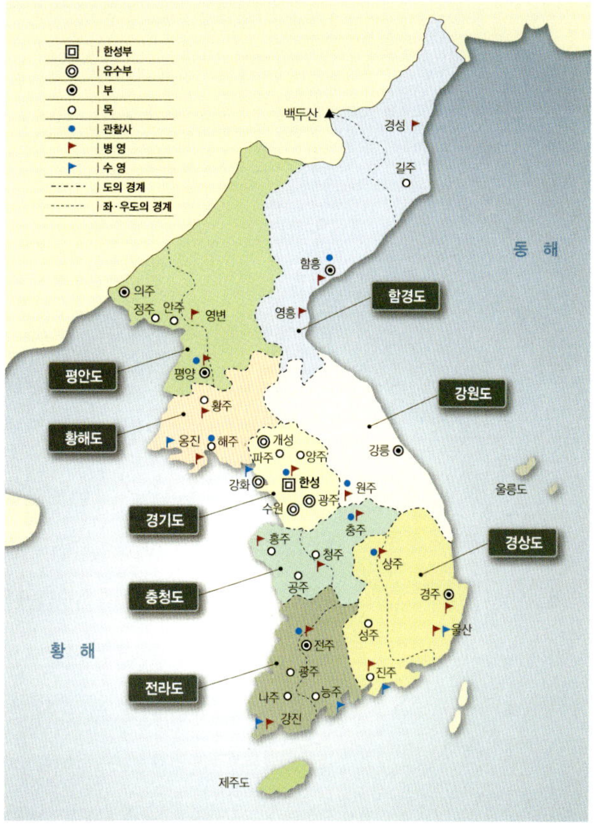

조선의 지방 조직

8도에는 관찰사를 파견하여 도의 행정을 맡게 하였다. 관찰사는 관할 지역의 행정, 사법, 군사권까지 쥐고 있어 막강한 권한을 갖고 있었다. 도 밑에는 고을의 크기에 따라 부·목·군·현을 두었는데, 모두 약 350개에 달하였다. 이들 모든 군현에는 주민을 국가가 직접 지배하기 위하여 수령을 파견하였다. 수령은 왕의 대리자로서 그 지역의 행정, 사법, 군사권을 장악하고 주민을 지배하였다. 이렇게 지방관이 막강한 권력을 가지게 되자 관찰사는 1년, 수령은 5년으로 임기를 제한하였으며, 지방관의 출신지에는 임명하지 않았다. 그리고 수시로 암행어사를 파견하여 이들을 감찰하였다.

각 지방의 행정 단위에는 중앙의 6조를 모방하여 이방, 호방, 예방, 병방, 형방, 공방 등의 6방을 두었다. 6방에는 향리들이 소속되어 각자 해당하는 지방 사무를 보았다. 지방의 토착 세력인 이들 향리는 임무를 세습하였으며,

수령과 백성의 중간에서 지방의 행정 실무자로 활동하였다.

한편 수령의 자문에 응하고 향리의 비행을 감찰하기 위해 자치 기구로서 향청(鄕廳)을 두었다. 여기에는 덕망 있는 지방 양반들이 모여 여론을 수렴하고 백성들을 교화하였다. 따라서 향청은 지방 행정에 미치는 영향이 매우 컸으며, 지방 양반 세력의 근거지와 같은 역할을 하였다.

2) 신분 제도

조선 시대는 유교를 통치 이념으로 하는 양반 중심의 사회였다. 그리하여 양반 중심의 신분제가 마련되었고 신분에 따라 사회적 특권뿐만 아니라 일상생활에 이르기까지 많은 제약을 받았다. 신분은 양반·중인·상민·천민 네 계층으로 나뉘어 있었다.

양반은 본래 문반과 무반을 합쳐 부르는 말이었으나 뒤에는 벼슬을 할 수 있는 신분을 일컫는 뜻으로 변하였다. 양반은 토지와 노비를 소유한 지주였으며, 고위 관직을 독점하는 지배층이었다. 즉 이들은 경제적으로는 지주층이며, 정치적으로는 관료층이었다. 양반은 정치·경제·사회 등의 모든 분야에서 특권을 누렸으며, 직접 생산에 종사하지 않고, 오직 관료 내지 유학자로서 유교의 소양과 자질을 연마하는 사회의 지도 세력이었다.

중인은 향리, 서리 등과 같이 행정 실무를 담당하거나 기술 관직에 종사하는 기술관 등을 일컫는다. 이들은 양반과 상민의 중간에 있는 중간 신분으로 양반과 함께 조선의 지배층을 이루고 있었다. 그러나 정치, 사회적으로 많은 제약을 받았으며, 양반 체제 아래에서 양반들에게 멸시와 하대를 받았다.

상민은 평민, 양인이라고도 부르며 농업과 상공업 등 생산 활동에 종사하였다. 이들은 국가에 대해 조세·공납·역의 의무를 지고 있었는데 농민이 그 대부분을 이루고 있었다. 이들은 원칙적으로 관직에 나아가는 데 법적 제약을 받지 않았지만 고등 교육을 받을 기회가 없어서 관직 진출이 거의 불가능하였다.

최하층 신분으로 노비·무당·백정 등의 천민층이 있었다. 노비들은 교육의 기회나 벼슬길이 막혀 있었으며, 국가에 대한 의무도 지지 않았다. 이들은 오직 주인에 대한 봉사의 의무만이 있었다. 소유주의 재산이었던 노비는 매매와 상속·증여의 대상이었으며 노비 문서가 있어 대대로 그 신분을 벗어나지 못하였다.

3) 군사 제도

조선은 고려 말에 홍건적과 왜구에 시달린 경험으로 인해 국방 강화에 큰 관심을 기울이고 군사 제도를 정비하였다. 16세 이상 60세 이하의 양인 남자는 군인이 되거나 군역을 부담하는 보조원[保人]이 되었다. 종친과 외척, 공신과 고위 관료의 자제는 국왕의 호위나 왕궁의 경비를 담당하는 고급 특수 부대에 소속되어 좋은 대우를 받았다. 그리고 현직 관료와 학생, 향리 등은 군역을 면제받았다.

군사 조직은 중앙군과 지방군으로 나뉘어 있었다. 중앙군에는 5위가 있어 궁궐과 수도 방비를 담당하였다. 지방군은 육군과 수군으로 구분되었는데, 수군은 육군에 비해 위험했기 때문에 수군 복무를 꺼렸다. 지방의 육군에는 병마절도사(병사)가, 수군에는 수군절도사(수사)가 파견되어 군대를 통솔하였다. 그리고 군사 요충지에는 별도로 진과 보를 설치하여 병력을 주둔시켰다. 지방군은 대부분 의무병으로 16세에서 60세의 장정이 복무하였다.

한편 군사 제도의 정비와 함께 통신과 교통 체계도 정비하였다. 군사에 관한 주요 연락 사항을 횃불이나 연기로 전달하는 봉수 제도를 갖추었다. 그리고 물자 수송과 통신 전달을 위해 역참 제도를 마련하였다. 당시 전국 주요 도로에 30리 간격으

남산 봉수대

로 역을 설치하였고, 역에는 역리와 역졸이 배치되었다. 마패를 소지한 공무 여행자에게는 역마를 제공하였는데 마패에 새겨진 말의 숫자만큼 역마를 이용할 수 있었다.

15세기에 잘 정비되었던 조선의 군사 제도는 16세기에 들어와 해이해지기 시작하였고, 임진왜란 직전에는 거의 붕괴되어 큰 위기에 직면하게 되었다.

4) 교육과 관리 등용 제도

조선의 교육은 유교적 소양을 갖춘 유능한 관리를 양성하는 데 목표를 두었다. 따라서 학교 교육은 과거 시험을 위한 준비 과정이 중심이었다. 평민에게도 교육의 기회는 주어졌으나, 실제로 학교 교육은 양반 자제를 중심으로 이루어졌다. 7~8세 때 서당에서 초보적인 유학 지식을 배우면 4부 학당이나 향교에 입학하여 사서, 오경 등 유학을 공부하였다. 최고 교육 기관으로 성균관이 있었다. 이곳에서는 유학만을 공부하였고, 의학·천문·법학·산학·외국어 등 기술 교육은 해당 관청에서 별도로 실시하였다.

관리는 과거와 음서, 그리고 천거를 통해 선발하였다. 과거에는 문과·무과·잡과의 세 종류가 있었다. 문과는 문관을, 무과는 무관을, 잡과는 기술관을 뽑는 시험이었다. 이 중 문과가 가장 중요시되었으며 양인 이상의 신분이 응시하였다. 무과는 향리나 서얼도 응시할 수 있었고, 잡과는 주로 중인층이 응시하였다. 과거는 3년에 한 번씩 실시하는 것이 원칙이었으나 수시로 시행되기도 하였다.

문과는 소과와 대과로 나누어 치렀다. 소과에 합격하면 생원이나 진사가 되었다. 이들은 성균관에 입학하거나, 그곳에서 교육받은 후 대과에 응시하였고, 때로는 하급 관리로 진출하기도 하였다. 대과의 최종 선발 인원은 33명이었다. 무과는 문과와 같은 절차를 거쳤으며, 최종 선발 인원은 28명이었다. 잡과는 분야별로 정원이 있었다.

한편 과거를 거치지 않고도 천거와 음서에 의해 벼슬을 할 수 있었다. 천거는 주로 기존의 관리를 대상으로 하였고, 음서는 공신과 같이 조상의 음덕으로 벼슬을 얻을 수 있는 방법이었다. 그러나 음서 출신은 고관으로 승진하기 어려웠다. 따라서 조선의 양반들은 과거를 통해 관리가 되고자 부단히 노력하였다.

5) 조세 제도

국가 재정의 기본은 전세(田稅)와 역(役), 그리고 공납이었다. 전세는 농민들이 부담하는 토지세였다. 국가가 세금을 걷는 공전(公田)의 경우, 전세는 1결마다 최고 30두로 정해졌는데, 이는 대략 수확량의 10분의 1에 해당되었다. 나중에 농민의 부담을 줄이기 위해 공법(貢法)을 시행하여 최고 20두, 최하 4두로 세를 낮추었다. 농민은 전세를 곡물로 납부하였다. 매년 전국 각처에서 거두어들인 세곡(稅穀)은 해안과 강변의 조창에 임시 보관되었다가 해로 또는 수로를 통하여 한양으로 수송되었는데 이를 조운이라 한다.

전세 이외에 농민이 국가에 부담하는 것으로 요역과 공납이 있었다. 요역은 일정 기간 국가의 토목 공사에 동원되는 것이었다. 요역의 대상은 16세에서 60세까지의 장정으로 1년에 동원 일수는 6일 이내로 규정되어 있었으나, 실제로는 관청이 임의대로 징발하였다.

공납은 지역의 특산물을 바치는 것이었다. 이에 대한 물품으로는 수산물, 과실, 목재 등이 있었다. 농민들에게 공납은 전세보다도 더 괴로운 것이었다. 관청에서는 필요한 물품을 미리 사들이고 뒤에 농민들에게 그 값을 비싸게 받아 내는 대납(代納)의 폐단이 있었다.

호패

한편 조세의 징발을 위해서 국가에서는 호구 조사를 실시하였다. 그리고 농민들의 이탈을 막기 위해 일종의 신분증명서인 호패법을 시행하는 한편, 오가작통법을 만들어 농민의 이탈을 서로 감시하게 하였다. 이에 따라 농민들은 일정한 지역에서 대를 이어 살면서 조세를 부담해야 했다.

2. 양반 관료 사회의 확립

(1) 성리학의 보급과 발달

조선의 건국으로 성리학이 사상과 학문 면에서 지배적인 위치를 차지하게 되었다. 교육 기관에서는 성리학을 중심으로 가르쳤으며 과거 시험 과목에서도 유학에 큰 비중을 두었다. 그리고 가정과 사회에서는 유교적 가족 질서를 바탕으로 하여 충과 효의 윤리를 강조하였다. 관·혼·상·제의 의식은 『주자가례』를 따르도록 하였으며, 특히 혼례와 제례를 중요시하였다. 근친 간의 결혼 금지, 과부의 재혼 금지를 강조하였으며 충효와 정절을 미덕으로 삼았다. 집에 가묘(家廟)를 두고 조상의 위패를 모시고 제사를 지냈다. 그리고 족보를 만들어 가문을 내세우고 친족의 단결을 강화하였다. 이러한 유교적 생활 윤리를 널리 보급시키기 위하여 향약을 조직·운영하였다.

유교 사회가 자리를 잡아 가면서 성리학을 현실 정치에 반영하고자 하는 학자들의 활동이 활발해졌다. 이들은 지방에서 학문에 힘쓰며 제자 양성에 주력하였는데 이를 사림이라고 하였다. 이들은 중소 지주로서 성리학에 투철한 지방의 사족(士族)이었다. 사림은 성종 대를 전후하여 중앙 관계에 진출하여 새로운 정치 세력을 형성하였고, 16세기 후반에 들어서 정국을 주도해 나갔다. 사림들은 도덕과 의리를 숭상하고 향촌 자치제의 실시를 주장하였다. 그리고 각지에 서원을 세워 학문 연구에 몰두함으로써 뛰어난 성리학자들을 많이 배출하였다. 그 대표적인 학자인 이황(1501~1570)과 이이(1536~1584)는 조선 성리학의 쌍벽을 이루었다. 이황은 『성학십도』를 저술하여 국왕이 실천해야 할 학문인 성리학, 즉 성학(聖學)의 대강을 그림으로 설명했다. 이이는 『성학집요』에서 수신, 제가, 위정에 걸쳐 왕이 지켜야 할 왕도 정치의 규범을 체계적으로 제시하였다. 이 두 저술은 조선 성리학이 높은 수준에 올라 있음을 잘 보여 주고 있다.

(2) 서원과 향약

사림이 기존 세력인 훈구 세력을 대신하여 정국을 장악할 수 있었던 배경에는 서원과 향약의 역할이 매우 컸다. 유학은 원래 교육을 중시하였기 때문에 유학자들은 개인 재산으로 사립 학교를 세워 제자들을 가르쳤다. 사림들은 이러한 전통을 이어받아 선배 유학자들을 제사하는 사당 기능을 포함한 서원을 창설하였다. 이렇게 사림 세력이 곳곳에 서원을 세워 성리학을 지방에 보급하자 서원은 지방 학문의 중심지가 되었다. 이렇게 서원이 성리학 발달에 중요한 역할을 하자 국가에서도 서원에 관심을 갖고 서원의 이름을 지어 주고 서적·토지·노비를 지급하여 육성하였다. 이렇게 국가에서 공인된 서원을 사액 서원이라 하였다.

최초의 서원은 1542년(중종 37)에 세워진 백운동서원이었다. 이후 서원은 각지에 세워져 명종 때는 17개로 늘어났다. 그리고 선조 때는 사액 서원이 이미 100개를 넘어설 정도로 매우 많이 건립되었다.

서원과 함께 사림의 지위를 강화하는 데 기여한 또 한 가지는 향약이었다. 중종 때 조광조에 의해 보급되기 시작한 향약은 선조 때에 전국적으로 시행되었다. 향약은 좋은 일은 이웃 간에 서로 권하고 잘못된 일은 서로 규제하라는 등의 유교 윤리의 실천, 그리고 상부상조로 이웃끼리 화목하게 지내라는 향촌 자치 규약이었다. 향약의 시행으로 유교 예절과 풍속이 널리 전파되고 향촌 사회는 유교와 양반 중심의 질서가 자리 잡혀 갔다. 이에 따라 사림 세력은 점점 강해져 갔다.

소수서원, 백운동 '경(敬)' 자 바위

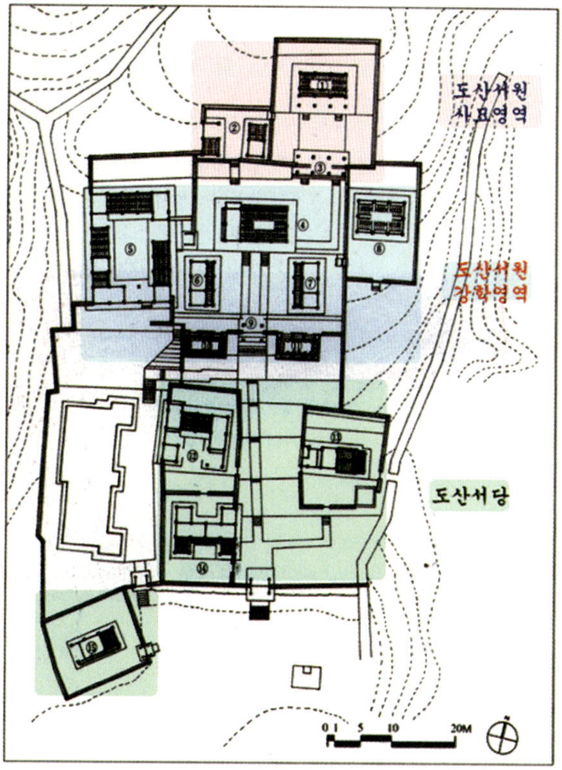

도산서원 배치도

①상덕사 ②전사청 ③내삼문
④전교당 ⑤상고직사 ⑥서재 ⑦동재
⑧장판각 ⑨진도문 ⑩서광명실 ⑪동광명실
⑫하고직사 ⑬도산서당 ⑭농운정사 ⑮역락서재

(3) 사화와 붕당

15세기 중반 이후, 중소 지주이면서 성리학에 투철한 사림들이 영남과 기호 지방을 중심으로 성장하였다. 훈구 세력이 중앙 집권 체제를 강조한 데 비해, 이들은 향촌 자치를 내세우며 도덕과 의리를 바탕으로 한 왕도 정치를 주장하였다. 사림은 성종 때부터 본격적으로 중앙 정치 무대에 진출하여 권력을 장악하고 있던 훈구 세력을 견제하였다. 그런데 과거를 통해 관직에 진출한 사림은 주로 언관직을 차지하고 훈구 세력의 비리를 비판하게 됨으로써 서로 대립하게 되었다.

성종에 이어 왕위에 오른 연산군(재위 1494~1506)은 훈구 세력과 사림을 모두 억누르고 왕권을 강화하고자 하였다. 이에 두 번에 걸쳐 사화(士禍)가 일어나 사림들이 죽거나 유배를 가는 등 큰 피해를 입었다. 연산군의 폭정은 결국 반발을 불러와 중종반정이 일어났다. 중종(재위 1506~1544)은 명망이 높았던 조광조를 중용하고 현량과를 통해 사림을 등용하여 왕도 정치를 실현하고자 하였다. 그러나 공신들의 반발로 조광조를 비롯한 사림이 제거되는 기묘사화가 일어났다. 그러나 선조(재위 1567~1608)가 즉위하면서 향촌에서 세력을 다져 오던 사림은 대거 중앙 정계로 진출하여 정국을 주도하게 되었다.

정권을 잡은 사림 세력은 정국을 어떻게 이끌고 나갈 것인가에 대한 입장의 차이로 갈등을 겪게 되었다. 기성 사림은 과감한 개혁에 소극적이었던 데 반해 새롭게 정계에 진출한 신진 사림은 원칙에 철저하게 사림 정치를 실현하고자 하였다. 이리하여 선조 대에 들어서 사림은 분열하여 붕당을 형성하게 되었다. 기성 사림을 중심으로 서인이, 신진 사림을 중심으로 동인이 형성되었다. 서인은 이이와 성혼의 제자들이, 동인은 이황과 조식 그리고 서경덕의 제자들이 주로 가담하였다. 이처럼 붕당은 정파적 성격과 학파적 성격을 동시에 가지고 있었다.

선조 때 동인과 서인의 붕당이 형성된 이후 다시 여러 파로 분당되었다.

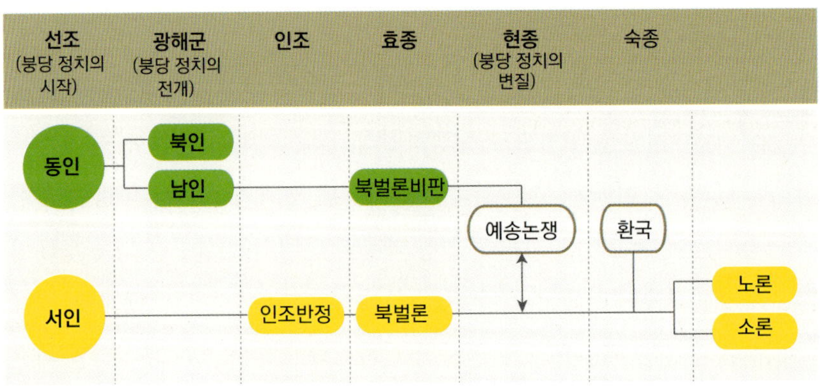

붕당

붕당 정치는 정책을 세우고 자기들의 입장을 밝힌다는 점에서 오늘날의 정당 정치와 비슷한 점이 많았다. 그러나 지나친 정권 다툼으로 나라의 질서를 어지럽히기도 하였다.

발전을 거듭해 가던 조선 왕조는 점차 양반 사회가 지닌 모순이 드러남으로써 어려움에 빠지게 되었다. 관직은 한정되어 있는데 관리가 되고자 하는 후보는 매우 많았으며, 또 관료에게 지급할 토지가 부족하게 되었다. 이러한 현상은 양반 사이에 치열한 경쟁과 갈등을 가져왔다. 더욱이 신분 제도에 따른 여러 가지 사회적 제약으로 인해 사회 발전을 저해하였다.

한 걸음 더!

조선 정치의 비극, 사화와 당쟁 : 조선 양반들은 왜 당쟁에 몰두했나

'사림(士林)'은 '유학을 공부하는 선비들의 집단'을 가리킨다. 사림의 기원은 고려 후기로 거슬러 올라간다. 고려 말에 이르러 성리학을 배운 지방의 중소 지주들이 과거를 통해 관직에 등장하여 세력을 형성하게 되었다. 이들은 사족(士族)·사대부(士大夫)·사류(士類) 등으로 불렸다. 이들 신진 세력은 개혁의 정도에 따라 급진파와 온건파로 나뉘었다. 급진개혁파는 역성 혁명을 단행하여 조선을 건국하였으나, 혁명을 거부한 온건개혁파는 자신들의 본거지인 향촌에 내려가 살게 되었다.

향촌의 주도층이자 중소 지주인 조선의 사족들은 훈구 세력을 비판하는 동시에 점차 중앙 정계로 진출하기 시작하였다. 이들은 정치 이념으로 성리학에 입각해 조선을 이끌어 나가려고 했다. 이들은 기존의 사대부·사족·사류 대신에 '사림'이라는 용어를 사용하면서 자신들의 차별성을 부각시켰다. 사림은 엄밀한 의미에서 지방에 근거를 둔 사족만을 지칭하는 것이었지만, 이들이 중앙 정계에 진출하여 관료가 되어 사림의 이해를 대변하면서 중앙 관료들 역시 스스로를 사림으로 자처했다. 이들 사림은 경제적으로 지방의 중소 지주층이었고, 학연을 통해 결속을 다졌다. 사림이 본격적으로 중앙 정계로 진출하기 시작한 것은 성종 대였다. 성종은 훈구 대신들이 정치의 주도권을 장악한 상황에서 자신의 영향력을 강화하기 위해 사림들을 등용하기 시작하였다. 이를 계기로 사림은 새로운 정치 세력으로 등장할 수 있었다. 성종 대의 사림은 김종직을 중심으로 한 영남 지방의 인물들이었다. 이들은 사제 관계나 지연·혈연 등으로 결속을 다졌다. 성종 후기가 되면 기호·호남 지방의 사림들이 이들에 동조하면서 사림의 범주는 확대되어 갔다. 중종 대에는 조광조(1482~1519)를 중심으로 한 기호 지방의 사류들이 사림의 중심이 되었다. 이 시기의 사림은 사제 관계나 지연·혈연보다는 정치 노선을 중심으로 결속되었다. 이것은 사림이 이념집단의 성격으로 전환해 가고 있음을 말해준다. 그리하여 비록 훈구 가문 출신이지만 사림에 동조하여 그 일원이 되는 사례가 늘어 갔다. 사림에 의해 진행된 정치 구도의 변화는 기득권층인 훈구파들에게 상당한 위기감을 느끼게 하였다. 그 결과 훈구파는 여러 가지 방법으로 사림을 견제하게 되었고, 급기야 폭력적 방법을 동원하여 이들을 배격하였다. 이렇게 하여 사화(士禍)가 일어나게 되었다.

최초의 사화는 연산군 4년(1498)에 일어났다. 연산군은 자신을 견제하는 대간을 귀찮게 여겨 이들과 대립하였다. 이로써 사림은 왕과 재상을 견제해야 하는 이중의 부담을 지게 되었다. 결국 사림은 왕과 재상의 결탁에 의해 무오사화를 당하게 되었다. 무오사화로 사림은 큰 피해를 입어 세력이 위축되었고, 정치의 주도권은 왕과 재상에게 돌아갔다. 그러나 연산군의 전횡으로 왕과 재상의 갈등이 심화되자 연산군은 갑자 사화를 일으켜 훈구 세력을 제거했다. 이 와중에 연산군의 실정을 지적하던 사림도 연루되어 피해를 입게 되었다. 두 번의 사화로 견제 세력을 완전히 제거한 연산군은 권력을 독점하게 되었으나, 방탕한 행위와 폭정으로 중종반정이 일어나게 되었다. 중종반정으로 공신 세력이 정치의 주도권을 잡게 되었다. 이에 중종은 사림인 조광조(1482~1519)를 등용해 훈구 세력을 견제하고, 도학(道學)에 근거한 정치를 펼치고자 했다. 그러나 사림의 개혁은 훈구 세력의 강한 반발을 야기하였고 중종도 점차 조광조의 도학정치에 싫증을 느끼고 있었다. 김정국(1485~1541)은 『사재척언』에서 두 사람의 갈등을, "궁중의 은밀한 곳에 밤새도록 출입하며 번거롭게 아뢰기를 그치지 않으니 임금이 어찌 싫은 마음이 없었겠는가. 신하로서 임금에게 간할 때에는 마땅히 스스로 깨닫게 해야지, 이토록 핍박하고서 무사한 자가 없었다."고 하였다. 결국 중종은 밀교를 내려 조광조와 사림들을 제거하는 기묘사화를 일으켰다. 그 결과 훈구세력이

다시 권력을 장악하게 되었다. 중종 사후 조정은 두 세력으로 양분되었다. 윤임 일파를 대윤(大尹), 윤원형 일파를 소윤(小尹)이라고 했는데, 이에 따라 사림도 서로 갈리게 되었다. 을사사화는 외척인 대윤과 소윤 간의 주도권 다툼으로 발생하였다. 사림들이 이들과 직간접으로 연루되어 있었으므로 이 와중에 피해를 입었다.

이처럼 사화는 사림의 세력 확장에 위협을 느낀 기존 세력의 반격으로 야기된 것이었다. 그러나 이러한 시도는 결국 실패하게 되었으며, 결국 명종 말에 이르러 사림은 정치의 주도권을 잡게 되었다. 그러나 사림 간에 붕당의 기미가 나타났다. 신진들은 개혁을 추진하였고, 선배인 재상들은 개혁에 소극적이어서 서로 충돌을 일으키면서 대립하였다. 본격적인 붕당은 선조 8년(1575) 이후에 서서히 그 모습을 드러내었다.

사림의 선배 집단이 재상의 지위를 확보해가면서 국정을 보는 입장이 달라져 후배 사림과 갈등하게 되었다. 양자 사이의 갈등이 표면에 드러난 것은 김효원과 심의겸의 개인적인 대립이었다. 『선조실록』에서는, "이 일로 말미암아 사림의 선·후배가 서로 불화하게 되어 분당의 조짐이 있었다."고 서술하였다. 결국 심의겸에 동조한 이들은 서인(西人)으로 불리고 나머지는 동인(東人)이 되었다.

한편 16세기 중반에는 이언적(1491~1553), 서경덕(1489~1546), 이황(1501~1570) 등이 등장하면서 조선의 성리학은 주자의 성리학 수준을 능가하게 되었다. 특히 이황과 이이는 성리학을 한 단계 진전시켰으며, 이들의 성리학 이론은 조선의 시대 상황을 반영하는 것이었다. 그리하여 성리학에 대한 해석의 차이에 따라 현실에 대한 대처 방법에 차이가 생기게 되었다. 결국 성리학에 대한 이해의 차이는 학파를 낳게 되고, 이는 자연스럽게 다른 정파를 형성해 갔다. 따라서 서인이 이이의 제자들로, 동인이 이황의 제자들로 채워진 것은 당연한 일이었다. 이후 동인은 정치 현안의 처리를 두고 갈등하더니 남인(南人)과 북인(北人)으로 갈렸다. 우성전의 집이 한양 남쪽에, 이발 · 이산해의 집이 한양 북쪽에 있었기 때문에 그렇게 불리게 되었다. 그리고 남인은 퇴계 이황 계통이었고, 북인은 남명 조식 계통이라는 차이도 있었다.

서인의 분열은 남인을 대거 숙청한 후의 주도권 쟁탈전에서 비롯되었다. 숙종 9년(1683)에 노장파들은 남인에 대한 강력한 탄압을 주장하여 소장파와 대립하였다. 더구나 노장파를 대표하는 송시열이 소장파 윤증과 감정이 좋지 않아 분파를 촉진했다. 그리하여 서인이 분열하여 송시열을 중심으로 하는 노장파를 노론, 소장파를 소론이라 하였다. 분열 이후 정권을 잡은 노론은 약 10년간 정권을 유지하였다가 숙종 20년(1694)에 소론이 정권을 잡게 되었다. 이후 정국은 노·소론이 경쟁하게 되었다. 1801년(순조 1) 신유사옥을 계기로 노론의 시파, 소론·남인 등이 몰락하게 되어 이후로는 노론 벽파의 독주 시대가 열렸다.

초기에 조선 정국은 훈구 세력과 사림의 갈등으로 인해 사화를 겪었고, 중기 이후에 사림이 주도권을 잡은 뒤에는 다시 사림이 분열하였다. 사림의 동·서 분당과 당파 형성은 조선이 가진 태생적 근원에서 출발한다. 즉 성리학에 대한 해석과 실천의 차이는 학맥을 달리하게 되고 이것이 정치 현안과 맞물리면서 물러설 수 없는 정쟁을 낳게 되었다. 결국 조선이 바른 길로 가도록 현실을 개혁해 보자는 데서 출발한 학문 집단 간의 시각 차이가 나중에는 정권의 독점을 두고 반대파의 목숨까지 빼앗는 극단적인 정치 투쟁으로 변질되었던 것이다. 그것은 '나와 다름'을 용인하지 않으려는 조선 성리학의 경직성이 근본 원인을 제공하였다.

3. 조선 전기의 경제

(1) 농업의 발전

조선 사회는 농업을 국가 경제의 기본으로 삼았다. 건국 초부터 영토를 확장하고 토지를 개간하여 농지를 확대해 나가는 한편, 전제 개혁으로 농민의 생활 안정과 농업 생산력을 높여 나갔다. 그리고 국가적으로 적극적인 권농 정책을 추진하였다. 국왕이 적전이라는 농지를 두고 여기서 직접 농사일에 모범을 보였고, 왕비는 친잠소를 두어 누에 치는 모범을 보였다. 또한 농업 생산력을 높이기 위해서 농업 서적을 간행하여 배포하였고, 달력을 만들어 농민에게 농사 시기에 대한 정보를 제공하였다. 세종 때에는 측우기가 만들어져 농업에 활용되었다.

국가는 황무지를 개간하게 하여 경지 면적을 늘리고, 저수지와 보 등 수리 시설을 확충하였다. 건국 초기 100만 결이었던 농지가 세종 대에는 160만 결로 늘어났고, 15세기 중엽에 전국에는 약 3천여 개의 저수지가 있었다. 땅의 지력을 높이기 위해 시비법을 개량, 보급하였다. 콩과 녹두를 심었다가 갈아엎고 썩혀서 비료로 쓰는 녹비법이 널리 쓰였고, 인분과 재도 거름으로 사용되었다. 또한 농법이 발달하여 논에서는 벼와 보리를, 밭에는 콩과 보리를 이모작하였다. 그리고 종자를 개량하는 등 농업 기술 개발에 힘써 적극적인 농업 장려 정책을 썼다.

벼농사에 수경법과 모내기법이 보급되었다. 이전에는 마른땅에 종자를 뿌려서 어느 정도 자란 다음 물을 대어 벼를 재배하였다. 그러던 것이 논에 물을 댄 후 종자를 직접 뿌려 벼를 재배하는 수경법을 쓰거나 한곳에 모종을 키웠다가 논에 심어 재배하는 모내기법을 사용하였다. 이렇게 함으로써 잡초 뽑기와 같은 노동력을 줄이고 지력을 높여 생산력을 향상시킬 수 있었다.

벼농사와 더불어 양봉·양잠, 과수·약초·목화 등 특수 작물의 재배를 장려하였다. 이에 따라 농업 생산물이 다양해졌으며, 백성의 생활이 보다 윤택해질 수 있었다.

(2) 상업과 수공업

조선 사회는 농업을 중시하고 상공업을 천시하는 유교적 직업관과 국가의 통제로 상업은 크게 발전하지 못하였다. 그러다가 농업과 수공업이 발전하면서 상업도 활기를 띠었다. 상업이 가장 활발한 곳은 서울이었다. 건국 직후에 한양은 인구가 10만이 넘어섰으며, 궁궐과 관청의 수요가 커서 대규모 상가가 조성되었다. 한양의 시전 상인은 국가의 필요한 물품을 납품하면서 정부의 보호 아래 상업 활동을 폈다. 그중 비단·무명·명주·모시·종이·어물을 파는 육의전이 가장 번성하였다.

지방에서는 5일마다 열리는 장시가 있어 농산물 또는 수공업 제품이 매매되었다. 그리고 보부상이라 불린 봇짐장수와 등짐장수가 일용 잡화와 소금, 그릇 등을 가지고 다니며 팔았다. 상업 거래는 주로 쌀과 포목을 매개로 이루어졌다. 국가에서 화폐를 만들어 유통시키려 하였으나 쌀과 베를 사용하는 매매 관행에 의해 큰 성과를 보지 못하였다.

수공업은 관영 수공업 중심으로 운영되었다. 전문적 수공업자인 장인은 중앙과 지방 관청에 소속되어 국가가 필요로 하는 물품을 만들었다. 장인은 국가에서 주어진 책임량 이외의 물품은 일정한 세금을 낸 후 판매하여 이득을 볼 수 있었다. 농촌의 수공업은 주로 옷감을 짜는 가내 수공업이 중심을 이루어 자급자족의 형태를 띠었다. 대표적인 생산품은 삼베와 무명 등의 옷감과 농기구·죽제품 등이었다.

4. 조선 전기의 문화

(1) 훈민정음의 창제

조선 초까지도 고유의 말은 있었으나 문자가 없어서 중국 글자인 한자를 빌려 쓰고 있었다. 이러한 불편을 덜기 위하여 한자를 이용하여 나름대로 문자로 표현하는 이두라는 것을 만들어 쓰기도 하였다. 그러나 한자를 빌려서 쓰는 한계는 극복할 수 없었다. 건국 이후 문화 의식이 높아지면서 우리말을 자유스럽게 표현할 문자의 필요성이 점점 커져 갔다. 이러한 문화 발전의 산물로서 세종과 집현전 학자들에 의해 훈민정음이 창제되었다(1443년).

세종이 훈민정음을 창제하고 반포하였지만, 양반들은 이를 환영하지 않았다. 양반들은 훈민정음을 언문(諺文)이라고 천시하면서, 어려운 한자의 사

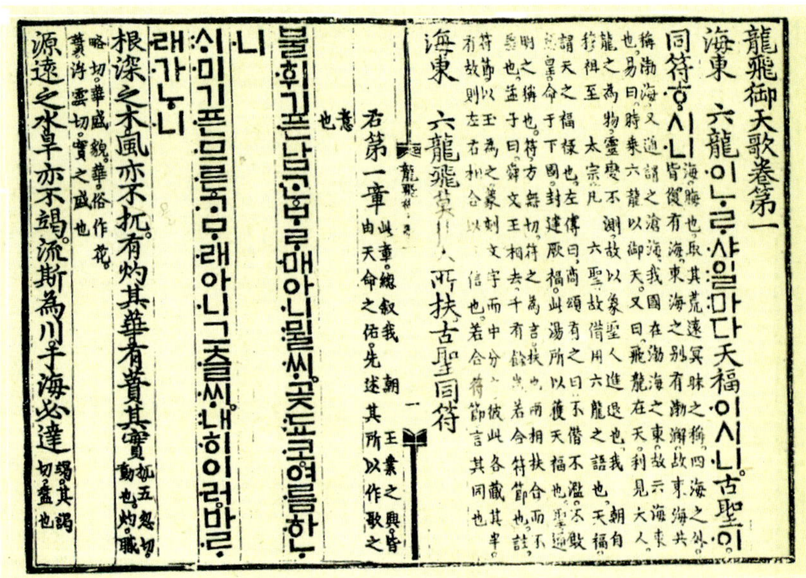
龍飛御天歌卷第一

海東 六龍이 ᄂᆞᄅᆞ샤 일마다 天福이시니 古聖이 同符ᄒᆞ시니

불휘 기픈 남ᄀᆞᆫ ᄇᆞᄅᆞ매 아니 뮐ᄊᆡ 곶 됴코 여름 하ᄂᆞ니

ᄉᆡ미 기픈 므른 ᄀᆞᄆᆞ래 아니 그츨ᄊᆡ 내히 이러 바ᄅᆞ래 가ᄂᆞ니

根深之木 風亦不扤 有灼其華 有蕡其實

源遠之水 旱亦不竭 流斯爲川 于海必達

훈민정음으로 처음 저술한 용비어천가

용을 고집하였다. 그리하여 훈민정음은 한문을 보조하는 기능에 머물렀지만, 어려운 한자의 불편함을 보완하고 문자 사용의 폭을 넓혀 나갔다.

훈민정음은 독창적이고 과학적인 문자로 세계에서 가장 우수한 문자 가운데 하나로 꼽히고 있다. 독창적인 문자가 없어 중국의 한자를 빌려 쓰던 우리는 고유의 문자인 훈민정음을 만들게 됨으로써 백성들이 쉽게 문자를 익힐 수 있게 되었다. 훈민정음의 창제로 비로소 말과 글이 일치하게 되었던 것이다. 훈민정음은 근대에 들어서 한글이라 불리게 되었다.

(2) 학문의 발달과 편찬 사업

조선 초기에 유교 통치를 뒷받침하기 위해 역사·지리·법전·예절 등에 관한 책이 많이 간행되었다. 특히 세종 때부터 성종에 이르는 사이에 많은 학자들이 전통문화를 정리하고 여러 종류의 도서를 간행하여 문화의 융성기를 맞이하게 되었다.

가장 큰 관심을 보인 분야는 역사 편찬이었다. 역사가 정치의 거울이라는 인식 아래 많은 역사서가 편찬되었다. 그중 가장 대표적인 것이 실록이었다. 고려 시대의 전통을 이어받아 조선은 역대 왕의 실록을 편찬했다. 실록 편찬은 조선 말까지 계속되었으며, 이렇게 완성된 『조선왕조실록』은 오늘날까지 잘 남아 있다. 실록 이외에 편찬된 중요한 역사서로서는 『국조보감』, 『고려사』, 『동국통감』 등이 있었다. 『국조보감』은 역대 국왕의 훌륭한 행적을 뽑아 기록한 것이며, 『고려사』는 고려 왕조의 역사를 정리한 역사서이다. 그리고 고조선부터 고려까지 조선 건국 이전의 전 역사를 기록한 『동국통감』을 편찬하였다.

한편 통치에 필요한 지리 지식을 얻기 위하여 『팔도지리지』와 『동국여지승람』 등과 같은 지리지가 편찬되었다. 그리고 기존의 법전을 정리하여 성종 때에는 『경국대전』을 완성하였다. 또한 『삼강행실도』, 『오륜행실도』와 같

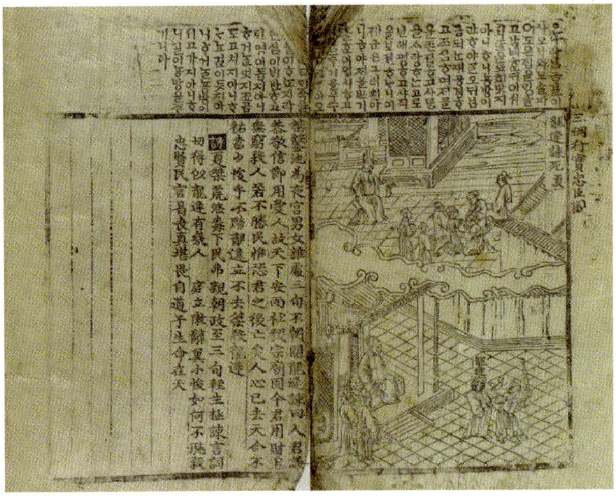

『삼강행실도』, [용봉이 간하다 죽다(龍逢諫死)]

『삼강행실도』의 속편인 『동국신속삼강행실도』에 수록된 노량해전 장면

은 사회 질서와 유교 풍속에 관한 책이 간행되었다.

농업의 발달과 함께 농법에 관한 책도 편찬되었다. 중국의 농서인 『농상집요』, 『사시찬요』와 우리나라 농서인 『본국경험방』 등의 농업 서적을 간행하여 농업 기술을 계몽하고 권장했다. 세종의 명으로 지은 『농사직설』은 조선의 기후 풍토에 맞는 농법을 체계화하였다.

그리고 『향약집성방』, 『의방유취』 등의 의약 서적도 편찬하였다. 『향약집성방』에는 7백 종에 이르는 국산 약재가 소개되어 있으며, 『의방유취』는 동양 의학의 여러 이론을 정리한 의학 백과사전이었다. 이러한 의학의 축적을 바탕으로 광해군 때 허준은 『동의보감』을 완성하여 동양 의학을 집대성하였다.

(3) 과학 기술의 발달

조선 초기에는 부국강병과 민생 안정을 위해 국가가 적극적으로 과학 기술을 장려하였다. 이에 따라 독자적인 과학 기술이 크게 발전하였고, 농업·천문·의학·인쇄·무기 등의 발달이 두드러졌다.

세종 때는 세계 최초로 측우기가 만들어져 강우량을 측정할 수 있게 되었다. 1442년(세종 24)에 중앙에는 쇠로 된 측우기를, 지방에는 구리로 된 것을 설치하여 강우량을 측정, 농사에 이용케 하였다. 서양에서는 이탈리아의 가스텔리(B. Gasteli)가 1639년부터 사용하였는데, 조선의 것은 이보다 약 200년이나 앞선 것이다. 그리고 세종은 과학과 기술의 발전에도 큰 관심을 보였다. 세종 15년, 천체 관측 기구인 혼천의를 처음으로 만들었다. 세종 16년에 완공된 간의대에는 혼천의(渾天儀), 혼상(渾象), 규표(圭表) 등을 설치하여 천문을 관측하도록 하였다. 또한 시간을 측정하는 해시계와 물시계도 제작되었다. 해시계 앙부일구는 백성들을 위해 혜정교(惠政橋)와 종묘 남쪽의 거리에 설치한 공중시계(公衆時計)였다. 그러나 해시계는 갠 날과 낮에만 쓸 수 있었으므로 물시계인 자격루를 만들었다. 자동시보장치가 붙은 자격루는 장영실이 세종 16년에 완성하였다. 경복궁 남쪽의 보루각에 설치되어 조선 시대의 표준 시계로 이용하였다.

혼천의

한편, 국방 분야도 병서에 관한 책뿐만 아니라 무기의 제조 기술이 발달하여 화포·화차·거북선 등이 만들어졌다. 그리고 화포의 주조법과 화약 사용법, 규격을 정리하여 『총통등록』을 간행했다. 그러나 체제가 안정된 성종 대 이후로는 무기 제조 기술이 쇠퇴하여 임진왜란을 맞아 고전을 면치 못하게 되었다.

5. 조선의 외교 관계

(1) 명과의 관계

고려 말에 중국에서는 몽골족이 세운 원나라를 대신하여 한족이 세운 명(明)이 등장하였다. 이에 조선 외교의 기본 방향은 명과 친선 관계를 도모하여 정세의 안정을 꾀하는 친명 정책이었다. 그러나 건국 초기에는 옛 땅인 요동 지방을 되찾으려는 노력으로 한때 명과 갈등하였다.

조선은 건국 직후부터 영토 확장을 적극적으로 추진하였다. 조선 사람들은 전래의 역사 인식에 의해 만주를 항상 국토의 일부로 생각하고 있었다. 그리하여 태조 때에 정도전을 중심으로 요동 정벌을 계획하였다. 그러나 이방원의 쿠데타로 정도전이 살해되고 태조가 물러나자 요동 정벌 준비는 중지되었다. 태종이 즉위한 이후에는 명과 우호 관계가 형성되었다. 특히 임진왜란을 당하여 명이 조선에 원병을 보내게 되자 양국은 더욱 긴밀한 관계를 유지하게 되었다. 그러나 명·청 교체기에 조선은 친명 노선을 견지하여 호란의 빌미를 제공하였다.

(2) 일본과의 관계

고려 말부터 본격화된 왜구의 약탈은 조선 건국 이후에도 계속되었다. 이에 조선은 수군을 강화하여 무력으로 왜구를 격퇴하였다. 세종 때 이종무가 200여 척의 함대를 이끌고 왜구의 소굴인 대마도를 정벌하여 왜구의 기세를 꺾었다. 그 후 일본이 교역을 간청하여 오자 조선은 교린 정책에 따라 일본에 교역을 허락하였다. 그리고 일본인의 상업 활동을 위해 세종 때 부산포·제포·염포 등 세 항구를 열었다.

동래부 순절도(동래성 전투 상황)

16세기 말부터 조선은 양반 사회의 모순이 깊어지고 지배층이 분열되면서 국력이 약해지기 시작하였다. 통치 체제가 해이해지고 군사력도 약화되었다. 이때 일본은 100여 년간 계속되던 내전을 끝내고 도요토미 히데요시에 의해 통일되었다. 정권을 장악한 도요토미는 자신에 대한 불평 세력의 관심을 밖으로 돌리고, 아울러 자신의 정복욕을 이루기 위해 조선을 침략하였다(1592년).

전쟁 초기에 조선은 조총으로 무장한 일본군에 연패하여 20여 일 만에 한양이 함락되는 수모를 겪었다. 그러나 이후 전열을 정비하고 각지에서 일어난 의병의 활동으로 점차 전세가 조선에게 유리하게 전개되었다. 또 이순신이 지휘하는 수군의 활동으로 일본군의 기세가 꺾였으며, 특히 거북선의 눈부신 활약으로 왜군의 병선은 거의 섬멸되기에 이르렀다. 더욱이 명에서 구원병까지 오자 일본은 승산이 없다고 판단하여 화의를 요청하였다.

거북선 군단(삼도수군조련전진도)

그 후 화의가 결렬되어 일본군이 다시 공격해 왔으나 이미 전세는 조선에 유리하게 전개되었다. 이에 일본은 승산 없는 싸움이라는 판단하에 철군을 서둘렀다. 이순신은 철군하는 왜군을 노량 앞바다에서 대파하였으나 자신도 전사하고 말았다.

7년간에 걸친 전쟁으로 조선은 농경

지가 황폐화되고 인구가 감소하였으며 중요한 문화재가 불타는 등 많은 피해를 입었다. 한편 일본에서는 정권이 교체되었고, 중국에서는 명이 망하고 여진족이 후금(청)을 건국하게 되었다.

조선은 임진왜란의 발생을 예상할 수 없었나
: 왜란 전에 감지된 전쟁의 정보들

선조 25년(1592) 4월 13일, 일본군이 부산을 공격했다. 임진왜란이 발생한 것이다. 일본은 상륙한 지 20일 만에 한양을 점령하였고, 6월에는 평양을 함락하여 전라도를 제외한 전 지역을 수중에 넣었다. 이러한 사실로 보면 조선이 갑자기 일본의 공격을 당한 것으로 생각될 수 있다. 그런데 조선은 이미 그 전에 통신사를 일본에 파견하여 일본의 동태를 감시한 적이 있었다. 이와 관련하여 부사(副使)였던 김성일(金誠一)의 '일본은 침략하지 않을 것'이란 보고 때문에 전쟁에 대비하지 못했다고 알려져 있다. 결국 '조선은 일본이 침략할 줄 몰랐다.'는 것이다. 그러나 이는 사실이 아니다. 일본이 침략할 것이라는 징후는 수도 없이 많았다.

선조 23년(1590) 3월, 일본의 동태가 수상하여 황윤길과 김성일을 파견해 동향을 살펴 오도록 하였다. 그러나 다음 해 돌아온 두 사람은 서로 상반된 보고를 하였다. 서인에 속한 황윤길은 일본의 침략을 예측하고 대비책을 강구하여야 한다고 했으나, 동인에 속한 김성일은 도요토미의 인물됨이 보잘것없고 전쟁 준비가 있음을 보지 못하였다고 엇갈린 주장을 하였다. 이러한 상반된 주장은 정세 판단을 혼란하게 만들었다. 그러나 임진왜란 발발의 정보는 일본인들을 통해서도 감지되었다. 선조 24년(1591) 3월, 일본 사신으로 온 겐소를 접견한 선위사 오억령은 "내년에 조선의 길을 빌려 상국(上國) 명나라를 침범할 것이다."라는 사실을 전해 듣게 되었다. 보고를 받은 조정은 "인심을 소란시킨다."고 하여 오억령을 파직하였다. 또 대마도 출신의 소오가 부산에 와서, "도요토미가 침략할 계획을 세우고 있으니 조선은 이 사실을 명에 알려 이 일을 수습해야 한다."고 알려 주었다. 조선과 일본 사이에 끼어 있던 대마도는 전쟁을 피하고 싶었던 것이다. 그러나 조선 조정은 이를 무시하였다. 조선 조정은 외교 활동 중에 파악한 정보를 사실대로 보고한 선위사를 갈아 치우고, 조선에 우호적인 일본인이 전해 준 중요한 정보는 근거 없는 말로 취급하였다. 결국 조선의 지배층은 일본이 쳐들어올 것이라는 사실을 믿고 싶지 않았던 것이다. 지금까지 조선이 무시하던 '왜'가 감히 조선을 쳐들어오기 위해 전쟁 준비를 한다는 현실을 받아들이기를 거부했던 것이다.

선조 25년에 들어 왜관에 머물던 일본인들이 본국으로 소환되고 왜관이 텅 비게 되었다. 이때야 비로소 사태의 심각성을 깨달은 조선 조정은 뒤늦게 대비하기 시작했다. 선조 25년 2월 1일에 선조는 대장 신립과 이일을 각 도에 보내 군대를 점검하도록 하였다. 그러나 이미 때늦은 준비였다.

4월 13일, 20만의 일본군이 부산에 상륙하였다. 후방 지원군은 약 10만 명에 달하였으니 모두 30만 명의 대군이었다. 일본은 상륙한 지 20일 만에 한양을 점령하였고, 6월에는 평양을 수중에 넣었다. 일이 위급하게 되자 선조는 의주로 피난하였다가 명나라에 사신을 보내 구원병을 요청했다. 그리고 세자 광해군에게 의병과 군량을 모집하도록 하였다. 각처에서 봉기한 의병은 후방에서 왜적을 위협했고, 관군도 전력을 가다듬어 각처에서 승리를 거두었다. 바다에서는 이순신이 연승하여 일본 수군을 완전히 제압했고, 명나라 원군은 관군과 함께 평양성을 수복하였다. 권율의 행주대첩으로 사기가 꺾인 왜적은 결국 선조 26년(1593) 4월에 한양에서 철수하여 남으로 퇴각하였다.

임진왜란이 일어나자 선조는 황윤길의 말을 좇지 않은 것을 크게 후회하였다. 그런데 원래부터 선조가 무능한 군주였던 건 아니었다. 그는 선택된 촉망 받는 군주였다. 세자가 어린 나이에 죽어 후사가 없던 명종은 조카들을 궁궐에 살게 하며 임금의 자질이 있는지를 유심히 살펴보았다고 한다. 『선조실록』에 의하면, 명종은 어느 날 조카들을 불러 다음과 같이 그들의 자질을 시험해 보았다.

> 명종이 하루는 하원군, 하릉군, 하성군에게 왕관을 써 보라 하였다. 그러면서 말하기를, "너희들의 머리가 큰가 작은가 알려고 한다."고 하였다. 하성군은 나이가 제일 적었는데도 두 손으로 왕관을 받들어 들고 사양하며, "임금께서 쓰시는 것을 신하가 어찌 쓸 수 있겠습니까." 하였다. 이어서 명종이, "임금과 아버지 중 누가 더 중하냐?"고 물어보니, "임금과 어버이는 같지 않으나 충·효는 다를 것이 없습니다."라고 대답하였다. 명종은 하성군의 대답을 기특하게 여겨, 왕위를 전해 줄 뜻을 정하였다.

이 일로 해서 명종은 하성군(선조)이 자신의 뒤를 이를 재목임을 알아보았다. 하성군은 성품과 학문 등 모든 면에서 임금의 자질을 갖추고 있었다. 하성군은 겸손하며, 생활이 검소하고 사치를 싫어하였다. 그리고 사냥과 같은 오락을 멀리하고 어려서부터 학문에 정진하였다. 『선조실록』에 의하면, "남이 미처 생각하지 못했던 것을 질문하는 바람에 사부(師父)들이 혹 대답을 못하는 경우도 있었다."고 하였고, 율곡 이이는 『석담일기』에서 "선조는 토론하고 묻는 것이 매우 자세하여 학문이 깊지 못한 관원은 경연에 나가기를 꺼렸다."고 표현할 정도였다. 분명 선조의 학문은 학자들의 수준까지 뛰어넘는 깊이를 가지고 있었다. 선조는 검소하여 화려한 것을 좋아하지 않아 의복과 음식도 절제하여 궁인이나 관료들도 사치하지 못하게 했다. 『공사견문록』에 의하면, 선조는 속옷을 헤쳐 보이며, "내가 면포를 쓰는데, 신하들의 옷이 나보다도 나은 자가 있단 말이냐."고 하였다. 그리고 밥알 하나라도 땅에 떨어뜨리지 못하게 하였다. 선조는, "이것이 모두 농부들이 고생해서 얻은 것인데, 편히 앉아 먹는 것도 사치스럽거늘, 하물며 함부로 할 수가 있느냐."고 하였다. 이러한 일화는 검소하고 소박한 선조의 모습을 보여 준다. 그러나 정치 현실에서는 그의 총명함이 그리 두드러져 보이지 않는다.

정치 세력 간의 상충된 의견 속에서 정세에 대한 판단은 오로지 최고 결정권자인 임금의 몫이다. 따라서 판단을 미루고 결정을 주저하여 임진왜란을 막지 못하게 된 최대의 책임은 임금인 선조에게 있다. 더욱이 황윤길이 일본에서 돌아올 때 조총 두 자루를 구해 왔고, 임진왜란 전에 대마도에서 조선에 조총을 보내 왔다. 그러나 전쟁에 대한 여러 징후를 무시하고, 신무기인 조총의 가치를 알아보지 못한 선조의 판단 착오는 결국 나라와 백성을 큰 고통에 빠뜨렸다.

(3) 여진 및 후금과의 관계

건국 직후부터 조선은 영토 확장을 위해 적극적으로 북방 개척에 나섰다. 북방에는 야인으로 불린 여진족이 자리 잡고 있었다. 조선은 여진에게 교린 정책을 써서 귀순하여 오는 자에게는 관직을 주고 생활이 안정되도록 필요한 물품을 제공하였다. 또 한편으로는 강경책을 써서 국경 수비를 강화하고 반항하는 여진의 본거지를 정벌하기도 하였다. 특히 세종은 최윤덕으로 하여금 압록강 유역의 여진족을 몰아내게 하고 4군을 설치하였으며, 두만강 유역에는 김종서를 보내어 여진족을 몰아내고 6진을 설치하였다. 이로서 조선의 영토는 압록강과 두만강을 경계로 하게 되었다.

한편 왜란으로 명과 조선은 모두 국력이 쇠약해져 갔다. 이 틈을 이용하여 만주의 여진족은 후금이라는 나라를 세우게 되었다. 이에 조선에서는 산성을 수리하고 무기를 정비하는 등 후금의 침입에 대비하였다. 광해군 때에는 명과 후금 사이에 신중한 중립 외교를 전개하여 전쟁을 모면하였으나, 인조반정으로 정권을 장악한 서인들은 친명 정책을 써서 후금을 배척하였다. 이에 후금은 조선에 대한 침략을 감행하였다. 후금은 황해도 평산까지 쳐들어왔다가 조선과 화의를 맺고 철수하였는데, 이를 정묘호란이라 한다(1627년). 그 후 후금은 나라 이름을 청(淸)으로 고치더니 조선에 대해 왕과 신하의 예를 올릴 것을 요구하며 다시 침략하였다. 이를 병자호란(1636년)이라 한다. 인조는 한양을 버리고 남한산성으로 피신하여 45일 동안이나 항쟁하였다. 그러나 구원군은 오지 않고 전세는 점점 불리해지자 인조는 청에 항복하고 강화를 맺었다.

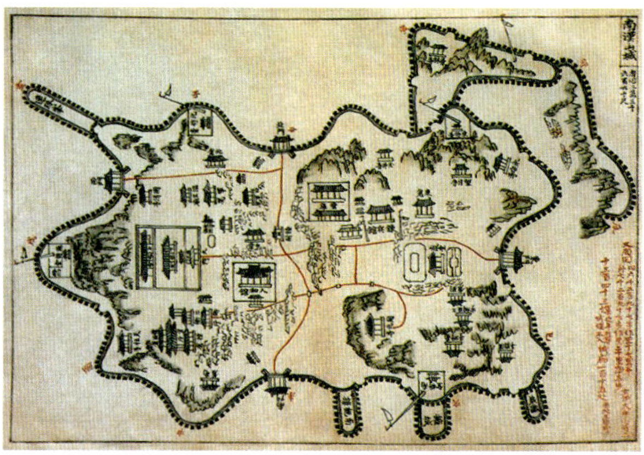
남한산성도

조선은 왜란에 이어 호란을 당하여 큰 피해를 입었다. 더욱이 호란 이후 청의 간섭을 받게 되자 본래부터 여진족에 대하여 문화적 우월감을 가지고 있던 조선은 청에 대한 반감이 높아지게 되었다. 이런 상황에서 청을 정벌하자는 북벌론이 일어났다. 이에 따라 남한산성, 북한산성 등을 수리하고 군대를 양성하는 등 국방력 강화에 노력하였다. 그러나 청이 명을 멸하고 중국 전체를 장악하여 대제국이 되자 북벌론은 자연히 사라지게 되었다.

호란의 상황

북벌은 가능한가 : 북벌론의 실상과 허구

인조 14년(1636) 4월, 청(淸)은 조선에 군신 관계를 요구하여 조공을 바치도록 강요하고 명나라 토벌을 위해 병력과 물자를 보낼 것을 종용하였다. 조선이 이를 거절하자 12월에 청 태종이 직접 10만 군사를 이끌고 조선을 침공하였는데 이를 병자호란이라 한다. 남한산성에서 45일간 버티던 인조는 이듬해 1월 30일에 한강가의 삼전도에 나가 청 태종에게 머리를 조아려 항복하고 굴욕적인 군신 관계를 맺었다. 이에 소현세자와 봉림대군을 비롯한 많은 사람들이 인질로 끌려갔다. 임진왜란 때 조선을 도운 명을 배신하고 오랑캐로 여기던 청과 군신 관계를 맺게 된 현실은 조선 사람들에게 큰 충격이었다. 삼전도의 굴욕은 조선의 근원을 부정하는 심각한 사건이었다. 소현세자와 함께 9년간 볼모로 끌려갔던 봉림대군(孝宗)은 반청 감정을 가진 것은 당연한 것이었다.

1649년 5월 인조가 승하하여 조선 17대 왕에 오른 효종은 척화론자(斥和論者)들을 중용하고 북벌 준비에 들어갔다. 효종은 척화론의 중심 인물로 낙향해 있던 송시열·송준길 등 기호 사림을 등용하였다. 그리고 군비 확충을 위해 남한산성과 수어청을 정비하고, 어영청 2만 명, 훈련도감 1만 명으로 증강하고자 했다. 기병 강화를 위해 금군의 기병화를 추진하였으며 어영청에 기병대인 별마대를 신설하고 전국의 목장을 정비했다. 또한 관무재(觀武才)를 부활하고 이완 등의 무신을 파격적으로 중용하였다. 효종은 북벌에 필요한 병력을 10만 정도로 생각했다. 10만 정예군을 준비하기 위해서는 사회적·경제적인 여건도 조성되어야 했다. 그러나 제도 개혁이 쉽지 않았다. 전란이 남긴 후유증에서 아직 벗어나지 못한 형편이었고, 빈번히 발생하는 자연재해는 재정 궁핍을 불러와 군비 강화에 걸림돌이 되었다. 재원을 확보하기 위해 양반에게도 군포를 거두어야 했다. 더구나 삼남 일대에서는 도적의 발생이 날로 늘어나는 등 국내 문제도 만만치 않았다. 그리고 이미 청은 명의 잔여 세력을 소탕하고 안정기에 접어들고 있었다. 조선에 대한 감시도 여전하여 그들의 눈을 피해 군비를 강화하는 데는 한계가 있었다. 이런 상황에서 효종 말년에 송시열 등은 백성에게 부담을 지우는 개혁에 반대했다.

송시열은 효종의 북벌론에 동조하였지만, 군사적으로 북벌을 감행할 마음은 없었다. 그의 북벌론은 군사적인 북벌이 아니라 정신적이고 문화적인 북벌이었다. 그는 더욱 철저하게 성리학 이념의 실행을 통해 조선을 강하게 만드는 것이 북벌과 같은 것이라고 생각했다. 그리고 군사적인 북벌은 때를 기다려야 한다고 보았다. '수신 제가 치국 평천하(修身齊家治國平天下)'라는 논리대로 조선이 성리학의 도에 충실한 나라가 될 때 힘이 생긴다는 논리였다. 이런 상황에서 1659년, 효종은 정계의 중심 인물인 송시열과 독대하여 북벌 계획을 알렸다. 그러나 한 달 후에 효종이 갑자기 죽고 말았다. 효종이 죽자 더 이상 북벌을 주창하는 사람이 없었다.

현종 말년과 숙종 초에 윤휴·허적 등 남인을 중심으로 북벌론이 다시 제기되었다. 윤휴가 북벌에 관해 상소하기 약 7개월 전에 청에 큰 위기가 있었다. 강희제 13년(1673)에 이른바 '삼번(三藩)의 난'이 일어났다. 청의 지배층은 만주족이지만 한족(漢族)과 몽골족의 도움을 통해 명의 정벌과 중국 통일이 가능했다. 그중 한족 출신의 삼번은 청의 주축 세력이었다. '번'이란 제후들이 독자적으로 통치하는 지역을 말한다. 이른바 삼번으로, 평서왕 오삼계는 지금의 운남과 귀주 지역을, 평남왕 상가희는 광동을, 정남왕 경중명은 복건을 통치하고 있었다. 청 황제에 반기를 든 삼번의 난은 청의 균열을 가져올 수 있는 중대한 사건이었다. 윤휴는 이 사태를 이용하면 북벌에 성공할 수 있다고 주장했다. 이때 북벌을 담당할 기구로서 도체찰사부(都體察使府)를 두었으며, 산성을 축조하고 전차(戰車)

를 제조하는 등 군비를 강화하였다. 윤휴는 북벌의 구체적인 전략까지 제시했다. 그의 전략은 반청 연합 전략이었다. 조선은 한족, 소수 민족 등과 연합해야 북벌이 성공할 수 있다고 주장했다. 그러나 이때 청은 삼번의 난을 거의 진압하고 안정을 찾아가고 있었다. 윤휴 일파도 1680년에 실각함에 따라 이후에 누구도 북벌론을 제기하지 못하였다.

효종과 윤휴의 북벌론에 따라 정말로 청을 공격했다면 승리할 수 있었는지는 여전히 의문이다. 효종 당시에 청의 인구는 한족에 비해 크게 적은 수였고, 중국 대륙을 점령한 지 얼마 되지 않아 한족이나 여러 이민족들은 청에 반기를 들 수 있는 불안한 상황이었다. 그러나 효종 사후 현종 대를 지나면서 청은 명의 잔존 세력을 완전히 소탕한 상태였다. 그리고 당시 청나라는 중국을 통일한 직후로 세계 최강의 군사력을 보유하고 있었다. 삼번의 난을 진압한 것이 이를 증명해 준다. 더구나 효종은 봉림대군 시절에 청에서 인질 생활을 하면서 청의 군사력을 직접 확인하였고, 청군을 따라 명 정벌전에 참가하여 누구보다도 청군의 능력을 잘 알고 있었다. 그리하여 북벌을 위해 10년간의 준비 시간과 10만 명의 군 양성이 필요하다고 보았다. 그러나 10만 명의 병력으로 청을 제압하기에는 처음부터 불가능하였다. 조선 단독의 북벌은 가능하지 않음은 효종 스스로가 잘 알고 있었다. 효종은 청의 중국 지배가 아직 확고하지 않은 상황이므로 북진하면 한인(漢人)이 즉각 호응할 것이라는 전제를 깔았다. 그리고 윤휴 역시 조선의 독자적인 정벌이 아니라 청의 지배 하에 있던 한족이나 소수 민족의 연합을 강조하였다. 그러나 연합을 전제로 한 북벌론은 현실적인 전략이라 할 수 없다. 이러한 전제 조건은 조선의 가상 전략일 뿐 그들이 조선에 동조하여 청에 정벌에 동의하다는 것은 전혀 현실과 맞지 않은 계획이었다. 청은 건국 초기부터 만주족을 중심으로 몽골과 한족을 포섭하여 지배층을 형성하고 있었기 때문이다. 결국 북벌 준비 과정이 가져올 왕권 강화에 대해 비판한 신하들의 시각이 북벌론의 실제 목적에 더욱 가깝다.

한국의 세계문화유산

종묘와 종묘제례악

종묘는 조선의 역대 왕과 왕비, 그리고 나라에 공적이 있는 공신들의 신주를 모셔 놓은 사당(祠堂)으로, 사직과 더불어 국가의 근본을 상징하는 가장 장엄한 건축물이다. 조선은 태조 3년(1394) 10월에 개경에서 한양으로 도읍을 옮겼는데, 같은 해 12월에 종묘를 착공하여 이듬해 9월에 완공하였다. 종묘는 정전을 비롯하여 별묘인 영녕전이 중심 건물이며 공신당, 칠사당 등의 부속 건물이 있다. 종묘 정전은 선조 25년(1592) 임진왜란 때 화재로 불타 버렸다가 광해군 즉위년(1608)에 다시 지었다. 그 후 증축하여 현재처럼 19칸으로 늘어났다. 영녕전 역시 임진왜란 때 불타 버려 광해군 즉위년에 다시 지었으며, 이후 증축하여 16칸이 되었다.

종묘의 정전과 영녕전은 조선의 건물 중에서 가장 정제되고 장엄한 건축물이다. 궁궐이나 사찰 건축이 화려하고 장식적인 데 반하여 종묘의 건축 양식은 유교 의례가 행해지는 장소라는 의미에 따라 검소한 품격을 보여 준다. 그리고 의례 공간의 위계질서를 반영하여 정전과 영녕전은 기단과 처마, 지붕의 높이, 기둥의 굵기 등에서 그 위계에 따라 달리 건축되었다. 종묘의 핵심 건물인 정전은 건평이 1,270㎡로서 단일 목조 건축물로는 세계에서 규모가 가장 크다. 정면이 매우 길고 수평성이 강조된 독특한 형식의 건물 모습은 종묘 제도의 발생지인 중국과도 다른 건축 양식이며 서양 건축에서는 전혀 그 유례를 찾아볼 수 없는 희귀한 건축 유형이다.

종묘의 제례는 왕이 거행하는 장엄한 국가 의례였다. 유교가 국가의 근본이념이었던 조선 시대에는 조상에 대한 숭배를 인간의 도리이자 나라를 다스리는 가장 중요한 법도로 여겨 제사를 매우 중시하였다. 따라서 종묘는 효의 실천장이었다. 종묘 제례는 봄·여름·가을·겨울의 첫 달인 1월·4월·7월·10월과 12월에 정기적으로 지냈으며, 나라에 좋은 일과 나쁜 일이 있을 때에도 임시로 지냈다. 영녕전에는 매년 봄가을과 12월에 제례를 지냈다. 현재는 전주 이씨 대동종약원에서 매년 5월 첫째 일요일을 정하여 종묘에서 제향 의식을 거행하고 있다.

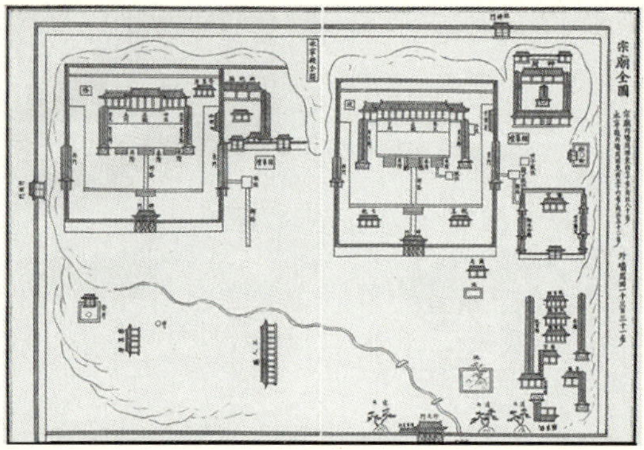

종묘전도

종묘제례악은 기악, 노래, 춤으로 구성되는데 세종 때 처음 짓고 세조 때 다듬은 보태평과 정대업 22곡을 연주하고 그 동작이 단순하면서도 장엄한 것이 특징인 육일무 등의 춤을 춘다. 종묘제례악은 500년 전의 선율을 오늘날까지 그대로 전하고 있어 그 의미가 매우 크다. 종묘제례와 종묘제례악은 2001년에 유네스코 세계무형유산으로 선정되었다.

창덕궁

창덕궁은 조선 3대 임금 태종(1367~1422)이 경복궁의 별궁으로 지었다. 1405년(태종 5년)에 완성된 창덕궁은 임진왜란으로 경복궁이 불타게 되자 광해군 이후 법궁(法宮)이 되었다. 1868년에 고종이 경복궁을 중건할 때까지 창덕궁은 258년 동안 법궁으로 사용되었다.

창덕궁의 정문인 돈화문은 가장 오래된 궐문이다. 돈화문 안에는 신하들의 하례식이나 외국 사신의 접견 장소로 쓰이던 인정전, 국가의 정사를 논하던 선정전 등의 건물이 있다. 그리고 창덕궁 뒤편에는 왕과 왕비 및 왕족들이 거처하는 희정당, 대조전 등의 침전 공간이 있다. 이외에 창덕궁 뒤로는 연회나 사책을 위한 넓은 후원을 조성하였다.

창덕궁은 다른 궁궐과 달리 건물 배치가 특이하다. 경복궁, 창경궁, 경희궁은 정문으로부터 정전, 편전, 침전 등이 일직선상에 배치되어 궁궐의 위엄성을 강조하였다. 이에 비해 창덕궁은 정문인 돈화문은 정남향으로 하고, 궁 안의 금천교는 동향으로 되어 있으며 인정전, 선정전 등 정전은 북쪽에 자리하고 있다. 그리고 편전과 침전은 모두 정전의 동쪽에 배치되어 있다. 이렇게 된 데는 자연 지형을 변형시키지 않고 건물이 자연스러운 산세에 따라 자리를 잡도록 하였기 때문이다. 이러한 배치는 자연과 인공 건축물의 조화를 최우선으로 한 건축 의도에서 나온 것이다. 또한 왕들의 휴식처로 사용되던 후원은 300년이 넘은 거목과 연못, 정자 등이 자연과 조화를 이루도록 함으로써 조경의 측면에서도 빼어난 안목을 보여 준다.

후원은 창경궁과 통하도록 되어 있다. 후원의 정자는 대부분 임진왜란 때 소실되었다가 인조 원년(1623) 이후 개수・증축되었다. 창덕궁은 후원의 자연 경관을 배경으로 자연과 건축물의 완벽한 조화와 배치가 탁월하다. 특히 후원은 한국 전통 조경의 진수를 보여 주고 있다. 그리고 창덕궁은 동아시아 궁궐 건축에서 비정형과 비대칭의 조형미를 간직한 대표적 궁궐이다. 이러한 점들이 바로 창덕궁만이 갖는 귀중한 가치이다.

창덕궁과 창경궁(동궐도)

역사마을

안동 하회마을은 조선 중기인 1600년대부터 풍산 류씨들이 모여 주택과 서원 등을 건축하고 마을을 조성한 풍산 류씨의 집성촌이다. 혈연을 중심으로 한 집성촌은 전국 여러 곳에 형성되었으나, 오늘날에는 대부분 소멸되어 본래의 모습을 찾아볼 수 없다. 그러나 안동 하회마을은 원형을 잘 보존하고 있을 뿐만 아니라 양반의 주거 문화를 대표하는 대저택과 병산서원과 같은 옛 건축물들은 빼어난 건축미를 자랑하고 있다. 하회마을은 주변 자연 경관과 잘 조화를 이루고 있으며 낙동강의 넓은 강류가 마을 전체를 동·남·서 방향으로 감싸고 있어 풍수지리적으로 명당으로 알려져 있다. 마을은 중앙 길을 중심으로 북촌과 남촌으로 크게 나누어져 있는데, 북촌의 대표적인 주택으로는 양진당(보물 제306호)과 북촌댁(중요민속자료 제84호)이, 남촌의 대표적인 주택으로는 충효당(보물 제414호)과 남촌댁(중요민속자료 제90호)이 있다. 마을에는 크고 작은 양반 집들과 노비들의 주택인 가림집들, 그리고 원지정사와 병산서원과 같은 독특한 건축들이 자연친화적인 마을 구성과 건축 배치를 이루면서 산재해 있고, 별신굿과 별신굿 때 쓰이던 하회탈, 부용대에서 벌어지는 줄불놀이 같은 독특한 민간놀이가 전승되고 있다.

경주의 양동마을은 14~15세기 조성된 한국의 대표적인 전통 마을로서 자연과 조화를 이루는 경관 속에 전통 건축 양식을 잘 보존하고 있다. 양동마을은 신라의 고도(古都) 경주에서 형산강을 따라 동북쪽으로 16km 거리에 위치하고 있다. 이 마을은 월성 손씨와 여강 이씨 양대 문벌의 집성촌이다. 양동마을에는 월성 손씨의 종가(서백당)와 여강 이씨의 종가(무첨당)을 비롯한 조선 시대 양반 주택들과 하인들이 살았던 초가집들, 그리고 정자와 서당 등 조선 시대를 대표하는 옛 건물들이 잘 보존되어 있다. 양반 가옥들은 비교적 높은 위치에 자리 잡고 있고, 그 아래에 일반 집들이 위치하고 있어 신분에 따른 마을의 공간 구조를 잘 보여 주고 있다.

안동 하회마을의 고택

한국의 세계기록유산

훈민정음

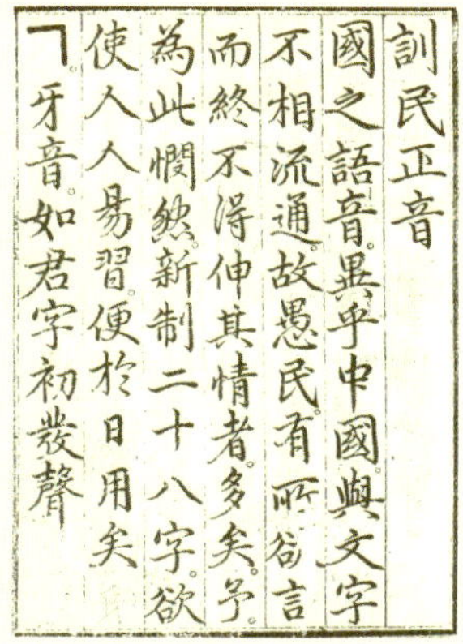
訓民正音
國之語音異乎中國與文字
不相流通故愚民有所欲言
而終不得伸其情者多矣予
為此憫然新制二十八字欲
使人人易習便於日用矣
ㄱ牙音如君字初發聲

조선 4대 임금 세종이 1443년에 조선말의 표기에 적합한 문자 체계를 완성하고 "훈민정음"이라 하였다. 훈민정음이란 백성을 가르치는 올바른 소리라는 뜻이다. 그때까지 조선에서는 중국 문자인 한자를 사용하였는데, 말과 구조가 달라 대다수 백성들이 사용할 수 없었다. 이를 안타깝게 여긴 세종은 새로 문자(한글)를 만들었다. 이에 한글의 창제 목적과 새 문자에 대한 자세한 설명과 용례를 책으로 만들고 널리 공표하였다. 이 책 이름 역시 훈민정음이라고 하였다.

세계의 많은 민족들이 자기의 언어를 표기하기 위하여 문자를 만들려고 노력하였으나, 한글과 같이 일정한 시기에 특정한 사람이 이미 존재한 문자에서 직접으로 영향 받지 않고 독창적으로 새 문자를 만들고 한 국가의 공용 문자로 사용하게 한 일은 세계적으로 유례가 없는 일이다. 더욱이 새 문자에 대한 해설을 책으로 출판한 일은 유례가 없었다. 책에 실린 서문이 1446년 음력 9월 상순에 작성되어 있어 이날을 10월 9일로 추정하여 한글날로 제정하여 기념하고 있다. 한편 유네스코에서 문맹 퇴치에 공헌한 사람들에게 세종대왕상을 주는 것은 이 책과 한글의 의미를 더욱 돋보이게 한다.

세종이 창제한 새 글자는 오늘날까지 자형이 조금씩 변화되어 왔다. 훈민정음, 곧 한글은 28자였으나, 오늘날에는 4자를 제외한 24자만 쓰이고 있다.

동의보감

『동의보감』은 허준(1539~1615)이 펴낸 조선의 의학책이다. 처음에 허준은 선조의 명을 받아 1596년부터 정작, 이명원, 양예수 등 여러 명과 함께 집필하기 시작했다. 1597년에 정유재란이 일어나 집필이 중단되었으나, 정유재란이 끝나자 허준 혼자 집필을 계속하여 광해군 때인 1610년에 완성하였다. 조선의 실정에 맞는 의서라 하여 『동의보감』이라 이름 지었다. 『동의보감』은 모두 23편으로 되어 있는데 내과, 유행병, 부인병, 소아병 등에 대한 처방을 정연하게 풀이하였다.『동의보감』은 230여 종의 책을 참고하여 총 25권으로 정리되었다. 각 소제목별 본문은 편저자가 직접 기술한 내용이 아니라, 당시 사용하던 여러 서적에서 인용한 것이다. 총 25권의 책에 실린 모든 본문에 대해 인용 출처를 밝혔고, 이러한 인용을 자신이 편집한 맥락에 맞추어 재해석했다는 점에서 가치가 인정된다. 『동의보감』에 인용된 의서 수는 총 189종이며, 이 중 중국의 의서는 182종, 한국의 의서는 7종이다. 『동의보감』은 조선의 의서인 『의방유취』와 『향약집성방』을 비롯해 중국의 의서 86종과 민간에 내려오던 요법까지 포함하고 있다. 이것은 당시 다양한 관점의 의학 저서를 하나의 관점에서 통합·정리한 것으로, 당시 의학을 집대성했다는 평가를 받는다. 그리고 실용성을 중요하게 여겨 쉽게 구할 수 있는 약재를 바탕으로 처방하고 있으며, 병이 생기기 전에 치료한다는 '양생'의 개념을 제시하고 있다.

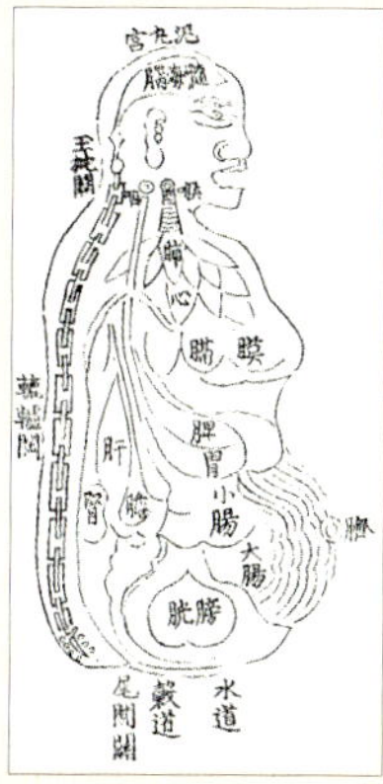
『동의보감』 신형장부도(身形臟腑圖)

『동의보감』은 1613년에 내의원에서 처음으로 간행하였다. 『동의보감』은 내용이 매우 체계적으로 잘 짜여 있고, 각 질병마다 처방을 풀이하여 활용하기에 편하게 되어 있기 때문에 조선뿐만 아니라 일본과 중국에서도 널리 유포되었다. 중국에서는 1763년에 처음 간행된 이후 1796년에 또 간행되었고, 일본에서는 1724년과 1799년에 간행되어 의가(醫家)들이 반드시 읽어야 할 책으로 손꼽혔다.

이렇듯 『동의보감』은 허준이 오랜 연구 끝에 완성한 한의학의 백과사전격인 책으로 중국과 일본에도 널리 알려져 있다. 『동의보감』은 그 가치를 인정받아 2009년 7월 31일에 유네스코 제9차 세계기록유산 국제자문위원회에 의해 대한민국의 7번째 세계기록유산으로 등재되었다.

도움글

이순신(1545~1598)

선조 때의 명장으로 임진왜란에서 가장 큰 활약을 보였다. 22세 때까지 학문을 열심히 공부하던 이순신은 본격적인 무술 공부를 시작하여 32세 때 무과에 급제하여 벼슬길에 올랐다. 처음에 육군의 직책을 맡았다가 임진왜란 직전 유성룡의 추천으로 수군절도사가 되었다. 전라 좌수영에서 이순신은 수군의 장비를 수리하고 거북선을 만들어 전쟁에 대비하였다.

임진왜란이 일어나자 이순신은 그동안 잘 훈련시킨 수군을 이끌고 나가 싸워 연전연승을 거두었다. 옥포 해전에서 30척, 사천에서 13척, 당항포에서 1백여 척, 한산도 해전에서는 70척의 왜선을 격파하였다. 그 후에도 부산과 웅천에서 왜의 수군을 격파하여 남해안 일대의 적군을 완전히 소탕하였다. 이순신의 해전 승리는 곡창 지대인 호남을 방어하여 왜군의 보급로를 차단함으로써 임진왜란의 승리를 가져오게 하는 원동력이 되었다. 전승의 공로로 이순신은 삼도 수군통제사가 되었으나 1597년 원균의 모함으로 관직을 잃게 되었다.

정유재란 때 원균이 참패하자 이순신은 다시 수군통제사가 되어 남아 있던 병선 12척을 이끌고 명량 해전에서 왜선 133척과 교전하여 대승을 거두었다. 전황이 불리해진 일본군이 철병할 때, 이순신은 길목인 노량에서 싸워 대승하였다. 그러나 전투 중에 적의 유탄에 맞아 전사하고 말았다.

이순신은 임진왜란을 당하여 나라가 멸망의 위기에 처했을 때 바다를 제패함으로써 전란에서 나라를 구한 명장이었다. 그는 온갖 역경 속에서도 나라에 대한 한없는 우국충정을 가진 영웅으로 후세의 추앙을 받고 있다.

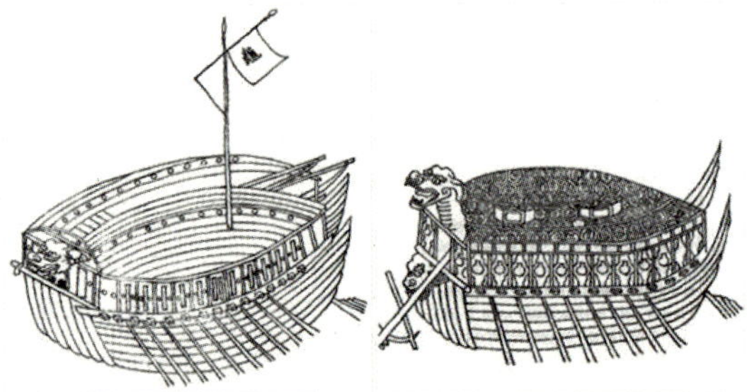

1795년에 편찬된 『이충무공전서』에 등장하는 통제영 거북선(좌)과 전라좌수영 거북선(우)

참고문헌

전해종, 『한중관계사연구』, 일조각, 1970

이병휴, 『조선전기 영남사림파 연구』, 일조각, 1984

변태섭, 『한국사통론』, 삼영사, 1988

이태진, 『조선 유교사회사론』, 지식산업사, 1989

한국역사연구회, 『조선시대 사람들은 어떻게 살았을까』, 청년사, 1996

한영우, 『다시 찾는 우리역사』, 경세원, 1997

이기백, 『한국사신론』, 일조각, 1999

국사편찬위원회, 『한국사』 1(총설), 2002

최준식, 『우리 문화유산 열두 가지』, 시공사, 2002

한충희, 『조선초기의 정치제도와 정치』, 계명대출판부, 2006

한국사연구회 편, 『새로운 한국사 길잡이』, 지식산업사, 2008

역사비평편집위원회, 『논쟁으로 읽는 한국사』 1, 역사비평사, 2009

VI. 후기 조선 사회의 변동

개요

왜란과 호란을 겪은 후 조선 왕조는 정치·경제·군사 등 여러 방면에 걸친 개혁을 추진하여 점차 안정을 회복하였다. 조선 후기에는 산업의 발달로 백성들의 경제생활이 점차 향상되고, 이를 바탕으로 신분의 이동이 활발해졌다. 18세기부터 실학(實學)이 크게 발달하였는데, 실학자들은 민생 안정을 위해 제도 개혁·산업 진흥·기술 도입 등을 주장하였다. 산업의 발달은 서민 생활의 향상을 가져오고, 서민 문화가 발전하는 계기가 되었다.

18세기 영조·정조 대에는 정치와 사회의 안정, 산업의 발달, 실학의 융성과 서민 문화의 발달 등이 이루어져 조선은 중흥을 맞게 되었다. 그러나 19세기에 들어와서 조선 사회는 다시 동요하기 시작하였으며 서양 세력의 등장에 긴장이 고조되어 갔다.

19세기부터 시작된 세도 정치는 조선 사회를 혼란에 빠지게 하였다. 60여 년간 계속된 세도 정치하에서 농민들의 생활은 궁핍해지고 사회 불안이 높아졌으며, 전국 각지에서 농민 봉기가 자주 일어났다. 천주교는 박해를 받으면서도 교세를 확장하였고, 민중적·민족적 종교인 동학이 창시되어 농촌 사회에서 급속히 퍼져 나갔다.

1. 제도의 개혁

(1) 대동법의 실시

16세기 중엽 이후 조선의 통치 체제가 불안정하게 되었다. 전란에 의해 농토가 황폐해져 경지 면적이 줄어들었고, 경제는 큰 타격을 입었다. 그러나 집권층은 붕당을 중심으로 여전히 권력 투쟁에 몰두하여 민생 문제에 적극적으로 대처하지 못하였다. 생활이 어려워진 농민들은 국가의 시책에 따르지 않을 뿐 아니라, 부역에도 응하지 않고 기피하려는 경향이 높아갔다. 따라서 정부는 전란으로 인해 파괴된 경제를 복구하여 민생을 안정시키고 국가 재정을 안정적으로 확보해야 했다. 이들 문제를 해결하고자 제도 개혁을 단행하였다.

먼저 조세 제도의 개혁에 착수하여 대동법과 균역법을 실시하였다. 지방의 토산물을 바치는 공납은 물품의 보관과 운반 등에 어려움이 있었을 뿐 아니라 관리들의 부정이 끼어들어 큰 문제를 야기하고 있었다. 공납은 국가 재정의 60%를 차지할 정도로 비중이 컸다. 따라서 공납의 폐해는 국가 수입을 감소시키고 농민의 부담을 가중시켰다. 이에 정부는 공납의 제도를 고쳐 토산물을 현물로 바치던 것을 쌀(대동미)로 대신하여 납부하도록 하였다. 이 제도를 대동법이라고 한다. 대동법은 광해군 원년(1608)에 경기도에서 시범적으로 시행하다가 숙종 34년(1708)에는 평안도와 함경도를 제외한 전국으로 확대 실시하였다.

대동법은 공납을 전세로 바꾼 것이었다. 이는 토지가 많은 부호에게는 불리하고 토지가 적거나 없었던 농민에게는 유리한 제도였다. 따라서 대동법의 실시로 국가의 세입도 증가되고 농민의 불평도 어느 정도 해소되었다.

(2) 군제 개혁과 균역법의 실시

왜란과 호란을 겪으면서 조선은 국방에 대한 인식이 높아져 국방력 증강을 위한 여러 방안을 모색하였다. 먼저 비변사의 기능을 확대 강화하여 국가 최고 회의 기관으로 삼았다. 원래 비변사는 여진족과 왜구의 침입에 대비하기 위해 설치된 임시 회의 기구였다. 그러던 것이 임진왜란을 거치면서 군사 문제뿐만 아니라 외교, 재정 등 거의 모든 정무를 총괄하였다. 그리하여 종전의 의정부와 6조는 유명무실하게 되었다. 비변사의 기능 강화와 함께 군제를 개편하였다.

임진왜란 중에 군사 훈련을 전담하는 훈련도감을 설치하였다. 훈련도감에서는 포수와 사수, 그리고 살수의 삼수병에게 각각 총포, 활, 창검을 훈련시켜 전문성을 높였다. 훈련도감의 군인들은 장기간 근무를 하고 일정 급료를 받는 상비군으로 직업 군인의 성격을 가지고 있었다. 그리고 호란을 거치면서 총융청, 어영청, 수어청, 금위영 등을 새로 설치하여 수도 방위를 맡겼다. 이렇게 하여 5군영이 성립되었다. 조선 초기부터 운영되어 오던 5위 제도를 대신하여 조선 후기에는 5군영으로 군제가 재편되었다.

한편 군역은 농민들의 의무 가운데 가장 큰 부담 중의 하나였다. 조선 사회에서 양인이 장정이 되면 군역의 의무를 져야 했다. 16세기 이후에는 군역 의무자가 현역에 복무하지 않는 대신 군포(軍布)를 바쳤는데, 그 부담액은 장정 1인당 1년에 2필씩이었다. 군포는 장정 수에 따라 받아야 했지만, 국가는 군포의 총액을 미리 정해 놓고 마을 단위로 할당하여 부과하였다. 그러다 보니 실제 장정 수보다 많은 군포를 징수하는 경우도 있었다. 그리고 군포를 내지 않는 사람이 생기면, 그 몫은 다른 사람에게 떠맡겼다. 또 일부 관리가 군포를 징수하는 과정에서 부정을 저지르기도 하였다. 이러한 군포의 폐단을 없애기 위해 균역법을 실시하였다. 균역법은 군포를 1년에 1필로 줄여 농민의 부담을 덜어 주었다. 그리고 이제까지 군포를 내지 않았던 일부 사람들에게도 부과하여, 지주에게 토지 1결마다 미곡 2두를 받아 국가의 수입을 늘렸다. 이렇게 하여 농민의 부담을 줄이고 군역을 고루 부담하게 하였다.

(3) 탕평 정치와 조선의 중흥

동인과 서인으로 나뉘게 된 사림은 이후 분열을 계속하였다. 서인 정여립의 모반 사건으로 동인은 그 처리를 놓고 남인과 북인으로 갈라졌다. 처음에는 남인이 정국을 주도하다가 임진왜란 이후에는 북인이 집권하였다. 북인은 정권을 독점하다가 결국 서인이 주도한 인조반정에 의해 몰락하였다. 이후에는 서인이 남인과 함께 공존하면서 상호 비판과 정권 경쟁의 형태를 보이며 붕당 정치를 전개하였다.

탕평비, "신의가 있고 아첨하지 않음이 군자의 마음이요, 아첨하고 신의가 없음은 소인의 삿된 마음이다."라고 쓰여 있다.

붕당 정치는 처음에는 여론을 앞세워 공정하고 건전한 정치 풍토를 조성하였다. 그러나 차츰 붕당 사이에 갈등과 대립이 심해지면서 정치 기강이 문란해지고 상대적으로 왕권이 약화되어 갔다. 처음에는 서인과 남인이 대립하다가 나중에는 서인에서 갈라져 나온 노론과 소론이 경쟁하였다. 집권한 붕당은 정권을 독점하려 하였으며, 이에 따라 정국을 전환하려는 경쟁도 더욱 심해지게 되었다.

붕당 정치의 변질로 정국이 불안하고 왕권이 약해지자 흐트러진 기강과 정치 질서를 바로잡으려는 노력이 일어났다. 영조(재위 1724~1776)는 붕당 정치의 폐해를 막기 위하여 어느 한 붕당에 치우치지 않고 능력과 인품에 따라 인재를 고루 등용하는 탕평책을 썼다. 영조의 뒤를 이어 정조(재위 1776~1800)도 탕평책을 써서 그동안 권력에서 소외되어 있던 소론과 남인을 중용하였다. 탕평책의 시행으로 점차 정권이 안정되어 갔다.

탕평책 실시와 함께 영조와 정조는 백성을 위한 제도와 왕권 강화를 도모해 나갔다. 백성들에게 가혹한 악형을 금하는 한편, 조선 전기에 실시되었다가 중단된 신문고 제도를 부활하여 백성들이 억울한 일을 당하면 이를 호소할 수 있도록 하였다. 정조는 규장각을 설치하여 자신의 정책을 뒷받침할 정치 기구로 육성하였으며, 장용영을 설치하여 왕권 강화를 위한 군사 기반으로 삼았다. 그리고 제도를 개혁하고 농업 진흥에 노력을 기울여 국력이 신장하고 문화가 발전하게 되었다. 그리하여 영·정조 시대인 18세기에 조선은 왜란과 호란 이후의 혼란을 완전히 극복하고 중흥을 맞이하였다.

2. 조선 후기의 사회와 경제

(1) 조선 후기의 사회 변화

왜란과 호란을 거치면서 조선 사회는 심각하게 붕괴되었다. 수많은 농민이 전란 중에 사망하였고, 경작지는 황폐화되었다. 이런 상황에서 농민들의 조세 부담은 여전하였고 지배층은 권력 투쟁에 몰두하여 백성들의 생활은 매우 어려웠다. 이후 조선은 제도를 개혁하고 농토를 개간하며 저수지를 복구하는 등 사회와 경제 안정에 노력하였다. 이러한 가운데 전통적인 신분 구조에 변화가 일어났다.

양인과 노비로 구별하여 양자를 엄격하게 차별하던 양천제가 무너지고 양반과 상민(평민과 노비)으로 구별되는 새로운 신분 구조가 생겨났다. 이러한 반·상(班常) 구조는 양반의 기준을 모호하게 만들었으며, 구성도 매우 복잡해졌다. 벼슬아치와 그 친족들, 그리고 서원의 유생·생원·진사 등이 양반으로 자처하였으며, 족보를 만들어 양반 가문임을 내세웠다. 그러나 몇 대를 거치면서도 관직을 얻지 못해 몰락한 양반인 잔반(殘班)이 점점 늘어갔다.

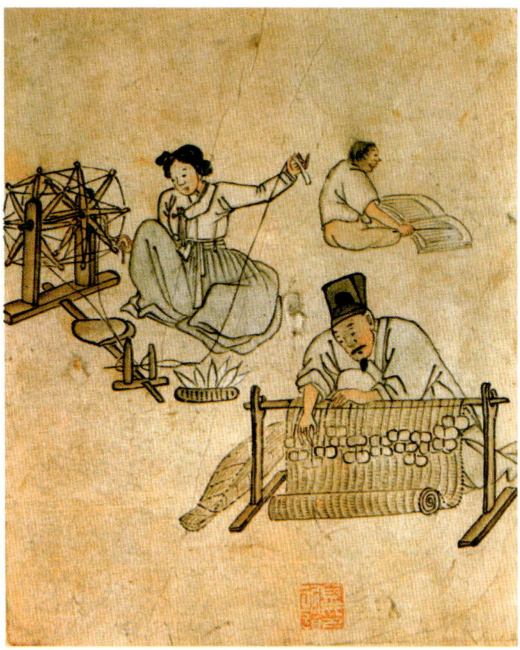

몰락한 양반의 모습을 보여 주는 김홍도의 그림 〈자리짜기〉

평민 중에 신분을 속여 호적을 바꾸고 족보를 위조하여 양반 행세를 하는 경우가 늘어났다. 또 부상이나 거상들 중에 이름이 기재되어 있지 않은 관직 수여증인 공명첩(空名帖)을 사서 신분 상승을 꾀하기도 하였다.

노비는 도망하여 스스로 신분을 해방시키기도 하였으며, 국가에서도 재정을 확충할 목적에서 곡식을 바치는 노비에게 신분을 해방하여 주었다. 또한 평민의 인구를 늘리고 노비의 수를 제도적으로 줄이기 위해 어머니가 노비인 경우에만 자식을 노비로 하였다. 이 제도에 따라 양인과 혼인하여 양인이 되는 노비가 늘어났다. 이러한 신분 이동에 따라 19세기에 오면 전체 주민의 과반수가 양반으로 파악되었다. 이렇게 양반 인구가 급증한 것은 조선 후기에 신분 상승이 활발했음을 의미한다.

한편 수도 한양 이외에 새로운 중심 도시들이 나타났다. 전주·평양 등 감영의 소재지는 지방 행정의 중심 도시로 번성했으며, 국방상 요지에 있던 의주와 동래 등은 국방 중심 도시로 발전하였다. 그리고 상업과 생산 활동이 활발해지면서 강경·원산·대구 등이 새로운 상업 도시로 번성하였다.

(2) 조선 후기의 경제 발전

농업은 조선 후기에도 산업의 중심이었다. 농민들은 농산물 생산 증가를 위해 황무지를 개간하여 농토를 확장하였다. 임진왜란 직후 광해군 대에 54만 결이었던 것이 인조 대에는 120만 결, 숙종 대에는 140만 결, 영조·정조 대에는 145만 결까지 확대되었다. 그리고 모내기법·시비법·이모작 등 영농 기술이 널리 보급되어 생산량도 크게 늘어났다.

쌀, 보리 중심의 작물에서 새로이 감자, 고구마 등과 같은 작물이 재배되었다. 특히 이 시기에는 상품 작물을 재배하는 농업이 발달하기 시작하였다. 서울 인근에서는 채소를 재배하여 서울에 공급하였으며, 특히 인삼·담배 등의 상품 작물은 일반 작물보다 수익성이 높아 큰 인기였다. 이러한 농업의 변화에 따라 농민의 계급 분화가 일어났다. 농민 중에는 부농이 생겨났으며, 반면에 농토를 잃은 농민들은 농촌을 떠나 상인, 또는 광산 노동자가 되었다.

조선 초기 수공업자들은 관청에 소속되어 국가에서 필요로 하는 물품을 만들었다. 그러나 조선 후기에 들어와서 수공업 제품에 대한 민간 수요가 증가하자 판매를 목적으로 한 생산 활동이 시작되고, 관영 수공업이 쇠퇴해 가는 반면 민영 수공업이 발달하였다. 그리하여 도시의 수공업자들은 자유로운 생산 활동을 하게 되었고 세련된 수공업 제품을 생산하였다. 이 당시 주요 상품은 유기·나전 칠기·종이·자기·모시·죽세공품·농기구 등이었다.

한편 조선 전기에는 시전 상인이 국가에서 필요로 하는 물품을 납품하면서 정부의 보호 아래 번영을 누렸으나 나머지 상인들의 활동은 부진하였다. 그러나 후기에 들어와 대동법이 시행됨에 따라 국가가 공인(貢人)을 통하여 필요한 물자를 사들이게 되자 상업 활동이 활발해졌다. 공인은 국가로부터 대가를 받고 국가가 필요로 하는 물자를 전국 각지에서 사들여 납품하는 상인을 말한다.

조선의 시장

상업 진흥과 함께 시장이 번성하였다. 15세기 후반부터 지방에서 장시(場市)가 발생하기 시작하더니 18세기 중엽에는 정기적으로 장이 열리는 장시가 전국에 1천여 곳이나 되었다. 이는 하나의 군현에 평균 3~4개의 장시가 형성되어 있었음을 의미한다. 소규모의 일용 잡화를 판매하는 보부상들도 지방 장시를 중심으로 활동하였다.

조선 초기에는 쌀 또는 포목 등이 교환의 매개체로 사용되어 교역에 불편한 점이 많았다. 이에 조선 초기부터 여러 차례 화폐 유통을 시도하다가 조선 후기에는 동전이 널리 보급되었다. 즉 인조 때 동전을 제조하여 개성을 중심으로 한 인근 지방에서 활발히 통용되었고, 17세기 말 이후로는 상평통보가 전국 각지에 유통·보급되었다.

국내 상업이 발달하고 청·일과의 교류가 빈번해지자 무역 활동도 활발해졌다. 청과는 개시 무역이라는 공무역, 그리고 후시 무역이라는 사무역이 활발하였다. 일본과의 무역도 부산 초량에 설치된 왜관을 중심으로 이루어졌다. 청과의 무역에는 개성·평양·의주의 상인이, 일본과의 무역에는 동래 상인들이 종사하였다. 그리고 청의 상품을 수입하여 일본에 판매하는 중계 무역도 행해졌다. 이들 상업 도시에는 도매업·금융업·숙박업·창고업·위탁 판매업 그리고 금융업을 겸하는 여각과 객주가 발달하였다.

3. 실학의 등장

(1) 학문의 새로운 경향

이황과 이이의 출현으로 절정에 올랐던 조선 성리학은 임란왜란 이후 심각한 문제점을 드러내기 시작하였다. 도덕 윤리를 함양하는 본연의 기능을 상실한 성리학은 과거 시험을 준비하는 도구로 변질되었다. 그리고 불교와 양명학, 기술학 등을 배척하는 폐쇄성이 더욱 강해져 갔다. 그리하여 이론에 치우쳐 현실적 어려움을 타개해 나가는 데 큰 도움을 주지 못하는 성리학에 대한 비판론이 점차 대두하였다. 이렇게 하여 이론 중심의 성리학을 비판하면서 현실 개혁을 통해 나라와 사회를 부강하게 하는 데 기여할 수 있는 실용성을 추구하는 새로운 학문 경향이 등장하였다. 이른바 실학이었다.

한편 18세기 후기에 들어 점차 서양 문화에 대한 관심도 고조되기 시작하였다. 중국으로부터 서양 문물이 들어오고, 또 표류해 온 서양인들을 통해 중국 이외에 또 다른 새로운 세계와 문화가 있음을 알게 된 것이다. 중국을 통하여 소개된 서양의 학문과 기술을 서학(西學)이라 하였고, 이를 학문적으로 연구하려는 학자들이 등장하였다. 이에 따라 서양의 과학 기술은 물론 천주교 신앙에 대한 새로운 기운이 일어났다. 이로서 중국이 세계의 중심이라는 종래의 세계관이 흔들리기 시작하였으며, 서양에 대한 관심이 커져 갔다.

(2) 실학의 발전

17세기 초에 일부의 지식인들은 유학을 바탕으로 불교와 양명학 등의 이단 사상을 포용하면서 현실을 개혁하려는 실용적인 성리학을 주창하였다. 이를 '실학'이라고 한다. 자유로운 비판 정신을 바탕으로 학문을 연구하고 그 성과를 실생활에 활용하며 실증적 연구 방법론을 내세운 학문이 실학이었다.

실학을 처음으로 제시한 사람은 이수광(1563~1628)이었다. 그는 『지봉유설』을 통해 유교의 전통은 물론 서양 문화를 소개하여 문명권의 시야를 넓혀 주었다. 그러면서 전통과 함께 제도 개혁을 주장하여 여러 방안을 제시하였다.

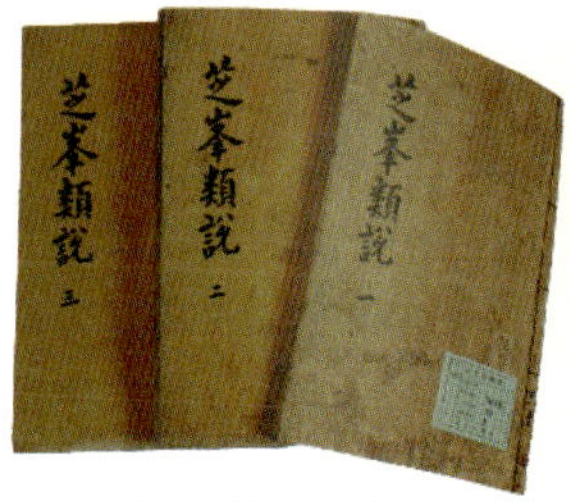

이수광의 『지봉유설』

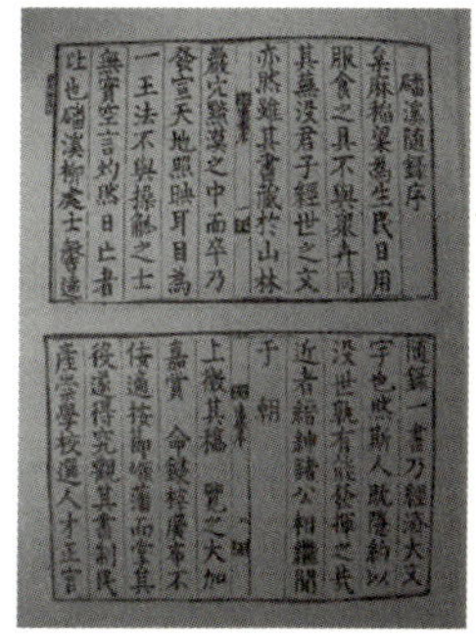
유형원의 『반계수록』

이수광, 한백겸, 김육 등에 의해 성장해 갔던 실학은 유형원(1622~1673)에 이르러 그 폭이 넓어졌다. 그는 『반계수록』이라는 책을 저술하여 토지 제도·관료 제도·군사 제도에 대해 비판하고 이에 대한 개혁 방안을 제시하였다. 그리고 숙종과 영조 때 활동했던 이익(1681~1763)은 백과사전의 성격을 지닌 『성호사설』을 저술하여 사회의 잘못된 점을 비판하고 개선 방향을 제시하였다. 그는 수많은 제자를 길러 내어 실학 발전에 크게 공헌하였다.

실학의 전성기는 영·정조 대였다. 이 무렵에는 청으로부터 고증학과 서양의 학문이 본격적으로 들어오기 시작하였다. 정약용, 박지원, 박제가와 같은 실학자들이 이 방면을 연구하여 많은 업적을 남겼다.

실학자들은 양반 사회의 사상적·경제적 모순을 지적하고 실생활에 도움이 되고 백성의 생활을 윤택하게 하기 위해 농촌과 농업 문제에 대한 개혁 방안을 많이 제시하였다. 유형원과 이익은 농민의 생활 안정을 위하여 농업의 중요성을 강조하며 토지 제도의 개혁을 주장하였다. 또 홍대용과 박지원, 박제가 등은 농업과 더불어 상공업의 중요성을 주장하였고, 청으로부터 선진 문화와 기술의 도입을 강조하였다.

실학을 집대성한 학자는 정약용(1762~1836)이었다. 그의 학문은 정치·경제·사회·과학·의학·종교에 이르기까지 미치지 않은 분야가 없었다. 그는 『목민심서』와 『경세유표』 등의 저서에서 개혁 방안을 제시하였다. 그는 과학의 활용에도 관심을 가져 거중기를 만들어 수원의 화성을 쌓는 데 활용하였다.

(3) 실학의 영향

실학자들은 연구 분야는 달랐어도 연구 방향은 같았다. 즉 현실에 대한 비판과 그것을 개혁하자는 의지, 그리고 학문 활동이 실생활에 도움이 되어야 한다는 것이었다. 그러나 그들의 학문은 아직 성리학의 테두리에서 벗어나지 못하였고, 또 그들의 처지가 현실 정치에 영향력을 끼치기는 어려웠다. 실학자들 대부분이 하급 관료이었거나 일생을 학문 연구에만 몰두하여 정치와는 거리가 먼 사람들이었기 때문이다. 그들의 생각과 주장이 현실 정책에 반영되기는 어려웠지만, 실학자들은 역사·지리·언어 등의 분야로 연구 활동의 영역을 넓혀 갔다.

역사에 대한 실학자들의 관심은 이미 이수광의 『지봉유설』과 이익의 『성호사설』에 나타나 있다. 그러나 본격적인 역사서로는 안정복(1712~1791)의 『동사강목』을 들 수 있다. 이익의 제자인 안정복은 고조선에서 고려에 이르는 역사를 고증하여 통사로 엮은 『동사강목』을 저술하였다. 그리고 유득공은 『발해고』를 써서 발해와 신라가 남북국임을 제시하였다. 이 책은 한민족의 역사 무대를 한반도에서 만주 지역까지로 본 것이다. 이것이 당시 실학자들의 인식이었다.

한편 이중환(1690~1752)은 인문지리서인 『택리지』를 편찬하여 각 지역의 자연 환경, 풍속, 특산물을 소개하였다. 언어 연구도 활발하게 진행되었는데, 훈민정음에 대한 연구로는 신경준의 『훈민정음운해』, 유희의 『언문지』 등이 있다. 이러한 연구를 통해 훈민정음의 기원, 글자의 원리 등에 대한 다양한 해석이 등장하였다.

이처럼 실학자들은 잘못된 현실을 비판하고 이를 개혁하고자 하였다. 그리고 학문 활동은 실생활에 도움이 되어야 한다는 의지를 가지고 있었으며, 그들의 학문은 다양한 분야에 걸쳐 있었다. 이러한 실학사상은 근대 전환기에 등장한 개화사상에 큰 영향을 주었다.

4. 조선 후기의 문화

(1) 문학과 예술의 새로운 경향

조선 후기에도 문학의 주류는 한문학이 중심이 된 양반 사대부 문학이었다. 그러나 실학이 등장하면서 문학에도 새로운 경향이 등장하였다. 최초의 한글 소설인 『홍길동전』의 등장은 이러한 경향의 시작이었다. 박지원과 홍대용 같은 실학자들은 『열하일기』, 『의산문답』에서 조선의 풍토에서 자연스럽게 생겨난 고유의 정서를 그대로 표현하기 위해 비속한 언어라도 거침없이 사용하였다. 그리고 조선 고유의 문학인 시조 문학에도 새로운 경향이 나타났다. 형식에 얽매이지 않고 생각을 자유로이 표현하는 사설시조가 유행하였다.

문학은 백성과 여성에게도 확대되었다. 마을마다 서당이 설립되면서 백성들의 교육 기회가 많아졌고, 농민들 가운데도 지식을 깨쳐 학식을 갖춘 사람들이 늘어났다. 또 종래 학문에서 소외되었던 여성들 중에도 한글을 익힌 사람이 늘어났다. 이 무렵 농민과 부녀자를 대상으로 하는 『장화홍련전』, 『흥부전』, 『숙향전』, 『춘향전』 등과 같은 한글 소설이 많이 등장하였다. 한글 소설은 대체로 권선징악과 애정 문제를 소재로 하였고, 하층민의 감성과 사회에 대한 불만을 거침없이 드러내었다.

건축과 예술 분야에서도 새로운 경향이 나타났다. 17세기 건축으로는 금산사 미륵전, 화엄사 각황전, 법주사의 팔상전 등이 현재까지 남아 있다. 이것들은 모두 규모가 큰 다층 건물로, 불교가 신앙으로서 어느 정도의 지위를 차지하고 있었음을 보여 준다.

수원 화성은 18세기의 건축을 대표한다. 정조 때 축성된 이 성곽은 정약용이 제작한 거중기를 사용하여 쌓은 것으로, 당시로서는 최신 공법에 의해 축조되었다. 화성은 방어와 공격을 겸한 것으로 주위의 경치와 조화를 이루었으며, 자급자족이 가능하도록 건설된 계획도시로서 정조의 개혁 정치를 상징하였다.

청화백자매죽문호(梅竹文壺) [국보 제219호]

조선 시대에는 고려자기를 이어 분청사기와 백자가 만들어졌는데 특히 청화 백자가 유행하였다. 청화 백자는 바탕에 푸른 유약을 바르고 표면에 꽃, 새, 산수 등 다양한 그림을 그려 넣었는데, 미적 감각과 예술성이 높았다.

조선 후기의 글씨로는 김정희(1786~1856)가 유명하였다. 그는 추사체라는 독특한 서체를 만들어 냈다. 그림으로는 산수화, 풍속화, 민화가 널리 그려졌다. 특히 산수화는 고유한 자연과 풍속에 맞추어 조선의 경치를 아름답게 그려 낸 진경산수화가 등장하였다. 진경산수화를 개척한 화가는 정선

정선의 금강산 그림 〈죽서루〉

김홍도의 풍속화 〈매작도〉

신윤복의 풍속화 〈월하정인〉

(1676~1759)이었다. 정선의 뒤를 이어 정조 때에는 김홍도와 신윤복이 등장하였다. 김홍도는 일상생활에 관한 풍속화를 남겼으며, 신윤복은 양반 생활을 풍자하고 여성을 주인공으로 하는 풍속화를 그렸다.

(2) 서민 문화의 발달

조선 후기에는 서민 문화도 크게 발달하였다. 서민을 대상으로 하는 소설 작품이 많이 나왔고, 춤과 노래, 사설, 판소리, 탈춤 등이 크게 유행하였다. 판소리는 이야기를 노래와 사설로서 엮어 갔는데, 감정 표현이 직접적이고 솔직하였다. 그리고 관중의 반응에 따라 즉흥적으로 이야기를 빼거나 더할 수 있어서 서민은 물론 여러 계층에서 사랑을 받았다. 현재까지 전해지는 판소리 작품으로는『춘향가』,『심청가』,『흥보가』,『적벽가』,『수궁가』 등이 있다.

그리고 각종 가면을 쓰고 노래와 춤으로 이야기를 엮어 내는 탈춤(가면극)이 지방에 따라 유행하였다. 황해도의 봉산탈춤, 북청의 사자춤, 안동의 하회탈춤, 통영의 오광대놀이 등이 대표적이다. 탈춤의 청중은 서민들이었으므로 양반을 희롱하고 풍자하는 대목이 많았다.

판소리와 탈춤은 사회의 모순을 드러내고 감정을 솔직하게 드러냄으로써 서민들에게 큰 인기를 누렸다. 또한 농촌에서는 두레를 중심으로 농악을 즐겼고, 달 밝은 밤에 행해졌던 강강술래는 남해안 지방의 부녀자들에게 유행하였다.

5. 조선 후기 사회의 동요

(1) 세도 정치와 삼정의 문란

강력한 지도력으로 개혁을 단행하여 왕권의 안정을 이루었던 정조(1776~1800)가 갑자기 죽게 되자 이후의 정국은 비정상적인 상태에 빠지게 되었다. 왕실의 외척이 권력을 독점하여 정국을 주도하는 이른바 세도 정치가 시작된 것이다. 순조(1800~1834) 대에는 국왕의 외척인 안동 김씨가 정권을 잡았고, 헌종(1834~1849) 대에는 풍양 조씨가, 철종(1849~1863) 대에는 다시 안동 김씨가 정권을 장악하여 3대 60여 년간 외척에 의한 세도 정치가 이루어졌다.

정권을 장악한 세도가는 국가나 백성의 이익보다는 자신의 세도 유지를 위해 힘썼다. 이로 인해 인사 행정이 바르지 못하고 국가의 기강이 문란해졌다. 많은 뇌물을 바치고 관직을 얻은 관리들은 그 대가를 농민들에게 거두어들였다. 따라서 부패하고 무능한 관리가 많이 나타나 사리사욕을 채우기에 급급하였다. 그리하여 국가 재정 수입의 근본이 되는 삼정, 즉 전정·군정·환곡이 문란해져 국가 재정이 크게 부족해졌고, 그 부족액을 농민에게 부담시켰으므로 농민들은 큰 고통을 겪게 되었다.

수탈에 몰린 농민들은 파산하여 농촌을 떠나는 경우가 많아졌다. 이들은 산간에 들어가 화전민이 되거나 도적의 무리가 되기도 하였다. 그리고 철종 때부터는 흉년이 계속되어 농촌 경제는 더욱 어려워졌다. 농민의 불만은 극에 달하였으며, 세도 정치에 대한 불만은 각계각층에 널리 퍼지게 되었다.

(2) 신분제의 동요와 민란의 발생

조선 사회는 양반, 중인, 상민, 천민의 네 신분으로 구성되어 있었다. 그 구성 비율로 보면 양반 수가 가장 적고, 밑으로 내려갈수록 수가 증가하는 피라미드형 구조였다. 그러나 후기에 이르러 양반 중에서도 관직에서 밀려나 실제로 양반 행세를 할 수 없는 사람이 많이 생겼으며, 또 재산을 모은 상민이나 노비 중에서 재물을 이용하거나 불법으로 양반이나 상민으로 상승하는 사람도 있었다. 이렇듯 신분 구조에 큰 변화가 일어나 양반 수가 크게 늘어났고, 상민과 노비의 수는 크게 줄어들었다. 이러한 현상은 바람직한 것이 아니었다. 납세와 국방의 의무를 지고 있는 상민의 수가 줄어든 반면, 의무보다 특권을 가진 양반의 수가 늘어난다는 것은 곧 국가 재정이나 국방상 커다란 손실이 되기 때문이다.

한편 삼정의 문란에 따라 궁지에 몰린 농민은 새로운 살길을 찾거나 지배층의 횡포에 저항하였다. 처음에는 감히 정부에 맞서지 못하던 농민들은 점차 사회 문제를 자각하게 되면서 각지에서 민란을 일으켰다. 1811년에 몰락한 양반이었던 홍경래는 세도 정치에 시달리던 농민들과 부당하게 차별 대우를 받아 오던 서북 지방민을 기반으로 난을 일으켰다. 비록 뜻을 이루지는 못하였으나 농촌 사회에 미친 영향은 매우 컸다.

농민 봉기는 철종 때에 들어와 진주의 민란을 계기로 남부 지방은 물론 북으로는 함흥에서, 최남단 제주도까지 민란이 확대되었다. 이렇듯 조선은 19세기에 들어와 삼정의 문란과 민란으로 크게 동요하게 되었다.

(3) 천주교의 수용과 박해

세도 정치 아래에서 고통에 시달리던 농민들은 정신적 위안을 얻기 위해 새로운 종교에 관심을 갖기 시작하였다. 처음에 서양의 학문으로 관심을 끌기 시작된 천주교는 점차 이를 믿는 신도들이 늘어 갔다. 그러다가 이승훈(1756~1801)이 북경에서 세례를 받은 후, 천주교는 더욱 확산되어 갔으며 마침내 조선에서 교회가 설립되었다. 초기에 천주교는 학식이 있는 양반이나 중인층을 중심으로 전파되었으나, 이후에는 점차 농촌 사회와 서민층으로 뻗어 나갔다.

집권층의 입장에서 천주교는 신분 질서와 유교 풍속을 근본적으로 파괴하는 위험스러운 것이었다. 따라서 천주교는 정부로부터 사교(邪教)라 하여 박해를 받았다. 19세기에 들어와 몇 차례 큰 박해를 받아 많은 신부와 신자들이 순교하였다. 그러나 천주교는 박해에도 불구하고 정치적 부패와 사회 불안으로 어려움을 겪던 백성들 사이에 널리 전파되었다. 특히 천주교가 지닌 평등사상과 내세 구원 사상으로 인해 천주교는 서민층에게 깊이 파고들어 갔다.

(4) 동학의 발생

사회가 혼란하고 민심이 불안한 가운데 기존의 종교는 민심을 안정시키는 구실을 하지 못하였다. 불교는 산중에 머물러 사회 문제 해결과 동떨어져 있었고, 유교는 백성들의 현실을 바꾸는 데 실패하였다. 그리고 천주교는 서양에서 들어온 종교였기 때문에 생소하여 경계하는 사람이 많았다. 이러한 때에 동학이 등장하였다.

최제우(1824~1864)는 전통의 민간 신앙과 유교와 불교, 도교를 토대로 "사람이 곧 하늘"이라는 가르침과 인간 평등을 주장하는 동학을 일으켰다. 동학은 외세의 침략과 천주교 사상의 유포가 전통적인 것을 그르치게 하고 조선 사회를 위험에 빠지게 한다는 믿음에서 고유의 것을 지키고 인간에게 구원을 주고자 하였다. 따라서 동학은 단순한 신앙이 아니라 어지러운 사회를 바로잡고 곤경에 빠진 백성을 구제하려는 사회 운동의 성격을 띠고 있었다.

동학이 농촌 사회에 급속히 전파되어 교세가 늘어 가자 당시 집권 세력은 동학과 동학교도를 탄압하였다. 집권 세력은 동학이 세상을 어지럽히고 백성을 속이는 종교라고 하여 교조 최제우를 처형하였다. 이리하여 동학의 교세는 잠시 위축되었다. 그러나 제2대 교주 최시형(1827~1898)의 노력으로 농촌 사회에 확실하게 뿌리를 내리게 되었다.

한국의 세계문화유산

수원 화성

수원 화성은 1794년 1월에 착공하여 1796년 9월에 완공되었다. 화성의 건설은 조선 22대 정조와 그의 아버지 사도세자와 관련되어 있다. 사도세자는 영조의 아들로 세자가 되었으나 왕위에 오르지 못하고 죽었다. 이에 즉위한 정조는 아버지 사도세자의 능을 수원 화산으로, 그리고 화산 부근에 있던 읍치를 수원의 팔달산 아래로 옮기고 여기에 성곽을 축조하였다.

화성의 둘레는 5,744m, 동쪽은 평지를 이루고 서쪽은 팔달산에 걸쳐 있는 형태로 성은 문 4, 수문 2, 공심돈 3, 장대 2, 포루 5, 치성 9 등 총 48개의 시설물로 일곽을 이루고 있다. 수원 화성은 평지와 산을 연결한 형태로 군사 기능과 상업 기능을 함께 보유하고 있다. 그리고 성곽 시설이 과학적이고 실용적인 구조로 되어 있다. 특히 동·서양의 군사 시설을 모두 수용하여 방어 기능이 뛰어난 특징을 가지고 있어 동양 성곽의 백미라 할 수 있다.

화성에는 4개의 성문이 있는데 모두 각기 다른 모양을 지니고 있다. 성벽은 외측만 쌓아 올리고 내측은 자연 지세를 이용해 흙을 돋우어 메우는 방식으로 만들어졌다. 또한 화성은 백성의 생활 향상을 위해 노력한 실학사상의 실천이라는 점에서도 특별하다. 돌과 벽돌을 차례로 쌓은 축성법, 사각지대가 없는 조망, 거중기의 사용 등은 동양 성곽 축성술의 결정체라고 할 수 있다.

화성 축성 후인 1801년에 『화성성역의궤』를 발간하였는데, 여기에는 축성 방법, 동원 인력, 건축 자재 등이 상세히 기록되어 있다. 화성은 일제 강점기와 한국전쟁을 겪으면서 성곽의 일부가 파손되었는데, 『화성성역의궤』에 의거하여 1975~1979년에 걸쳐 축성 당시 모습대로 보수·복원하여 현재에 이르고 있다.

수원 화성은 정조의 효심이 발단이 되었으나, 왕도 정치의 실현을 위한 정조의 포부가 담긴 곳이기도 하다. 그리고 뛰어난 군사 시설물을 가진 화성은 수도인 한양 남쪽의 국방 요새로서 매우 중요한 곳이었다.

화성전도

장안문

한국의 세계기록유산

조선왕조실록

『조선왕조실록』은 『태조실록』부터 『철종실록』까지 25대 472년간(1392~1863)의 역사를 연, 월, 일 순서에 따라 기록한 책이다. 『조선왕조실록』은 정치, 외교, 경제, 사회, 풍속 등 각 방면의 역사적 사실을 망라하고 있어 세계적으로 그 유례가 없는 귀중한 역사 기록물이다. 중국의 『청실록(淸實錄)』은 296년간에 걸친 실록에 불과하다. 그리고 『조선왕조실록』은 가장 풍부한 내용을 담은 역사서이다. 중국의 『명실록(明實錄)』 2,909권, 『청실록』 3,000여 권이 전하고 있으나, 『조선왕조실록』처럼 내용이 풍부하지 않다. 중국의 『명실록』은 총 1,600만 자인 데 비해 『조선왕조실록』은 총 6,400만 자에 이른다. 또한 『조선왕조실록』은 그 역사 기술에 있어 매우 진실성과 신빙성이 높은 역사 기록이라는 점에서 의의가 크다. 『조선왕조실록』은 기초 자료인 사초(史草)는 군주라 해도 함부로 열람할 수 없도록 비밀을 보장함으로써 실록의 진실성과 신빙성을 확보하였다. 즉 실록은 사초의 작성에서 실록 편찬까지 전 간행 과정이 사관(史官)에 의해 주도됨으로써 독립성과 비밀성이 보장되었다.

실록의 편찬은 다음 국왕이 즉위한 후 실록청을 개설하여 편찬하였다. 실록이 완성된 후에는 특별히 설치한 사고(史庫)에 각각 1부씩 보관하였는데, 나중에 정족산, 태백산, 적상산, 오대산의 4사고에 각각 1부씩 보관하였다. 1910년, 조선 멸망 이후 정족산, 태백산 사고의 실록은 총독부에 의해 경성제국대학으로 이관되었다가 해방 이후 서울대학교 규장각이 소장하여 현재에 이르고 있다. 오대산 사고의 실록은 일본으로 유출되었다가 관동대지진으로 소실되었고 현재는 27책만 남아 있다. 적상산 실록본은 이왕가 장서각에 보관되어 있다가 1950년 한국전쟁 당시 북한 측에서 가져가 현재 김일성종합대학 도서관에 소장되어 있다고 알려져 있으나 확실하지 않다. 서울대학교 규장각에 보관되어 있던 태백산본은 현재 국가기록원 부산지원이 소장하고 있다. 현재 남아 있는 『조선왕조실록』은 정족산본 1,181책, 태백산본 848책, 오대산본 27책, 기타 21책 등 총 2,077책이다. 『조선왕조실록』은 1997년 10월에 세계기록문화유산으로 지정되었다.

한편 『조선왕조실록』에는 일제 침략기에 일본인들의 주도로 편찬된 『고종실록』과 『순종실록』은 포함하지 않는다. 이 책들은 조선 시대의 엄격한 실록 편찬 규례에 맞게 편찬되지 않았을 뿐만 아니라, 사실의 왜곡이 심하여 실록으로서의 가치가 떨어지고 그 성격도 매우 다르기 때문이다.

참고문헌

정옥자, 『조선후기 역사의 이해』, 일지사, 1993

변태섭, 『한국사통론』, 삼영사, 1988

한영우, 『다시 찾는 우리역사』, 경세원, 1997

이기백, 『한국사신론』, 일조각, 1999

국사편찬위원회, 『한국사』 1(총설), 2002

최준식, 『우리 문화유산 열두 가지』, 시공사, 2002

강만길, 『고쳐 쓴 한국 근대사』, 창비, 2006

한림대 한국학연구소, 『다시, 실학이란 무엇인가』, 푸른역사, 2007

한국사연구회 편, 『새로운 한국사 길잡이』, 지식산업사, 2008

역사비평편집위원회, 『논쟁으로 읽는 한국사』 1, 역사비평사, 2009

Ⅶ. 근대 한국과 세계사의 변화

개요

16세기 이후 유럽에서는 절대 왕정, 시민 혁명, 산업 혁명을 거치면서 근대 세계가 성립되어 갔다. 그러나 조선은 후기의 사회적·경제적 발전이 근대의 전환으로 이어지지 못하는 가운데 서구 열강의 위협을 받게 되었다. 특히 제국주의 열강에 합류한 일본의 침략 야욕으로 조선은 국권이 위태롭게 되었다. 그러한 가운데 봉건 세력과 제국주의의 침략에 저항하는 동학 농민 운동이 거세게 일어났지만, 정부와 일본의 탄압으로 실패하였다.

개항 이후 근대 국가를 건설하기 위해 개화 세력은 서양의 근대 문물을 받아들이고, 각종 개혁 운동을 추진하였다. 이들은 개화한 관료와 지식인들이었다. 그러나 개화 운동은 수구 세력의 반발과 열강의 간섭으로 순조롭게 진행되지 못하였다.

한편 1897년에 조선은 자주독립 국가로서 면모를 갖추기 위해 국호를 대한제국으로 고치고, 고종은 황제의 자리에 올랐다.

1. 근대 전환기의 조선

(1) 흥선대원군의 개혁

19세기 중엽 이후, 조선 사회는 외척의 세도 정치로 인해 정치 기강이 무너졌으며, 삼정의 문란으로 농민들의 반발이 커져 각지에서 민란이 일어났다. 그리고 밖으로는 서양의 여러 나라가 한반도 연해에 자주 나타나 통상을 요구하였으며 군사 위협을 가하기도 하였다. 그리고 서양에서 들어온 천주교는 그 신자가 점차 늘어나면서 전통적 유교 사회와 갈등을 낳고 있었다. 이러한 정세 속에서 흥선대원군 이하응의 아들이 왕위를 잇게 되었다.

이양선의 출몰

고종(1863~1907)은 12살의 어린 나이에 즉위하였기 때문에 그의 아버지인 흥선대원군이 정치의 실권을 잡게 되었다. 흥선대원군은 과감한 개혁을 통해 세도 정치의 폐단을 바로잡고 왕조를 중흥시키려고 하였다. 그는 먼저 왕권 강화를 위해 그동안 관직을 독점하던 안동 김씨 세력을 몰아내고, 남인과 북인은 물론 무신들도 등용하는 등 당파와 문벌을 가리지 않고 인재를 등용하였다. 그리고 서원 철폐를 단행하였다. 서원은 경제적으로 면세, 면역의 특권을 누리고 있었으며, 정치적으로는 당론을 모아 왕권을 제약하였다. 그리하여 사액 서원 중 47개소만 남기고 모두 철폐하였다. 또한 관제를 개혁하여 의정부의 기능을 정상화시키고 법전을 정비하여

『대전회통』을 편찬하였다. 국가 재정의 확립을 위해 호포제를 실시하여 종래 군포를 내지 않았던 양반에게도 부과하였다. 농민에게 큰 피해를 주었던 환곡 제도를 개혁하여 농민의 부담을 크게 덜어 주었다. 관리의 부정부패를 방지하기 위해 규율을 엄하게 하고 의복 제도를 간소화하여 사치 풍조를 단속하였다.

한편 대원군은 왕실의 권위를 확보할 목적으로 태조 때 세운 경복궁을 재건하였다. 경복궁은 근정전과 경회루를 비롯하여 화려하고 장중한 모습으로 복원되었다. 그러나 경복궁 재건 과정에서 실시한 무리한 재정 지출은 백성의 부담을 증가시켰으며, 농민을 강제로 동원함으로써 원성을 사게 되었다.

10년간의 집권 기간 동안 대원군은 개혁을 통해 세도 정치를 바로잡고 부국강병을 이루는 성과를 올렸다. 그리고 밀려드는 서양 세력에 대항하여 척화비를 세우고 병인양요와 신미양요를 통해 조선의 쇄국 정책을 확고히 하였다.

(2) 병인양요와 신미양요

대원군은 대외적으로 쇄국 정책을 고수하며, 서양 각국의 계속되는 통상 요구를 침략의 위협으로 보고 이에 응하지 않았다. 서양 열강의 침략을 걱정하던 대원군은 연해주를 차지하고 국경을 넘보는 러시아를 큰 위협으로 받아들였고, 프랑스 선교사를 통해 프랑스의 힘을 빌려 이를 막아 보려 하였다. 그러나 프랑스와의 교섭이 뜻대로 되지 않았다. 그리고 서양 열강의 침략이 천주교와 관련이 있다고 믿어 천주교를 탄압하게 되었다. 프랑스 선교사 9명을 비롯하여 8천여 명에 달하는 천주교도를 체포하여 처형하였다(병인박해).

1866년 프랑스는 이를 구실로 한양의 입구인 강화도를 침략해 왔다(병인양요). 조선 정부는 프랑스군이 한강을 거슬러 한양으로 침공하는 것을 막기 위해 각지에서 포수를 뽑아 연안의 경비를 강화하였다. 그러나 프랑스군은 강화도에 상륙하여 방화와 약탈을 자행하였다. 정족산성을 지키던 양헌수 부대는 프랑스군과 싸워 이들을 물리쳤다. 프랑스군은 40여 일 만에 물러나면서 외규장각에 보관 중인 물자와 귀중 도서를 약탈해 갔다.

프랑스 함대가 물러간 후 독일 상인 오페르트가 대원군의 아버지인 남연군의 묘를 도굴하려다가 실패하고 달아난 사건이 일어났다. 이로 인하여 조선에서는 서양인을 배척하는 기운이 더욱 높아졌고, 서양과의 교섭을 반대하는 주장이 더욱 거세졌다.

프랑스군이 강화도를 침략하기 직전에 미국의 상선 제너럴 셔먼(General Sherman)호가 대동강을 거슬러 올라가 통상을 요구하며 소란을 피우다가 평양의 군대와 시민들에 의해 불탄 사건이 일어났다. 이 사실을 안 미국은 아시아 함대를 동원하여 강화도에 침입하였다(신미양요, 1871). 어재연이 지휘하는 조선군은 미군과 치열한 전투를 벌였다. 광성진을 일시 점령하였던 미군은 조선 군민의 저항에 오래 버티지 못하고 물러갔다.

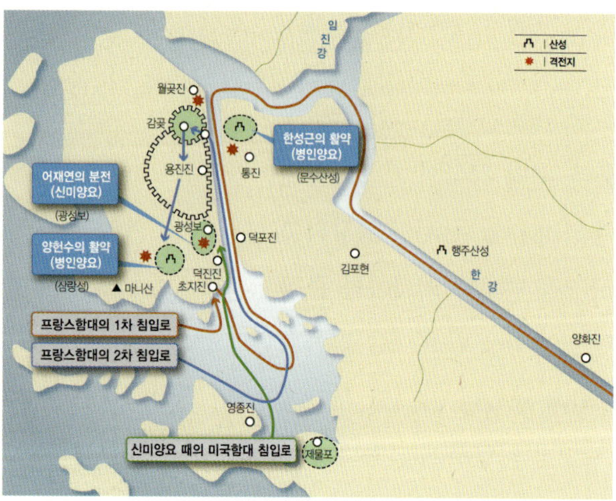

병인양요, 신미양요의 전투 상황

두 차례의 서양 침략을 막아 낸 조선은 열강의 통상과 수교 요구를 계속 거부하였으며, 천주교를 더욱 탄압하였다. 그리고 각지에 "서양과 교류하는 것은 나라를 파는 것"이라는 내용의 척화비를 세워 서양 배척의 의지를 확고히 하였다. 이러한 쇄국 정책은 서양의 침략을 막아 내어 조선의 자주성을 지키려는 것이었으나, 서양의 근대 문물을 받아들이는 시기가 늦어지게 되는 문제를 가져왔다.

(3) 수호 통상 조약의 체결

흥선대원군이 집권한 지 10년 만에 권좌에서 물러나고, 고종의 왕비인 민비를 중심으로 한 민씨 세력이 정권을 장악하였다. 민씨 정권이 들어서면서 조선의 대외 정책에 큰 변화가 일어났다.

서양의 과학 기술이나 지식을 받아들여 나라를 부강하게 하는 것이 이익이 된다면 서양과 통상·수교해야 한다는 개국론이 일어났다. 박규수, 오경석 등은 이러한 주장을 한 대표적인 개화사상가였다. 대외통상론은 18세기에 북학파에서 제기하였는데, 박규수는 북학파의 거두인 박지원의 손자였다. 박규수는 조부의 사상을 이어 문호 개방을 주장했던 것이다.

흥선대원군이 물러난 후 개국통상론이 대두되면서, 일본이 적극적으로 조선에 접근해 왔다. 일본은 1875년 운요호 사건을 일으키고, 이를 구실로 삼아 조선 정부에 통상 조약의 체결을 강요하였다. 당시 조선에서는 일본과의 조약 체결에 반대하는 사람이 많았으나 일본의 무력 위협과 개항론에 힘입어 이듬해에 강화도 조약을 체결하였다.

강화도 조약은 조선이 맺은 최초의 근대 조약이었으나, 조선에 불리한 조항이 포함된 불평등 조약이었다. 이 조약으로 조선은 부산·원산·인천의 세 항구를 개항했으며, 일본의 치외법권을 인정하였다. 이를 계기로 일본은 한양에 공사관을 설치하고, 조선을 침략하는 교두보로 삼았다.

일본과 조약을 체결한 후에 서양 여러 나라와 수호 통상 조약을 체결하였다. 특히 러시아의 남하 정책에 대비하기 위해 미국과 수교해야 한다는 주장이 일어나, 1882년 서양 여러 나라

척화비, "서양 오랑캐가 침범하는데 싸우지 아니하면 화친하는 것이고, 화친을 주장하는 것은 나라를 파는 것이다"라고 하였다.

가운데 가장 먼저 미국과 조약을 체결하게 되었다. 미국에 이어 영국·독일·러시아·프랑스 등 여러 나라들과 조약을 맺었다.

2. 위정척사 운동과 개화 정책

(1) 위정척사 운동

문호를 개방하고 정부의 개화 정책이 추진되면서, 유학자를 중심으로 이를 반대하는 움직임이 일어났다. 유학자들은 유교 중심의 문화와 질서를 옹호하고, 이를 지켜야 한다는 생각을 갖고 있었다. 이러한 사상에 따라 이들은 유교 문화를 수호해야 할 '정(正)'으로, 서양과 일본을 배척해야 할 '사(邪)'로 규정하였다. 이들은 서양 세력과 서양의 문화를 배척하였으며, 서양과 교섭하는 것은 조선을 파멸로 이끌 것이라고 주장했다.

위정척사 사상이 고조된 것은 병인양요 이후였다. 프랑스 함대가 강화도를 침략하였을 때 기정진, 이항로 등은 프랑스와 끝까지 싸워 물리쳐야 한다는 상소를 올리는 한편, 서양과의 통상을 반대하는 척사론을 주장하였다. 이는 흥선대원군의 대외 정책을 지지한 것이기도 했다. 이에 화답하듯 흥선대원군은 전국에 척화비를 세워 서양을 배척한다는 의지를 확고히 하였다.

일본과 강화도 조약을 체결할 때도 이들은 이를 강력하게 반대하였다. 유학자였던 최익현이, 일본은 서양 오랑캐와 같은 나라이고, 일본과 조약을 맺는 것은 서양 오랑캐와 조약을 맺는 것이나 다름없다고 하면서, 조약을 맺으면 나라가 망할 것이라는 상소를 올렸다. 이후에도 정부의 개화 정책이 추진되면서 위정척사 운동은 계속되었다. 1881년 영남 유생들의 상소를 비롯하여 전국 각지에서 유학자들이 상소를 올려 정부의 개화 정책을 반대하고 나섰다.

위정척사 운동은 서양 세력의 침략으로부터 나라를 지키기 위한 애국 활동이었고, 전통문화의 우수함에 대한 강한 자부심이 깔려 있었다. 또 서양과 일본의 침략성을 간파한 것이기도 하였다. 그러나 서양과 일본의 침략을 막아 낼 수 있는 대안을 제시하지 못하였으며, 당시 새로운 사회로 전환되어 가고 있는 세계적 추세와는 다른 길이었다.

(2) 개화 정책의 추진

강화도 조약 이후 조선 정부는 개화 정책을 적극적으로 추진하였다. 먼저 정부 기구를 재편하여 개화 정책의 중심 기관으로 통리기무아문을 설치하고, 그 밑에 12개의 사(司)를 두었다. 통리기무아문은 근대적인 행정 기구로, 고종의 측근 신하들이 참여하여 개화 정책을 총괄하였다. 그리고 신식 군대인 별기군을 신설하고 일본군 장교를 초빙하여 근대식 군사 훈련을 받도록 하였다.

한편 외국에 대한 정세와 견문을 넓히기 위해 각국에 시찰단을 파견하였다. 일본과 조약을 체결한 후 김기수와 김홍집을 수신사로 일본에 보낸 것을 비롯하여, 젊은 관리들로 구성된 신사유람단을 보내 일본의 재정·군사·교육 등 근대화된 제도를 살피도록 하였다. 또 근대적인 무기 제조법과 군사 훈련법 등을 배우기 위해 영선사 김윤식이 이끄는 청년 유학생들을 중국 천진으로 보냈다. 그리고 미국과 조약을 체결한 후에는 보빙사라는 이름으로

1883년 외교사절인 보빙사의 기념사진. 정사 민영익(앞줄 왼쪽에서 두 번째)과 부사 홍영식(첫 번째), 종사관 서광범(세 번째). 앞줄 오른쪽 끝은 미국인 로웰. 뒷줄 왼쪽부터 무관 현흥택과 최경석, 수행원 유길준, 고영철, 변수.

민영익, 서광범 등을 보냈다. 이들은 미국을 비롯하여 유럽 여러 나라들을 순방하며, 서양의 정세와 문물을 살펴보고 돌아왔다.

(3) 임오군란과 갑신정변

정부가 개화 정책을 추진하자 이에 대해 불만을 가진 사람들이 적지 않았다. 특히 구식 군인들의 불만이 컸다. 이들은 새로 설치된 별기군에 비해 낮은 대우를 받았을 뿐만 아니라 일본인 교관이 별기군을 훈련시키는 것에 대해서도 불만을 가지고 있었다. 오랫동안 밀린 급료를 받을 때 쌀에 모래와 겨가 많이 섞여 있자 이들의 불만은 결국 폭발하고 말았다. 이들은 정부의 고관과 일본인 교관을 죽이고, 일본 공사관을 습격하였다. 이를 임오군란(1882)이라고 한다.

임오군란이 일어나자 고종은 이를 수습하기 위해 대원군을 불러 다시 모든 정무를 맡아 보도록 하였다. 이를 계기로 흥선대원군이 다시 정권을 잡았다. 그리고 일본은 자국민을 보호한다는 구실로 군대를 파견하였고, 청나라에서도 일본이 군대를 파견한 것에 대응하여 역시 군대를 파견하였다.

흥선대원군은 그동안 정부에서 추진한 개화 정책을 뒤엎고 새로운 정책을 펴려고 하였지만, 청군에 의해 중국으로 납치되었다. 이로서 민씨 세력이 다시 정권을 잡았다. 이후 청은 군대를 한양에 주둔시키고 조선의 내정을 간섭하기 시작하였다.

임오군란 이후 조선은 청의 내정 간섭을 받게 되었고, 민씨 세력은 개화 정책에 소극적이었다. 이에 개화파 인사들은 청의 간섭을 배제하고 개화 정책을 적극적으로 추진하고자 하였다. 일본의 지원에 의지하여 김옥균, 박영효, 홍영식 등 개화파의 중심 인물들은 우정국 개국 축하연을 기회로 삼아 정변을 일으켰다(갑신정변, 1884). 이들은 수구파 대신들을 살해하고 정권을 장악하였다. 이들은 새로이 정부를 구성하고, 14개조의 개혁 요강을 마련하였다. 그 내용은 정치·경제·사회 등 모든 분야에서 제도를 개혁하고, 근대 국가 발전의 계기를 마련하기 위한 것이었다. 그러나 청군이 개입하여 일본군을 제압함으로써 3일 만에 실패로 끝나고 말았다.

갑신정변이 실패한 이유는 개혁을 추진할 만한 세력 기반이 약했기 때문이다. 정변의 주동자인 김옥균은 30대 초반이었고, 나머지는 대부분 20대 청년이었다. 그리고 이들은 민중의 지지를 받아 정변을 성공시키려 하기보다는 일본의 지원에 지나치게 의존하고 있었다.

3. 동학 농민 운동과 갑오개혁

(1) 열강의 침투

갑신정변 이후 조선을 둘러싼 청·일 간의 세력 다툼은 더욱 심해졌으며, 러시아와 영국까지 조선을 넘보게 되었다. 러시아는 연해주를 차지한 뒤에 블라디보스토크에 해군 기지를 건설하고 조선으로 그 세력을 확대할 기미를 보이고 있었다. 영국은 러시아의 남하를 경계할 목적으로 거문도를 점령하고 포대를 설치하였다(거문도 사건, 1885). 러시아와 영국 사이에 긴장이 고조될 즈음 러시아가 조선의 영토를 점령하지 않겠다는 약속을 하자 영국은 거문도에서 철수하였다. 조선을 둘러싼 열강들의 경쟁이 심해지자 국내외에서 조선을 중립국으로 하자는 주장이 제기되기도 하였다.

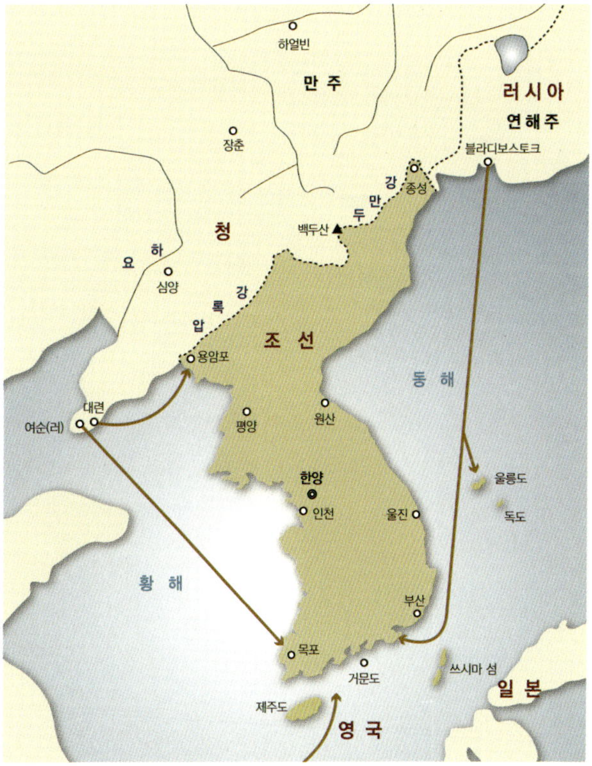

열강의 침투와 거문도

청·일 간의 세력 다툼은 정치뿐만 아니라 경제 면에서도 치열하게 전개되었다. 갑신정변의 실패로 청의 세력에 밀려 조선에서 정치적으로 후퇴하게 된 일본은 경제적 침투에 힘을 기울였다. 일본 상인들은 영국산 면제품과 일본에서 생산되는 생활 필수품을 조선에 가져와 비싼 값에 팔고, 쌀이나 콩 등의 곡식과 금 등을 싼값으로 가져갔다. 농민들은 면제품, 농기구, 석유 등 각종 수입품을 사기 위해 쌀을 팔 수밖에 없었다.

일본 상인들이 농촌 곳곳에서 쌀을 가

져가면서, 농촌에는 쌀이 부족해서 농민의 생활이 어려워졌다. 이에 함경도와 황해도 등지의 지방관들은 쌀 유출을 금지하는 방곡령을 내리기도 했다. 이것은 일본의 강력한 항의로 효과를 거두지 못하였지만, 농민들은 일본의 경제적 침략에 강한 반감을 품게 되었고, 점차 일본을 배척하는 기운이 높아졌다.

(2) 동학 농민 운동의 전개

밖으로는 외세의 침략이 계속되고, 안으로는 부패한 정치가 계속되자 이에 대한 반감과 불만이 점점 쌓여 갔다. 이처럼 사회가 어수선할 때 전라도 고부에서 군수 조병갑이 부정으로 세금을 거둬들이자 농민들의 원성이 높아졌다. 이에 전봉준을 중심으로 한 동학교도와 농민들이 봉기하여 고부 관청을 습격하였다(고부 민란, 1894). 이 사태의 진상을 조사하기 위해 정부에서 파견된 관리들은 동학과 농민에게 사건의 책임을 돌리며 처벌하려 하였다. 이에 분노한 동학교도와 농민들은 다시 봉기하였다. 이때 다른 지역에서도 봉기에 호응함으로써 농민 봉기는 전라도 전역으로 파급되었다. 동학교도가 중심이 된 동학 농민군은 각지에서 관군을 무찌르고 마침내 전주성을 함락하였다.

동학 농민 봉기의 상황

정부는 관군의 힘으로는 동학 농민군의 기세를 꺾을 수 없다는 판단 아래 청에 군대 파견을 요청하였다. 청이 조선에 군대를 파견하자 일본도 군대를 출동시켰다. 뜻하지 않게 외국의 군대가 들어오자 동학 농민군은 정치를 개혁하겠다는 정부의 약속을 믿고 일단 해산하였다. 그리고 동학 농민군은 전라도 각지에 집강소라는 자치 개혁 기구를 설치하고 스스로 개혁을 추진하였다. 그러나 정부의 개혁 약속이 제대로 이루어지지 않았다. 이때 일본은 조선의 내정 개혁을 요구하면서 청일전쟁을 일으켰다. 청일전쟁에서 승리한 후 일본은 조선 침략을 강화하였다. 이에 농민군은 다시 봉기하였다. 이번에는 내정의 개혁뿐만 아니라 외세의 배격을 주장하였다. 농민군은 일본군을 격퇴하기 위해 한양으로 북상하다가 공주 부근의 우금치에서 격전을 벌였다. 공주 우금치 전투에서 관군과 일본군에게 패하여 동학 농민군의 봉기는 실패로 돌아갔다.

동학 농민 운동은 동학이라는 종교 조직이 주축이 되었다는 점에서 이전의 민란과는 달랐다. 그리고 외세에 대항하여 봉기하였다는 점도 이전과 다른 점이었다. 동학 농민 운동은 양반 사회의 부패에 대한 농민들의 저항이었으며, 일본의 침략에 대한 항쟁이었다.

압송 중인 농민군 지도자 전봉준

(3) 갑오개혁과 을미사변

동학 농민 운동의 와중에서 청의 세력을 몰아내고 조선을 독점하기 위해 일본군은 청군을 기습 공격하여 청일전쟁을 일으켰다(1894). 그리고 청일전쟁에서 승리한 일본은 조선 침략의 기세를 더욱 높이게 되었다. 일본은 침략에 유리한 방향으로 국정 전반을 바꾸기 위해 조선 정부에게 내정 개혁을 강요하였다. 정부는 내정 개혁을 담당할 기구로 군국기무처를 설치하여 정치·경제·사회 각 분야에 걸쳐 개혁을 추진하였는데, 이것을 갑오개혁이라고 한다. 갑오개혁을 통해 조선은 정부 조직의 개편, 과거 제도의 폐지, 관리 임용법 제정, 조세 제도 개정, 도량형의 통일, 신분제의 폐지 등 여러 가지 제도를 바꾸었다. 개혁의 결과 왕권은 약해지고 내각이 실권을 가지게 되었다.

한편 러시아는 조선 침략의 발판을 굳히려는 일본을 견제하기 시작하였다. 청일전쟁에서 승리한 일본은 청으로부터 요동반도와 타이완을 할양받았다. 그러나 만주 침략의 야심을 갖고 있던 러시아가 독일·프랑스와 연합하여 공동으로 요동반도를 청에게 반환하도록 압력을 가하자 일본은 요동반도를 청에게 돌려주었다(삼국 간섭, 1895). 이렇게 러시아가 일본을 견제하자 조선은 일본의 횡포와 침략에서 벗어나기 위해 친러 정책을 써서 러시아에 접근하였다.

조선의 친러 정책에 불만을 가지고 있었던 일본은 배후에 명성황후가 있다고 생각하였다. 친러파를 축출하고 친일 세력을 다시 부활시키기 위해 군대를 앞세워 경복궁에 침입하여 명성황후를 살해하였다(을미사변, 1895). 이 사건 후 일본의 지원을 받은 개화파 정부는 단발령 등의 개혁을 추진하였다.

명성황후 시해에 대해 분개하고 있던 국민들은 갑오개혁 정부에서 단발령을 발표하자 이를 적극적으로 반대하고 나섰다. 그리고 유생들이 주도하여 명성황후 시해에 대한 복수와 일본의 침략에 항거하는 의병을 일으켰다. 의병은 위정척사 운동을 계승한 것으로, 유인석, 이소응 등 유학자들의 주도하에 전국 각지에서 일어나 일본에 항거하였다.

4. 대한제국의 탄생과 국권 침탈

(1) 독립협회의 활동

을미사변으로 신변의 위협을 느끼게 된 고종은 러시아 공사관으로 피신하였다(아관파천, 1896). 이후 러시아는 일본을 대신해 조선에서 세력을 확대해 나갔다. 이로써 조선은 독립 국가로서의 위신이 크게 떨어지게 되었다. 그리고 러시아를 비롯한 서구 열강들은 조선에서 광산·철도·산림 등의 각종 이권을 차지하기 시작하였다.

을미사변과 아관파천을 겪으면서 자주독립을 이루어야 한다는 의식이 높아져 갔다. 갑신정변에 참여하였다가 미국에 망명하였던 서재필이 귀국하여 독립신문을 창간하였다. 독립신문은 국내외 여러 소식은 물론이고, 세계 여러 나라의 소식을 전하였고, 논설을 통하여 나라를 발전시키기 위한 여러 가지 방도를 제시하였다. 또한 정부 관리의 잘못을 비판하고 국민의 단결과 애국심을 강조하였다.

1897년 독립정신을 고취하기 위해 독립협회가 주관하여 세운 독립문.

서재필과 개화파 지식인들은 자주독립을 목적으로 독립협회를 조직하였다(1896). 독립협회는 백성을 계몽하고, 자주독립·자유 민권·자강 혁신을 도모하는 데 활동 목표를 두었다. 이를 위해 독립신문을 발간하여 국민을 계몽하였으며, 중국에 대한 사대(事大)의 상징인 영은문을 헐고 그 자리에 독립문을 세워 자주독립의 의지를 보여 주었다. 또 토론회와 연설회를 개최하여 사람들에게 자주독립 의식을 심어 주었다. 이와 함께 러시아 공사관에 머물고 있던 고종을 환궁시키고 열강에 빼앗겼던 이권을 되찾고자 노력하였다.

독립협회는 서울의 종로에서 만민공동회를 열고, 정치·사회 문제 등에 관한 토론회를 열었다. 이를 통해 외세에 의존하는 정부를 비판하기도 하고, 혁신적인 개혁 정치를 요구하기도 하였다. 만민공동회의 요구가 점점 강해지자, 정부는 이에 위협을 느끼고 독립협회를 탄압하기 시작하였다. 결국 보부상들이 중심이 된 황국협회를 앞세워 독립협회와 충돌하게 한 후, 이를 구실로 독립협회를 해산시켰다.

(2) 대한제국의 탄생과 광무개혁

독립협회의 활동으로 자주독립에 대한 여론이 크게 확산되었다. 자주독립 의식이 고취되는 가운데, 러시아 공사관에 있던 고종이 1년 만에 경운궁(지금의 덕수궁)으로 돌아왔다. 고종은 이러한 여론에 힘입어 자주독립 국가로서의 면모를 갖추기 위해 왕의 칭호를 황제로 하기로 하고, 국호도 '대한제국'이라고 바꾸었다. 그리고 연호를 광무로 정한 다음 황제에 즉위하였다(1897).

대한제국은 자주독립 국가의 모습을 갖추는 데 필요한 여러 가지 개혁을 단행하였다. 이를 광무개혁이라고 한다. 우선 황제권을 강화하여 행정권, 입법권 등 모든 권한을 황제에게 집중시켰다. 그리고 자주성 확보를 위해 국방력과 경제 발전을 위한 산업의 육성 및 교육의 진흥에 힘을 기울였다. 국방력을 강화하기 위해 원수부를 설치하여 황제가 군권을 장악하도록 했으며, 황제를 호위하는 시위대를 대폭 증강하였다. 농민의 생활 안정과 국가 재정의 확보를 위해 전국에 걸쳐 토지 조사를 실시하여 소유주에게 토지 증서인 지계(地契)를 발급하였고 각종 공장의 설립, 유학생의 파견, 실업 교육의 강화, 교통 통신 시설의 개선, 병원의 설립 등을 추진하였다.

광무개혁은 전제 군주제를 강화하여 강력한 황제권을 갖도록 하였고, 이를 바탕으로 국방, 산업, 교육 등 여러 분야에 걸쳐 개혁을 추진하였다. 그러나 집권층 가운데 개혁을 반대하는 보수적인 사람들도 적지 않았고, 일부 관료들은 외세 의존적인 태도를 보였다. 결국 집권층 내부의 보수적인 경향으로 광무개혁은 큰 성과를 거두지 못하였다.

(3) 일본의 조선 주권 침탈

대한제국은 광무개혁을 통해 자주독립 국가를 이루려고 하였지만, 외세의 침략을 막아 내지 못하였다. 한반도 침략의 야욕을 가지고 있던 일본과 러시아는 계속해서 대립하고 있었다. 청일전쟁에서 승리를 거둔 일본이 주도권을 잡기도 하고, 아관파천을 기회로 러시아가 세력을 얻기도 하였다. 한국을 둘러싼 일본과 러시아의 경쟁은 계속되었고, 결국 두 나라는 전쟁을 벌였다.

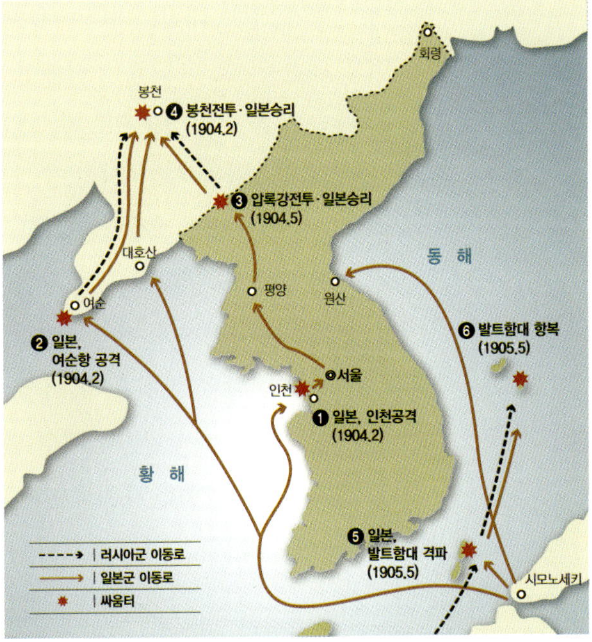

러일전쟁 상황

한반도를 둘러싸고 대립하던 일본과 러시아 사이에 전쟁이 일어났다. 1904년 2월, 일본이 러시아가 점령하고 있던 만주

프랑스 언론인 비고가 1904년에 그린 만화. 일본이 조선을 짓밟은 당시 정세를 잘 묘사했다.

의 여순을 기습 공격한 것이다. 러일전쟁이 발발하자 대한제국은 대내외에 중립국을 선언하였다. 그러나 일본은 이를 무시하고, 무력으로 서울을 침공하였다. 그리고 일본군을 한반도에 주둔할 수 있도록 한다는 내용의「한일의정서」(제1차 한·일 협약)를 강요하는 한편, 전쟁에 필요한 인적 물적 자원을 징발하였다. 또한 일방적으로 독도를 시마네현에 편입시킨다고 발표하였다. 그리고 일본은 일본이 추천하는 고문을 대한제국 정부에 둔다는 협약 내용에 따라 내정에 간섭하였다. 이로서 대한제국의 주권은 크게 손상을 입게 되었다.

대한제국은 러일전쟁 직후부터 일본의 노골적인 침략을 받았다. 러일전쟁에서 승리한 일본은 대한제국을 보호국으로 만들고자 하였다. 일본은 천황의 특사로 이토 히로부미를 파견하여 '을사조약'(제2차 한·일 협약)을 강요하였다. 참정대신 한규설 등이 반대하였지만, 일본은 이완용·박제순·권중현 등 일부 대신들의 협력을 얻어 1905년에 '을사조약'을 체결하였다. 이는 대한제국의 외교권을 일본이 행사하고, 일본은 서울에 통감부를 설치한다는 것을 주요 내용으로 하고 있었다. 이로서 대한제국은 일본에게 주권을 빼앗기고, 통감부로부터 내정 간섭을 받게 되었다.

을사조약 체결의 소식이 전해지자, 사람들은 크게 분개하였다. 을사조약의 내용은『황성신문』에 실린 장지연의 논설인 '시일야방성대곡'을 통해 세상에 알려졌다. 이를 계기로 조약에 서명하지 말라는 상소와 함께 이에 찬동한 이완용, 박제순 등 다섯 매국노를 처단하라는 상소가 빗발쳤다. 또한 민영환, 조병세 등을 비롯한 많은 애국지사들이 자결로써 항거하였고, 전국 각지에서 의병을 일으켜 일본군과 싸웠다.

(4) 의병 항쟁

을사조약 체결 소식이 전해지자 전국 각지에서 대규모 의병 부대들이 결성되었다. 충청도 홍성, 전라도 태인 등을 비롯하여 전국 각지에서 의병들이 다시 봉기하기 시작하였다. 의병의 형태도 유생층들이 주도하던 기존의 형태와 달리 신돌석, 홍범도 등과 같이 평민 출신들이 의병을 일으킨 경우가 많았다.

의병은 나라의 위급을 구하기 위해 백성들이 자발적으로 조직한 군대였다. 따라서 제대로 된 조직 체계도 없었고, 무기도 변변치 않았다. 짐승을 사냥할 때 쓰는 사냥총과 화승총이 이들의 주요 무기였다. 이러한 무기를 가지고 근대식 무기를 가진 일본군과 싸워 이긴다는 것은 처음부터 어려운 일이었다. 의병 자신들도 이를 알고 있었지만, 나라가 망하는데 백성으로서 가만히 있을 수 없었기 때문에 열악한 무기라도 손에 들고 일본군과 맞서 싸웠다.

의병들은 1907년 해산된 대한제국의 군인들이 합류하면서 보다 조직적으로 활동하게 되었다. 무엇보다도 군인들이 사용하던 근대식 무기를 갖추게 되었으며 전략도 바뀌었다. 전국 각지에서 산발적으로 활동하던 의병 부대들이 한곳에 집결하여 13도 창의군이라고 하는 대규모 연합 부대를 결성하였다. 이인영을 총대장으로 한 의병 연합 부대는 일본군을 몰아내기 위해 서울 진공 작전을 개시하였고, 일본군과 치열한 전투를 벌였다. 그러나 우세한 화력을 가진 일본군에게 패하고 말았다. 의병들 중 상당수는 만주와 연해주로 이동하였고, 이들은 후일 독립군으로 활동하였다.

(5) 구국 계몽 운동

유생층과 일반 백성들이 의병 부대를 결성하여 일본군과 전투를 벌이고 있을 때, 개화파 지식인들은 국민을 계몽하는 구국 계몽 운동을 전개하였다. 개화파 지식인들은 일본에게 국권을 빼앗긴 것은 나라에 힘이 없기 때문이라고 보고 국력을 길러 국권을 회복하고자 하였다. 이를 위해 개화파 지식인들은 대한자강회, 신민회 등 각종 정치 단체들을 조직하여 국민 계몽 운동을 전개하였다.

구국 계몽 운동은 언론을 통한 민족의식 고취, 교육과 산업 진흥 등 다양한 방법으로 전개되었다. 을사조약을 폭로한 『황성신문』은 항일 민족의식을 고취하는 데 앞장섰으며, 영국인 베델(Bethell)을 발행인으로 하는 『대한매일신보』는 일본의 침략과 항일 운동을 보도하면서 구국 운동의 대변지 역할을 하였다.

여러 민간단체 중에서 적극적으로 구국 운동을 주도한 것은 신민회였다. 신민회는 1907년 안창호, 양기탁 등이 조직한 것으로 자주독립을 확립할 수 있는 역량을 기르는 데 목표를 두었다. 민족 교육의 추진, 민족 산업의 육성, 민족 문화의 계발 등에 중점을 두었으며 특히 전국 각지에 많은 학교들을 설립하였다. 교육을 통해 나라의 실력을 양성한다는 교육 구국 운동이었다. 1910년, 일본에 의해 결국 나라를 빼앗기게 되자 이들은 해외로 나가 독립운동 기지를 건설하고 독립운동을 계속 전개해 나갔다.

(6) 고종의 강제 퇴위와 대한제국의 멸망

을사조약을 계기로 의병 항쟁과 구국 계몽 운동이 전개되는 가운데, 고종은 일제의 침략을 국제 사회에 알리고자 하였다. 1907년 네덜란드 헤이그에서 제2차 만국평화회의가 열린다는 소식을 접하고, 고종은 비밀리에 이상설, 이준, 이위종 세 사람을 특사로 파견하였다. 이들로 하여금 만국평화회의에 참석하여 을사조약 체결의 부당성과 일제의 침략을 세계에 알리고자 한 것이다. 3명의 특사는 헤이그에 도착하였으나, 회의에는 참석하지 못하였다. 이들은 각국의 대표들을 찾아다니며, 또는 기자들을 대상으로 을사조약의 불법성을 알렸다. 그러나 고종은 네덜란드 헤이그에 특사를 파견한 일로 인해, 일본의 강요에 의해 강제 퇴위를 당하게 되었다. 일본은 헤이그 특사 파견을 구실로 고종을 협박하였고, 끝내 황제의 자리에서 물러나도록 하였다(1907). 이어 일본은 대한제국 정부의 각부 차관에 일본인을 두도록 하는 내용의 「정미 7조약」을 강요하였고, 대한제국의 군대마저 해산시켜 버렸다. 그리고 대한제국의 사법권을 빼앗고, 경찰권마저 통감부에서 장악하여 행정·사법·치안 등 모든 분야에 대한 지배권을 차지하였다.

대한제국의 주권을 차례차례 강탈한 일본은 대한제국 병합을 드디어 실행에 옮겼다. 일본은 대한제국을 합병하기로 하고 1910년 5월에 새 통감으로 데라우치(寺內正毅)를 임명하였다. 데라우치는 친일파인 이완용을 앞세워 대한제국을 일본에 병합한다는 조약을 강요하였고, 8월 29일 조약을 발표하였다. 이로서 1392년 건국한 이래 519년 동안 유지되어 오던 조선은 대한제국이라는 이름으로 멸망하고 말았다.

조선 왕릉

조선 왕릉은 조선의 27대 왕과 왕비, 그리고 추존된 왕과 왕비의 무덤을 모두 통틀어 이르는 말이다. 쿠데타에 의해 폐위된 제10대 연산군, 제15대 광해군 두 왕의 무덤은 포함되지 않는다. 조선 왕릉은 전체 42기 가운데 북한에 있는 2기를 제외하고 남한에 있는 40기가 세계문화유산에 등재되었다.

유교 사상을 국가의 근본이념으로 삼았던 조선은 '조상 숭배'가 매우 중요시되었다. 조상 숭배는 유교 사상의 근간인 '효'의 실천이었으며, 따라서 나라의 최고 권위자인 왕의 무덤을 신성화하는 것은 매우 중요한 전통이었다. 더구나 죽은 왕의 무덤을 웅장하게 만들고 참배함으로써 죽은 왕에 대한 숭배뿐만 아니라, 현재 살아 있는 왕의 권위까지도 강화시킬 수 있었다.

조선 왕릉은 서울과 그 인근에 자리하고 있다. 왕릉은 당시 수도인 한양을 중심으로 반경 4킬로미터 밖에서 40킬로미터 안에 두도록 하는 법이 존재했기 때문이다. 조선 왕릉은 풍수지리 사상을 바탕으로 조영되었으며, 아름다운 주변 산세와 어우러져 주목할 만한 신성한 공간을 창출하였다. 공간 배치는 엄격한 질서에 따라 구성되었는데 봉분과 무덤 앞의 조각상, 제사용 건물 등은 전체가 조화를 이루도록 건설되었다.

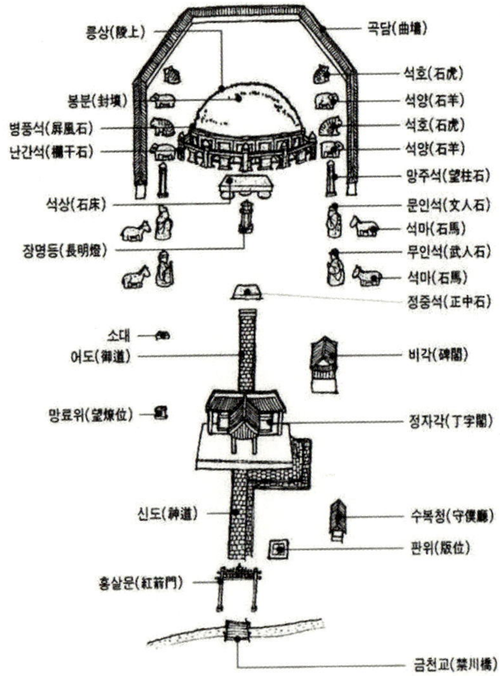

왕릉의 구조

현릉(문종)

조선 제 5대 왕인 문종과 현덕왕후가 잠들어 있는 현릉

한국의 세계기록유산

승정원일기

승정원은 국왕의 비서실에 해당하는 기관으로 국정 전반에 걸친 사실들을 일기식으로 정리하였는데, 이것을 『승정원일기』라 한다. 기재 방식을 보면 한 달을 기준으로 책머리에 월간 경연 상황, 내전(內殿)의 동향을 기록하고 다음으로 승정원의 관리 및 당직자의 표시와 출근 실태를 표시하고 마지막에 승정원의 업무 현황, 왕 및 내전의 문안, 승정원의 인사 관계 등의 내용을 실었다. 『승정원일기』는 한 달에 1책씩 작성하는 것을 원칙으로 하였으나 후대에는 내용이 많아져 한 달에 2책 이상이 되는 경우도 있었다. 1623년(인조 1) 3월부터 1894년(고종 31) 6월까지 272년간 승정원에서 처리한 국정 기록, 그리고 궁내부, 규장각으로 명칭이 바뀌면서 1910년(융희 4)까지 총 3,243책의 기록으로 남아 있다. 『승정원일기』는 총 3,243책에 글자 수 2억 4천 250만 자에 이른다. 『조선왕조실록』(888책, 6,400만 자), 중국의 25사(3,386책, 약 4,000만 자)보다 더 방대한 세계 최대의 연대 기록물이다.

『승정원일기』는 국왕이 처결한 각종 현안에 대한 비공개 기록이자 조선 역사의 일차 자료로서 그 가치가 매우 크다. 『승정원일기』는 『조선왕조실록』을 편찬할 때 기본 자료로 이용되었기 때문에 실록보다 오히려 가치 있는 자료로 평가되고 있다. 더구나 원본 1부만이 작성되어 더욱 귀중한 국보라고 할 수 있다. 이러한 희소성과 세계 최대 및 1차 사료로서의 가치를 인정받아 2001년 9월 유네스코 세계기록유산으로 등록되었다.

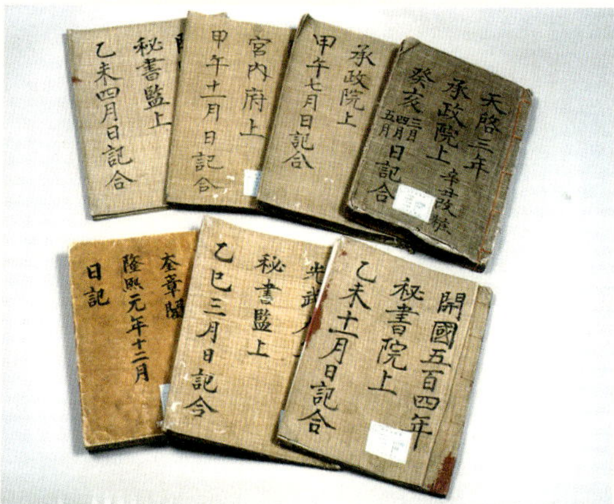

조선왕조의궤

의궤는 조선 왕조의 국가 의례를 비롯한 중요 행사를 행사 진행 과정을 정해진 격식에 의거하여 정리 작성한 기록물이다. 이러한 형태의 기록은 중국, 일본 등의 다른 나라에서는 아직 확인되지 않고 있다.

의궤는 조선 왕실의 결혼식, 장례식, 연회, 그리고 사신 영접과 각종 건축물과 왕릉의 조성 등에 대한 것을 그림에 담았다. 이것은 조선 500년의 생활상을 시각적으로 이해할 수 있는 자료로 귀중한 가치를 가지고 있다.

총 3,895여 권의 방대한 분량에 이르는 의궤는 왕실의 주요한 의식이 시기별, 주제별로 정리되어 있다. 특히 행사 모습 묘사는 당시의 모습을 입체적으로 생동감 있게 보여 준다. 예컨대 정조의 능행도(陵幸圖)는 전 여정을 15.4m에 걸쳐 표현하고 있다. 의궤는 장기간에 걸쳐 조선 왕조의 주요 의식을 방대한 양의 그림과 글로 체계적으로 담고 있으며 이러한 유형은 동서양 전 세계적으로 유례를 찾아볼 수 없다는 점에서 매우 뛰어난 기록유산의 가치를 지니고 있다.

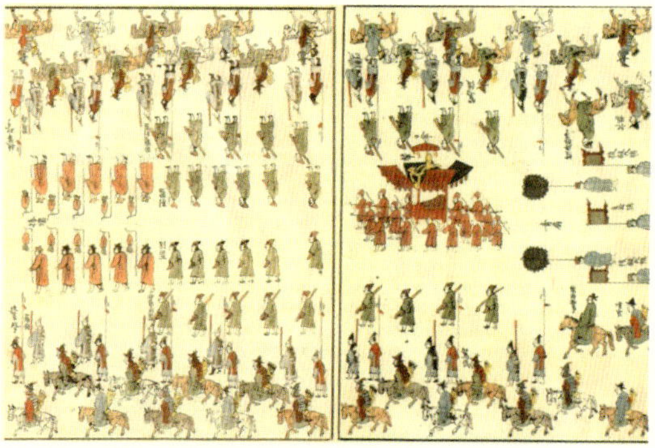

도움글

외규장각 도서

강화도에는 왕의 임시 처소인 행궁과 사당인 만녕전 등 왕실 건물이 있었다. 그리고 조선은 서울에 규장각, 강화도에 외규장각을 두고 각종 귀중 도서를 보관하고 있었다. 당시 외규장각에는 약 6천여 권의 왕실 귀중 도서가 보관되어 있었다.

강화도 외규장각

병인양요를 일으켜 강화도를 일시 점령한 프랑스군은 철수하면서 많은 물자를 약탈해 갔다. 프랑스군은 20만 프랑의 금은과, 귀중 도서 300여 권을 약탈하여 나폴레옹 3세에게 바쳤다. 이때 약탈해 간 외규장각 도서는 현재 파리 국립도서관에 보관되어 있다.

백두산정계비(白頭山定界碑)

1437년(세종 19)에 6진(六鎭)을 설치하여 백두산 동·서의 두만강·압록강이 조선과 명의 국경선이 되었다. 그러나 압록·두만강의 원류인 백두산 근처의 경계는 명확하지 않아 일종의 공백 지대로 남아 있었다. 그리고 명을 이은 청은 만주 일대를 그들의 발상지라 하여 개간과 출입을 금지하는 봉금령(封禁令)을 선포하였다. 그리하여 만주는 조선과 청 사이에서 일종의 완충 지대가 되었다. 이러한 가운데 청의 강희제(1654~1722)가 백두산을 조상의 발상지로서 관심을 갖기 시작하자 양국 간에 충돌이 시작되었다. 그리하여 1712년에 백두산 귀속 문제를 위해 조선과 청의 사신이 만나, 백두산 정상에서 동남쪽으로 4km 떨어진 곳에 정계비를 세웠다. 그러나 문구 해석의 문제로 양국의 국경 분쟁은 계속되었다.

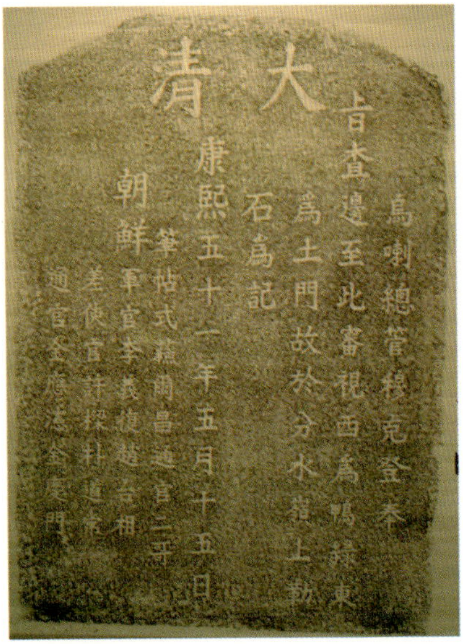

백두산정계비 내용

1881년에 청이 봉금령을 해제하고 간도 이주와 개간을 장려하면서 간도의 영유권 문제가 발생되었다. 정계비문 가운데 경계를 "서쪽은 압록으로, 동쪽은 토문으로 한다(西爲鴨綠 東爲土門)"는 내용에서, 청은 토문을 두만강이라 하여 이른바 간도(間島)를 청의 영토라고 주장했다. 그러나 조선은 두만강은 정계비에서 수십 리 밖의 지점에서 발원하며, 정계비 근처의 한 물줄기가 토문강으로 이어지므로 토문은 곧 토문강이 확실하다고 했다. 이러한 분쟁은 해결되지 않다가 을사조약으로 대한제국의 외교권을 박탈한 일본이 청과 간도협약을 맺어 남만주철도부설권을 얻는 대신 간도를 청의 영토로 인정해 주었다. 백두산정계비는 1931년 만주사변 직후 없어졌다.

참고문헌

김도형, 『대한제국기의 정치사상연구』, 지식산업사, 1994

이태진 편, 『일본의 대한제국 강점』, 까치, 1995

한영우, 『다시 찾는 우리역사』, 경세원, 1997

국사편찬위원회, 『한국사』 1(총설), 2002

서영희, 『대한제국 정치사 연구』, 서울대출판부, 2003

강만길, 『고쳐 쓴 한국 근대사』, 창비, 2006

한국사연구회 편, 『새로운 한국사 길잡이』, 지식산업사, 2008

한국근현대사학회, 『한국근대사강의』, 한울아카데미, 2008

역사비평편집위원회, 『논쟁으로 읽는 한국사』 2, 역사비평사, 2009

Ⅷ. 식민지 시대와 독립운동

개요

한국인들은 1910년에 일본에게 국권을 강탈당하고, 일본의 지배를 받게 되었다. 일본의 식민 통치는 세계에서 유례를 찾아볼 수 없을 정도로 가혹했다. 강력한 군사력과 경찰력을 동원하여 한국인들의 자유를 완전히 통제하였고, 토지와 식량을 비롯한 각종 약탈을 자행하였다. 그뿐만 아니라 중국 및 미국 등과 전쟁을 수행하면서 한국인들을 마구잡이로 끌고 가 전쟁에 동원하였다.

한국인들은 일본에게 빼앗긴 국토와 주권을 되찾기 위해 국내외 각지에서 치열하고도 끈질기게 독립운동을 전개하였다. 1919년 3월 1일 독립을 선언한 후 전 민족이 일어나 일본의 지배에 항거한 것을 비롯하여 독립군의 무장 투쟁, 학생 운동, 노동자·농민 운동, 민족 문화 수호 운동 등 다양한 방법으로 독립운동을 전개하였다. 특히 독립을 선언한 직후인 1919년에 대한민국 임시 정부를 수립하여, 일본이 패망할 때까지 독립운동을 지도하였다. 이러한 독립운동의 결과 한국인들은 1945년 해방을 맞게 되었다.

1. 일본의 식민 통치와 국내의 독립운동

(1) 일본의 강압 통치

한국인들은 일본에게 국토와 주권을 빼앗기고 식민 지배를 받게 되었다. 대한제국을 강제로 병합한 일본은 조선에 총독부를 설치하였다. 조선 총독은 일본의 육군·해군 대장 중에서 임명되었고, 이들은 한반도에 대한 입법·사법·행정 등 모든 권한을 가지고 있었다.

조선총독부에 의한 일본의 식민 지배는 헌병 경찰을 앞세운 강압적인 무단 통치였다. 전국 각지에 일본 헌병과 경찰이 배치되었고, 한국인을 위협

일본은 경복궁 앞마당에 총독부 청사를 지어 식민 통치의 상징으로 삼았다. 1916년 6월에 기공하여 10년 만인 1926년에 완공된 조선총독부 청사 공사 현장.

하기 위해 일반 관리는 물론이고 교원들에게도 제복을 입게 하고 칼을 차도록 하였다. 그리고 한국인의 모든 정치 활동을 금지시켰다. 신민회를 비롯하여 기존의 단체들은 모두 일본의 탄압을 받았고, 105인 사건 등으로 수많은 애국지사들이 체포되어 투옥되거나 목숨을 잃었다.

한국인들에게는 인간의 기본권인 언론·출판·집회·결사의 자유 등조차 허락하지 않았다. 『황성신문』, 『대한매일신보』 등 한글로 된 신문의 발행은 모두 금지되었고, 단체를 조직할 수도 없었다. 이러한 일본의 강압적인 식민 통치로 인해 국내에서 활동을 할 수 없게 되자 많은 민족 지도자들은 만주, 연해주, 미국 등의 해외로 망명하였다.

한국인들은 일본의 수탈로 인해 커다란 고통을 당하게 되었다. 그중에서도 가장 대규모적으로 추진된 것은 토지의 수탈이었다. 일본은 국권을 빼앗은 직후 이른바 토지 조사 사업이라는 이름으로 토지를 수탈하였다. 이는 토지 소유 관계를 근대적으로 정리한다는 구실을 내세웠지만 신고 절차가 복잡하고 까다로웠다. 이 때문에 대부분의 농민들은 토지를 신고하지 못하였고, 신고되지 않은 토지는 총독부의 소유가 되었다. 또 왕실이나 공공 기관에 속하였던 토지를 비롯하여 문중의 땅이나 공유지 등도 몰수하였다. 이렇게 수탈한 토지는 동양척식주식회사 등 일본인이 경영하는 회사에 불하하거나 한국에 이주해 오는 일본인에게 헐값으로 넘겨주었다.

조선총독부는 토지를 약탈한 데 이어 한국인의 산업 활동을 제약하고 온갖 자원도 약탈하였다. 조선총독부는 회사령을 공포하여, 회사를 설립할 경우 총독부의 허가를 받도록 하였다. 이는 한국인의 산업과 경제 활동을 억제하기 위한 조치였다. 이로 인해 민족 산업이 발전할 수 없었고, 민족 자본도 형성되지 못하였다. 대신 일본의 각종 기업들이 들어와 경제와 산업을 장악하게 되었다. 그리고 산림업, 광업 등을 일본인이 독점해

식민지 시대의 교육

징병

근로보국대

내선일체 교육

나갔으며 금, 은, 텅스텐, 석탄 등 주요한 자원들이 일본인의 손에 넘어갔다.

일본은 물질적인 수탈뿐만 아니라 정신적으로도 한국인들을 일본인으로 동화시키려는 정책을 추진하였다. 즉 일본 식민 통치의 궁극적 목표는 한국인들을 일본인으로 만드는 데 있었다. 일본은 1911년 8월 '충량한 제국 신민의 육성'에 목표를 둔 제1차 교육령을 발표하였다. 그리고 일본인을 천황의 적자로 보고 차별하지 않는다는 일시동인(一視同仁), 내선융화(內鮮融和), 내선일체(內鮮一體) 등의 구호를 내세우며 동화 정책을 추진해 나갔다. 한국어 사용을 금지하고 일본어를 배우도록 한 것, 성과 이름을 일본식으로 바꾸도록 한 것(창씨개명) 등과 같은 동화 정책이 추진되었다. 한국인의 입장에서 보면 이러한 동화 정책은 한국의 언어와 문화, 그리고 민족을 말살하는 것이었다.

(2) 3·1운동

한국인들은 일본에게 나라를 빼앗기고 식민 지배를 받게 되면서, 엄청난 분노와 불만을 갖게 되었다. 5천년 가까운 역사를 유지해 오면서 다른 나라에게 국토와 주권을 송두리째 빼앗기고 식민 지배를 받게 된 것은 처음 있는 일이었다. 오랜 역사를 유지해 온 자부심은 식민 지배를 받아들이기가 매우 어려웠고, 또 일본의 강압적인 무단 통치와 토지 조사 사업을 통한 토지의 수탈에 대한 반발도 컸다. 그러나 헌병 경찰을 동원한 일본의 강압 통치로 인해 분노와 불만을 겉으로 표출할 수 없었다. 이에 많은 애국지사들은 국외로 망명하여 독립운동 기지를 건설하여 독립운동을 전개하였고, 국내의 인사들은 비밀리에 대한독립의군부, 조선국권회복단, 광복회 등의 단체를 조직하여 활동하였다. 이들 단체들은 비밀리에 전국적으로 조직을 확대하는 한편, 군자금을 모집하여 국외에 보내거나 친일파를 숙청하는 활동을 전개하였다.

국내와 국외에서 독립운동을 전개하고 있을 때, 국제 정세에 커다란 변화가 일어났다. 1914년에 발발한 제1차 세계대전이 1918년 11월 연합국의 승리로 끝났고, 프랑스 파리강화회의에서 전후 새로운 국제 질서를 논의하기 시작한 것이다. 이러한 국제 정세 변화에 민감하게 대처한 것은 일본 유학생들이었다. 이들은 미국 대통령 윌슨이 제창한 민족자결주의가 약소민족에게 독립을 달성할 수 있는 기회라고 여겼고, 1919년 2월 8일 동경에서 조선청년독립단 명의로 독립선언서를 발표하였다.

국내의 인사들도 국제 정세 변화에 관심을 가지며, 이에 대한 대책을 마련하고자 하였다. 이 무렵 고종이 승하하였다. 특히 고종이 일본에 의해 독살되었다는 소문이 퍼지면서 일본에 대한 적개심이 고조되었다. 이를 계기로 일본 지배에 대한 분노와 불만이 표출되기 시작하였다. 이때 일본 유학생들이 독립을 선언하였다는 소식이 알려졌고, 국내의 인사들도 국제 정세 변화를 독립의 좋은 기회로 여기고, 고종의 장례일을 기하여 독립을 선언하기로 하였다.

독립 선언을 위한 준비는 천도교, 기독교, 불교 등 종교계가 주도하였다. 이들은 독립선언서를 작성하여 발표하고, 학생 및 시민들과 연계하여 독립을 요구하는 시위운동을 전개한다는 계획을 세웠다. 그리고 1919년 3월 1일 독립국임을 선언하는 독립선언서를 발표하였다. 한국인은 일본의 식민 지배를 받고 있지만 이를 인정하지 않으며 한국은 독립국이라는 것을 선언한 것이다. 독립선언서를 발표함과 동시에 학생과 시민들의 주도로 독립을 요구하는 시위운동에 들어갔다. 사람들은 거리로 나와 태극기를 들고 '대한 독립 만세'를 외쳤다. 3월 1일 서울에서 시작된 시위는 전국 각지로 퍼져 나갔다. 시위에는 학생과 시민들을 비롯하여 남녀노소 신분의 귀천을 불문하고 모든 한국인들이 참여하였다. 전국적으로 모든 계층의 사람들이 참여한 대규모 시위운동이었다. 5월 말까지 지속된 시위는 전국 218개 군에서 약 2백만 명이 참여하였다. 그뿐만 아니라 시위운동은 국외로 확산되어 만주, 연해주, 미국 등 한국인이 거주하는 곳에서는 어디서든지 시위운동이 일어났다.

독립을 선언하고 시위를 전개한 이 운동을 흔히 3·1운동이라고 한다. 3·1운동은 태극기를 들고 '대한 독립 만세'를 부르는 평화적이고 비폭력적인 것이었다. 그러나 일본은 군인, 헌병, 경찰 등을 동원하여 3·1운동을 탄압하였다. 이 과정에서 발포, 살육, 고문, 방화 등 무차별적인 무력 진압이 자행되었고, 수많은 희생자가 발생하였다. 3월부터 5월까지 3개월간 일본 군경에 의하여 피살된 사람이 7천 5백 명이 넘었으며, 체포·투옥된 사람이 4만 6천 명에 달하였고 1만 6천여 명이 부상당하였다. 그리고 49개소의 교회와 학교, 715호의 민가가 불타 버렸다. 특히 천안 아우내 장터에서 만세 운동을 하다 붙잡혀 고문 끝에 죽은 유관순의 경우처럼 체포당한 사람들의 고통은 이루 말할 수 없었다.

유관순 체포 서류

3·1운동은 한국인 모두가 참여한, 또 전국적으로 전개된 항일 독립운동이었다. 일본의 무자비한 탄압으로 인해 독립을 쟁취하는 데까지 이르지는 못하였지만, 3·1운동은 한국의 독립운동, 그리고 다른 약소민족에게 커다란 영향을 주었다. 3·1운동을 계기로 중국 상해에서 대한민국 임시 정부가 수립되었고, 만주 지역에서는 독립군이 활발하게 항일 무장 투쟁을 전개하였다. 중국의 5·4운동, 인도와 베트남, 필리핀, 이집트 등 여러 나라의 독립운동은 3·1운동에 영향 받은 바가 컸다.

(3) 민족의 실력 양성 운동

3·1운동은 일본에게 커다란 충격을 주었다. 이에 일본은 식민 통치 방식을 바꾸었다. 강압적인 무단 통치로는 한계가 있다고 보고, 헌병 경찰 제도를 보통 경찰 제도로 바꾸는 등 문화 통치를 내세웠다. 문화 통치는 표면적으로는 한국인들에게 일정한 자유를 허용하였다. 그러나 내면적으로는 한국인들을 회유하여 친일파를 육성하며, 한국인의 단결을 억제하고 분열을 조장하는 교활한 정책이었다. 다른 한편으로는 산미 증식 계획 등을 표방하며 부족한 식량 문제를 해결하기 위해 쌀을 약탈하는 데 주력하는 등, 경제적 착취와 수탈을 적극적으로 자행하였다.

한국인들은 이러한 일본의 정책에 대항하며, 민족의 실력을 양성하는 운동을 전개해 나갔다. 민족 산업을 발전시키고, 민족 자본을 육성하여 경제적 자립을 도모하고자 했다. 자급자족, 국산품 애용 등을 내세우며 물산 장려 운동을 전국적으로 전개한 것이 대표적인 예이다. 또 교육을 통해 실력을 양성하고자 한국인의 힘으로 대학을 설립하려는 민립 대학 설립 운동을 전개하였고, 청년 학생들은 야학을 세워 문맹 퇴치 운동에 나서거나 농촌 계몽 운동을 통해 민중을 계몽하는 데 앞장섰다.

특히 학생들은 학교에 독서회 등 비밀 조직을 결성하면서 독립운동의 역량을 키워 나갔다. 이들은 동맹 휴학 등의 방법으로 민족 차별 교육과 일제의 식민 지배에 저항하였으며, 1926년 6월 10일에는 순종의 장례일을 기해 대규모 독립 만세 시위를 벌였다. 그리고 1929년 11월 3일에는 전라도 광주에서 한일 학생들 사이에 일어난 충돌을 계기로 대규모 반일 학생 운동을 일으켰다. 광주학생운동은 순식간에 전국 각지로 퍼져 나갔고, 일반 시민들도 이에 가담하였다. 6·10만세운동과 광주학생운동은 3·1운동에 이어 가장 큰 규모의 독립운동이었다.

또한 지식층을 중심으로 한 지도자들은 민족의 단결과 역량을 확대시켜 나갔다. 민족주의 계열과 사회주의 계열의 인사들이 신간회를 결성한 것이 대표적인 예이다(1927). 신간회는 정치적 이념을 달리하고 있던 좌우 인사들이 민족의 단결과 역량 강화를 위해 결성한 협동 전선체였다. 설립 이후 신간회는 각 지방에 지회를 설치하여 조직을 전국적으로 확대시켜 나가는 한편, 민족의 역량을 결집시켜 항일 독립운동을 전개하였다.

일본의 민족 문화 및 민족 말살 정책에 대항하여 민족 문화를 지키기 위한 운동도 전개되었다. 조선어학회가 한글을 연구하고 보급한 일, 박은식·신채호를 비롯한 역사학자들이 우리나라 역사를 연구한 일, 한용운·심훈 등이 시와 소설 등 문학 작품을 통해 민족의식을 고취한 일, 나운규가 한국적 정서와 일제에 대한 저항 의식을 표현한 영화 '아리랑'을 제작한 일 등이 모두 이러한 활동이었다.

2. 임시 정부 수립과 해외의 독립운동

(1) 해외 독립운동 기지의 건설

한국인은 일본의 침략을 받으면서 이를 물리치기 위해 항거하였다. 이를 흔히 '구국 운동'이라고 한다. 그러나 구국 운동은 일본의 침략을 막아 내지 못하였고, 1910년 일본에게 국토와 주권을 빼앗기게 되었다. 이후 구국 운동은 빼앗긴 국토와 주권을 되찾기 위한 독립운동으로 이어졌다.

1910년 경술국치를 전후하여, 많은 민족 지도자들은 해외에 독립운동 기지를 건설하였다. 일본의 무단 통치로 인해 국내에서 활동이 어렵게 되자, 해외로 망명하여 독립운동 근거지를 마련한 것이다. 압록강 건너편인 서간도의 유하현 삼원보, 두만강 건너편인 북간도의 용정, 러시아 영토인 연해주 지역의 블라디보스토크, 상해·북경 등 중국 대륙, 하와이를 비롯한 미주 지역 등에 독립운동 기지가 건설되었다.

독립운동 기지를 건설하면서 일본을 상대로 독립운동을 어떻게 전개할 것인가 하는 전략을 마련하였다. 독립운동 전략은 민족의 군대로 독립군을 양성하였다가 일본이 중국, 미국, 소련 등과 전쟁을 하게 될 때, 이들과 함께 대일 전쟁을 수행하여 독립을 쟁취한다는 것이었다. 이를 한마디로 '독립전쟁론'이라고 한다.

한국의 독립운동은 대체로 이러한 '독립전쟁론'이라는 전략에 의해 전개되었다. 독립운동 기지가 건설된 곳에서는 어디서든지 학교를 세워 민족교육을 실시하였고, 또 서간도의 신흥무관학교와 같이 여러 형태의 무관학교를 세워 독립군을 양성하였다. 심지어는 국내와 수만 리나 떨어져 있던 하와이에서도 독립군을 양성하여 대조선국민군단을 편성한 일도 있다. 그리고 자치 기구를 조직하여 한인들의 생활 안정을 도모하는 한편, 독립운동을 추진하기 위한 단체들을 조직하여 활동하였다.

임시 정부 요인들

1910년대에 서간도·북간도·연해주·중국 대륙·미주 지역 등 해외 곳곳에 독립운동 기지가 건설되었고, 이를 중심으로 항일 독립운동을 전개하기 시작하였다. 독립운동은 국내를 비롯하여, 한국인이 거주하는 곳이면 어디서든지 전개되었다. 지역적으로는 국내외 각지에서, 또 시간적으로는 1945년 일본이 패망하여 해방을 쟁취할 때까지, 한국인들은 조국의 독립과 민족의 해방을 위해 치열하고 끈질기게 독립운동을 전개하였다.

(2) 대한민국 임시 정부의 수립

1919년 3월 1일, 한국인들은 독립을 선언하였다. 일본의 식민 지배를 부정하고, 한국은 독립국임을 선포한 것이다. 독립국임을 선포하였으니, 독립국을 세워야 했다. 독립국으로 수립한 것이 대한민국 임시 정부였다.

독립을 선언한 후, 국내외에서 활동하던 민족의 지도자들은 독립국을 세우고자 하였다. 독립국을 세울 수 있는 장소는 중국 상해로 정해졌다. 상해에는 이미 1910년대 초부터 독립운동 기지가 건설되었고, 또 서양 여러 나라 조계지가 있던 국제도시이기도 했다. 국내외에서 많은 인사들이 상해로 모여들었다. 이들은 먼저 현재 국회와 같은 임시의정원을 구성하였다. 그리고 제1차 임시의정원 회의를 개최하여, 1919년 4월 11일 국호를 대한민국으로 정하고, 임시 정부를 수립하였다.

대한민국 임시 정부의 수립은 한국의 역사를 뒤바꾸어 놓은 커다란 변화였다. 대한민국 임시 정부는 국민이 주권을 행사하는 민주공화제 정부로 수립되었다. 수천 년 동안 군주가 행사해 오던 국가의 주권이 국민주권으로 바뀌고, 전제군주제에서 민주공화제의 역사로 바뀐 것이다. 이후 대한민국 임시 정부는 민주공화제 정부로 유지·운영되면서, 한국 역사에서 국민주권과 민주공화제를 정착·발전시켰다. 그리고 일본의 식민지 지배에서 해방된 후 대한민국 정부로 계승되었다.

대한민국 임시 정부는 민족의 대표 기구인 동시에, 독립운동을 지도하는 최고 기관이었다. 대한민국 임시 정부는 수립 이후 1945년 해방이 될 때까지, 이러한 임무와 역할을 수행하였다. 헌법을 제정하여, 이를 기초로 정부를 조직하고 운영하였다. 초기에는 대통령제를 채택하여 이승만을 초대 대통령으로 선출하였고, 이후 헌법을 개정하여 국무령, 주석을 행정 수반으로 삼았다. 그리고 내무, 외무, 법무, 군무 등의 행정 부서를 두고, 정부의 조직을 유지·운영하였다.

대한민국 임시 정부는 초기에 대통령에 대한 탄핵 문제로 인해 정부를 유지하기조차 어려운 상황을 맞기도 했다. 그러나 많은 어려움 속에서도 정부의 조직을 유지·운영해 나갔다. 그리고 1940년대에는 김구를 주석으로 선출하여, 독립운동 최고 기관으로 활발하게 독립운동을 주도하였다.

대한민국 임시 정부는 수립 초기에 연통제와 교통국 등의 조직망을 통해 국내의 국민들과 연계를 맺었다. 그리고 만주·연해주·미주 등지에 있는 한인들과도 긴밀한 관계를 맺으며, 독립운동을 전개해 나갔다. 국내외 국민들은 대한민국 임시 정부를 전폭적으로 지지하였고, 인구세·독립금·애국금 등의 명목으로 재정적 지원을 아끼지 않았다. 이를 기반으로 한인애국단을 조직하여 일본 천황을 처단하려는 의거(이봉창 의사의 일황 저격 의거, 1932. 1. 8)와 상해에서 일본 군·정 요인들을 처단하는 의거(윤봉길 의사의 홍구 공원 의거, 1932. 4. 29)를 결행하였다. 그리고 1940년에는 한국광복군을 창설하여 연합군과 함께 대일 항전을 전개하였다.

(3) 독립군의 무장 투쟁

한국인들은 해외 여러 곳에 독립운동 기지를 건설하여 독립군을 양성하였다. 특히 지리적으로 가까운 서간도와 북간도 지역에서 수많은 독립군을 양성하고, 이들을 중심으로 독립군 부대들을 결성하였다. 서간도에서는 신흥무관학교를 설립하여 3천여 명에 가까운 독립군을 양성하였고, 이들을 기초로 서로군정서를 비롯한 많은 독립군 부대가 결성되었다. 북간도에서도 대한독립군·북로군정서·국민회군·군무도독부 등의 독립군 부대들을 결성하였다.

만주 지역의 독립군들은 압록강과 두만강을 건너 수없이 많은 국내 진입 작전을 전개하였다. 주로 국경 지방에 있는 일본의 기관을 습격하고, 일본 군경과 치열한 전투를 벌였다. 소규모 전투로 일본에게 커다란 피해를 입혔던 독립군은 봉오동과 청산리에서 일본군과 대접전을 벌여 큰 승리를 거두었다. 독립군에게 피해를 입었던 일본군이 1920년 6월 독립군의 근거지였던 봉오동을 공격해 오자, 홍범도가 지휘하는 대한독립군은 이들을 봉오동 골짜기로 유인하여 1개 대대 병력을 섬멸하였다. 봉오동 전투에서 패배한 일본군은 이에 대한 보복 작전으로 대규모 병력을 동원하여 독립군을 공격

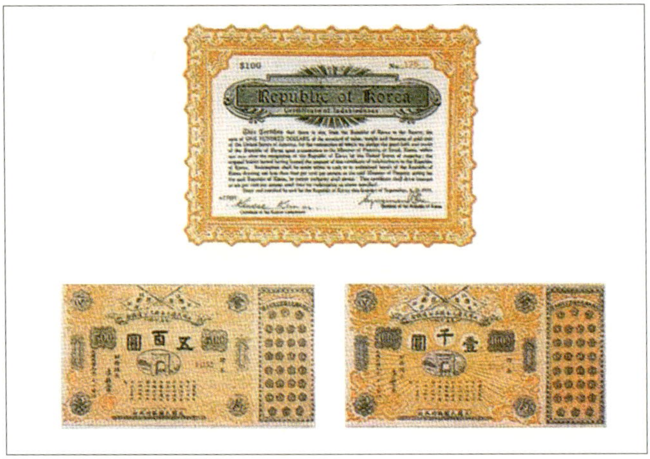

독립자금 모금 공채

하였다. 이때 김좌진이 이끄는 북로군정서군과 홍범도가 이끄는 대한독립군 등이 청산리 일대에서 일본군을 맞아 치열한 전투를 벌였다. 10월 21일부터 26일까지 계속된 전투에서 독립군은 일본군을 크게 격파하였고, 1천 2백여 명을 사살하였다. 이를 청산리 대첩이라고 한다.

一萬名의獨立軍

오백만원군자금을준비하야

조선내디침입을계획한다고

만주 지역의 독립군 활동(동아일보 1922년 8월 18일 자)

봉오동과 청산리에서 대패한 일본군은 그에 대한 보복으로 만주 지역에 거주하는 한인들을 학살하는 만행을 저질렀다. 일본군은 독립군을 소탕한다는 명목으로 만주 지역에 있는 한인 마을을 찾아다니며, 민가를 불사르고 닥치는 대로 한인들을 학살하였다. 당시 일본군은 1만여 명의 한국인을 살해하고 2,500채의 민가를 불태웠다(경신참변).

독립군들의 무장 투쟁은 1930년대에도 계속되었다. 1931년 일제는 만주사변을 일으켜 만주를 점령하였다. 당시 남만주 지역에서는 조선혁명군이, 북만주 일대에서는 한국독립군이 결성되어 활동하고 있었다. 그리고 만주에 살고 있던 중국인들이 자위대·구국군 등을 조직하여 일본군과 항전을 벌였다. 조선혁명군과 한국독립군은 이들 중국군 부대들과 연합하여 남북만주 일대에서 일본군과 치열한 전투를 전개하였다. 이러한 전투 중 쌍성보 전투와 대전자령 전투 등의 경우는 청산리 대첩 못지않게 일본군을 크게 무찌른 전투였다.

독립군의 대일 항전과 더불어 국내외에서 일본의 요인을 처단하거나 식민 통치 기관을 파괴하는 의열 투쟁도 전개되었다. 1919년 김원봉은 암살과 파괴를 목표로 한 의열단을 결성하여, 독립지사들을 체포·투옥한 종로경찰서를 비롯하여 전국 각지에 있는 일제의 경찰서에 폭탄을 투척하는 의거를 결행하였다. 또 1930년대에는 김구가 주도한 한인애국단이 결성되어, 단원이봉창 의사가 일본 동경 시내 한복판에서 일황을 처단하기 위해 폭탄을 투척하였으며, 윤봉길 의사는 상해의 홍구 공원에서 천장절 기념식 단상에 폭탄을 투척하여 일본의 군·정 요인들을 처단하는 의거를 결행한 것이 대표적이다. 이러한 의열 투쟁은 불특정한 다수를 대상으로 한 테러와는 성격이 다른 것이었다.

(4) 광복군의 창설과 연합군 공동 작전

대한민국 임시 정부는 수립 직후 여러 방법으로 독립군을 양성하고 있었다. 군무부 산하에 육군무관학교를 설립하여 독립군 간부를 양성하였으며, 황포군관학교를 비롯한 중국의 각종 군관학교에 한인 청년들을 보내 군사 훈련을 받도록 하였다. 그리고 1934년에는 장개석 정부의 지원을 받아 낙양군관학교에 한인 특별반을 만들어 한인 청년들에게 군사 훈련을 시켰다.

대한민국 임시 정부는 1940년 중국 정부가 임시 수도로 정한 중경에 정착하였다. 이를 계기로 한국광복군의 창설을 추진하였다. 당시 임시 정부에는 만주 지역에서 독립군을 조직하여 대일 항전을 전개하였던 군사 간부들이 있었고, 또 그동안 양성해 온 독립군들도 있었다. 이들을 중심으로 1940년 9월 총사령 이청천과 참모장 이범석을 중심으로 한 한국광복군 총사령부를 설립하였다. 광복군은 임시 정부의 국군이었다. 광복군이 창설된 후 중국 관내 지역에서 활동하던 조선의용대와 한국청년전지공작대가 편입해 왔다. 그리고 중국에 이주해 있던 한인 청년들을 모집하여 병력을 확대하였고, 지휘부인 총사령부와 그 산하에 3개 지대를 편성하는 군사 조직으로 발전하였다.

임시 정부가 광복군을 창설한 후, 미국과 일본의 전쟁이 일어났다. 1941년 12월 일본이 미국의 해군 기지인 하와이의 진주만을 기습 공격하였고, 미국이 이에 맞서 일본과 전쟁에 돌입한 것이다. 그리고 일본군이 버마와 인도를 공격하면서, 인도에 주둔하고 있던 영국군과도 전쟁을 벌이게 되었다.

미국과 영국이 일본과 전쟁을 벌이게 되자, 광복군은 이들과 연합하여 대일 항전을 전개하였다. 1943년 8월 광복군 대원들이 인도 버마 전선에 파견되어 영국군과 함께 1945년 7월까지 대일 전쟁을 수행하였다. 이들은 밀림 지대에서 벌어진 수많은 전투에 참가하여 활약하면서 영국군의 전투에 커다란 도움을 주었다. 특히 임팔 전투에서 영국군 1개 사단이 일본군에 포위되었을 때, 일제의 정보를 수집 분석하여 포위망을 벗어나는 데 큰 공헌을 세웠다.

광복군은 미국의 전략첩보기구인 OSS(Office of Strategic Services)와 공동으로 국내 진입 작전을 추진하기도 하였다. 광복군과 OSS의 합작은 양측의 필요에 의해 이루어졌다. 광복군은 연합군과 함께 대일 전쟁을 수행하고자 하였고, OSS는 한반도와 일본에 대한 적후 공작에 한국인을 이용하고자 했다. 이러한 이해관계에 의해 양측은 광복군에게 OSS 특수 훈련을 실시하고, 이들을 한반도에 투입시켜 적 후방 공작을 전개한다는 내용의 '독수리 작

1940년 12월 26일, 서안(西安)에서 찍은 광복군 총사령부 총무처 직원 일동.

전'(Eagle Project)에 합의하였다. 이에 의해 1945년 5월부터 광복군 대원들이 OSS 훈련을 받았고, 8월 4일 제1기생의 훈련을 마쳤다.

임시 정부의 이동

대한민국 임시 정부 주석 김구와 OSS 총책임자 도노반 소장은 훈련을 마친 광복군 대원들을 국내에 침투시켜 독수리 작전을 실행하기로 합의하였다. 이들을 국내로 침투시키기 위한 준비를 진행하고 있을 때, 일본이 무조건 항복한다는 소식이 전해졌다. 일본은 1945년 8월 10일 무조건 항복을 요구한 포츠담 선언을 수락한다고 하였고, 중국의 각 방송들은 저녁 8시 뉴스를 통해 이 소식을 전하였다. 일본이 항복하면서 국내 진입 작전은 실행에 옮겨지지 못하게 되었다.

도움글

징용으로 끌려간 노동자의 체험담

_ 김대상, 『일제하 강제 인력 수탈사』, 정음사, 1975

머리에는 이가 득실거리고, 등의 상처는 썩어서 더욱 심해져 갔다. 여기서는 조선말을 쓰면 한 끼의 밥을 줄여 버렸다. 밥이라고 해도 콩을 쪄서 안남미와 섞은 것이었다. 국은 소금국으로, 건더기가 없는 것이었다. 갱내에서 목이 말라 갱내의 붉은 물을 마시면 설사를 심하게 하였다. 그래도 아침 6시부터 밤 11시까지 일을 시켰다.

술이나 담배, 약품 배급은 조(組)에서 가로채어 배를 채우고 있었다. 당시 하루 임금은 2원 35전인데, 합숙소 값으로 1원 50전을 떼었다. 그러나 작업화가 매일 떨어지기 때문에 한 켤레에 3원 50전으로 사게 하여 매일 적자가 났다. 돈을 주면 도망가기 때문이다.

많은 사람들이 죽었다. 하라다 조에서는 서울에서 온 교양 있는 집안의 아들이 도망치다가 붙들려 너무 심하게 매를 맞아 미쳐 버렸다. 집단으로 탈출한 사람들이 얼어붙은 강을 잘못 알고 건너다가 물속으로 빠져 죽는 예가 많았다. 봄이 되어 눈이 녹으면, 그 시체가 이시카리 강 언저리의 버드나무 가지에 걸려 있는 것이 가끔 발견되었다.

탄광 징용자

1943년 12월 18일이었다. 임금이 1천 얼마로 체불되었는데, 고다루에 도착해서 준다고 했으나 주지 않았다. 하라다 조에서 가서 독촉해 보니, 3백 원을 가족에게 송금해 주겠다고 했다. 그러나 3개월을 기다려도 조선에서는 돈을 받았다는 소식은 오지 않았다.

참고문헌

박경식, 『일본제국주의의 조선지배』, 청아출판사, 1986

한시준, 『한국광복군 연구』, 일조각, 1993

김희곤, 『중국관내 한국 독립운동단체 연구』, 지식산업사, 1995

한영우, 『다시 찾는 우리역사』, 경세원, 1997

한국역사연구회, 『우리는 지난 100년 동안 어떻게 살았을까』, 역사비평사, 1998~1999

신주백, 『만주 지역 한인의 민족운동사』, 아세아문화사, 1999

국사편찬위원회, 『한국사』 1(총설), 2002

김희곤, 『대한민국임시 정부연구』, 지식산업사, 2004

김동명, 『지배와 저항, 그리고 협력』, 경인문화사, 2006

강만길, 『 고쳐 쓴 한국 현대사』, 창비, 2006

한국사연구회 편, 『새로운 한국사 길잡이』, 지식산업사, 2008

강만길, 『20세기 우리역사』, 창비, 2009

IX. 대한민국의 발전

개요

한국은 일본에게 국토와 주권을 빼앗기고 식민 지배를 받았지만, 국내와 외국에서 지속적이고 끈질기게 독립운동을 전개하였다. 그 결과 마침내 1945년 8월 15일에 해방을 맞이하였다. 그러나 해방은 곧바로 독립으로 연결되지 못하였다. 제2차 세계대전에서 일본에 승리한 미국과 소련 두 나라가 38선을 경계로 각각 군대를 주둔시켜 한반도에 군정을 실시하였기 때문이다.

해방을 맞은 지 3년 후에 38선 이남에는 대한민국 정부가, 38선 이북에는 조선민주주의인민공화국이 수립되었다. 이로서 수천 년 동안 하나의 문화나 역사를 유지해 온 한국인들은 38선을 경계로 국토와 민족이 분단되고 말았다. 그리고 분단국가가 수립된 지 2년 만에 북한의 남침으로 한국전쟁이 일어나 같은 민족끼리 전쟁을 벌이는 비극과 참화를 겪었다.

한국인들은 35년에 걸친 일본의 식민 지배와 한국전쟁이라는 시련과 비극을 겪었지만, 이를 극복하면서 국가 발전을 위해 노력해 왔다. 그 결과 한국은 세계가 놀랄 만한 경제 발전과 민주화를 이루었다. 현재 한국은 경제 규모가 세계 10위권에 이르고 OECD에 가입하는 등 세계 주요 국가의 하나로 성장하였다.

1. 대한민국의 성립과 발전

(1) 8·15 해방과 대한민국의 수립

일본은 히로시마와 나가사키에 원자 폭탄이 떨어지자 더 이상 전쟁을 수행할 수 없게 되었다. 결국 1945년 8월 15일, 일본이 항복을 선언하여 제2차 세계대전은 연합국의 승리로 막을 내렸다.

한국인들은 일본의 식민 지배에서 해방되었다. 일본에게 나라를 빼앗긴 이후 국내를 비롯하여 만주와 연해주, 중국, 미국 등지에서 무장 투쟁과 외교 활동 등의 다양한 방법으로 일본이 패망할 때까지 치열하고 끈질기게 독립 운동을 전개한 결과였다. 또한 일본 제국주의와 싸웠던 중국·미국·영국 등과 함께 이룬 승리이기도 했다.

해방에 환호하는 시민들

해방은 한국인에게 감격적인 것이었지만, 곧바로 독립으로 이어지지 못하였다. 미군과 소련군이 한반도를 38선으로 나누어 진주한 때문이었다. 연합군의 일원으로 일본의 패망에 결정적 역할을 했던 미국과 소련은 일본군의 무장 해제를 이유로 한반도 38도선을 경계로 각각 남한과 북한에 진주하였다.

남·북한을 분할 점령한 미·소는 각각 군정을 실시하였다. 38선 이남에 진주한 미군은 9월 초 조선 총독으로부터 항복을 받고 일본군을 무장 해제시켰다. 그리고 미군정을 설립하여 통치하면서 38선 이북의 소련군과 대치하였다. 이로서 한반도는

조선총독부에서 항복문서에 서명하는 아베 노비유키 총독(1945. 9. 9)

총독부 광장 게양대에서 일장기를 내리고 있는 미군(1945. 9. 10)

귀국한 임시 정부 요인들

38선

38선으로 국토가 분단되었고, 해방을 맞은 한국은 미군과 소련군의 통치를 받게 되었다.

해방을 맞아 국외에서 독립운동을 전개하였던 많은 애국지사들이 돌아왔고, 대한민국 임시 정부도 환국하였다. 한국인 대다수는 대한민국 임시 정부를 중심으로 독립 국가가 세워지길 바랐지만, 연합국의 의도는 달랐다. 미국·영국·소련이 1945년 12월 모스크바에서 회의를 열고, 한국에 대한 신탁 통치를 결정한 것이다. 모스크바 3상 회의에서 5년 이내의 기간 동안 한반도를 미·영·중·소 4개국의 신탁 통치 아래에 두기로 하였다. 미·소는 한국의 신탁 통치 문제를 논의하기 위해 서울에서 미소공동위원회를 개최하였다.

이로서 한국의 독립 문제는 한국인들 스스로가 해결할 수 없는 상황이 되었다. 한국인들은 이러한 미·소의 신탁 통치 방침을 맹렬히 반대하였다.

연합국의 신탁 통치 결정과는 달리 한국인들은 수많은 정당 및 단체들을 조직하여 각기 독립 국가 건설에 대한 방안을 마련해 나갔다. 이 과정에서 한국인들은 정치적 이념에 따라 좌익과 우익으로 나뉘어 각기 다른 의견들을 제시하면서 날카롭게 대립하였고, 신탁 통치 문제를 둘러싸고 찬성과 반대로 나뉘었다. 또 남한만이라도 단독 정부를 세우자는 주장과 남북의 통일을 이룬 통일 정부를 수립해야 한다는 주장이 맞서기도 하였다. 이로 인해 정국은 안정되지 못하고 혼란한 상태가 계속되었다. 그리고 연합국들도 각기 자국의 이해관계에 따라 한국 문제를 해결할 수 있는 방안을 마련하지 못하였다.

모스크바 회의에서 결정된 안을 실현하기 위해 미소공동위원회가 개최되었지만, 모두 결렬되고 말았다. 이에 미국은 한국 문제를 국제연합(UN)으로 넘겼다. 이에 국제연합은 1947년 11월 총회에서 유엔 감시하에 남·북한

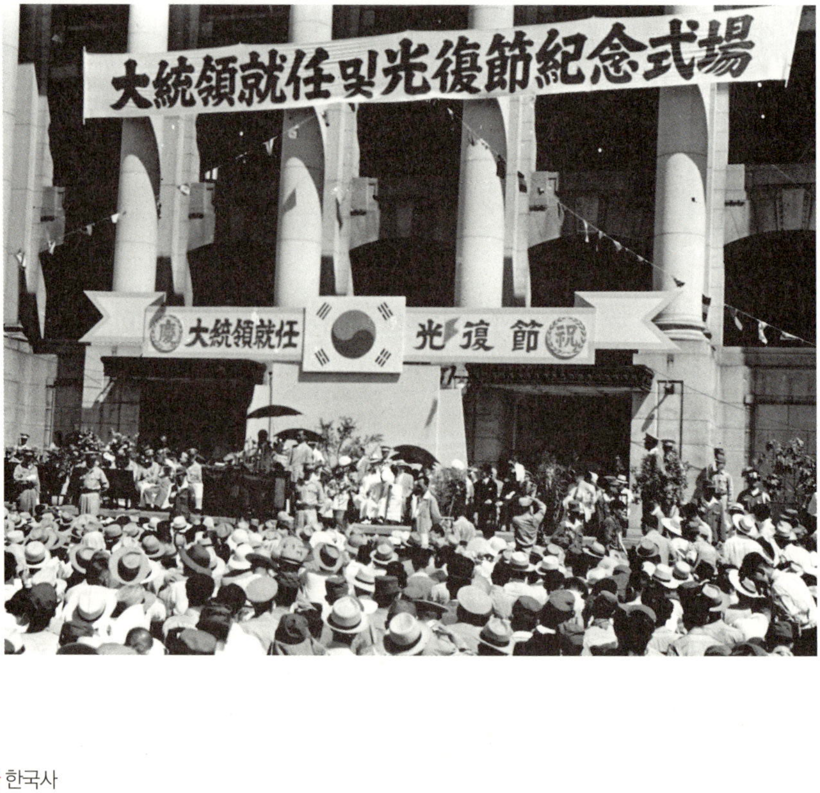

대한민국 정부 수립과 대통령 취임식

총선거를 실시하여 통일 독립 정부를 수립할 것을 결의하였다. 그러나 소련이 이 안에 반대하자 유엔에서는 한국임시위원단의 활동이 가능한 지역에서 선거를 치르기로 하였다. 유엔은 한국에서 총선거를 실시하고자 유엔 한국임시위원단을 파견하였으나 소련군은 유엔 한국임시위원단의 북한 입국을 거부하였다. 이에 총선거는 남한에서만 실시하게 되었다.

1948년 5월 10일, 남한에서는 총선거가 실시되어 제헌 국회를 구성하였다. 제헌 국회는 민주공화국 체제의 헌법을 제정하고 국호를 대한민국으로 정하였다. 국회는 7월 17일에 헌법을 공포하고 이에 따라 대통령 선거를 실시하여 이승만을 초대 대통령으로 선출하였다. 그리고 1948년 8월 15일에 대한민국 정부 수립을 선포하였다. 이로서 일본의 식민 지배로부터 해방된 지 3년 만에 남한에 대한민국 정부가 수립되었다.

한편 북한은 소련의 통제하에 공산주의 체제를 강화해 나갔다. 1946년에 북한은 북조선임시인민위원회를 조직하여 정부 수립의 기초를 마련하였다. 이를 통해 토지 개혁을 단행하면서 산업 국유화를 단행하는 등 정부 수립을 위한 기반을 다져 나갔다. 그리고 1947년 2월에는 최고 입법 기관으로 북조선인민회의를 구성하였고, 행정 기관으로 북조선인민위원회를 결성하였다. 독자 정권을 준비하던 북한은 유엔이 결의한 총선거를 거부하고, 북한 지역에서 따로 선거를 실시하였다. 그리하여 북한은 1948년 9월 9일에 김일성을 수상으로 하는 조선민주주의인민공화국을 선포하였다.

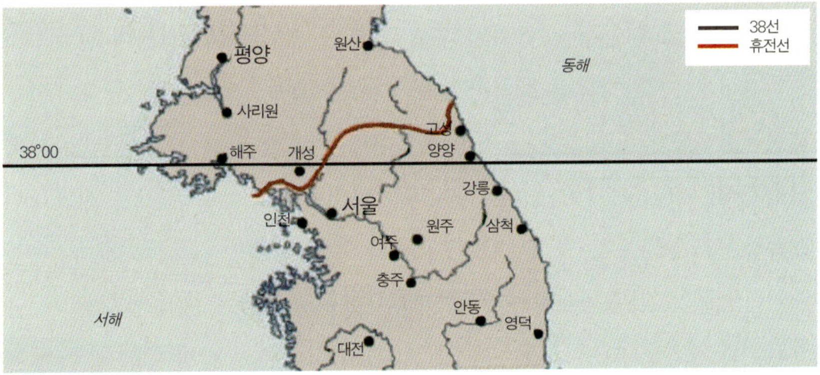

38선과 휴전선

(2) 한국전쟁

남한과 북한에 각기 이념과 체제를 달리하는 정부가 수립되면서 한국은 둘로 갈라졌다. 남한은 자유민주주의 체제의 대한민국을 수립하였고, 북한은 공산주의 체제의 별도 정부를 수립하였다. 이리하여 한국인은 일본의 지배에서 벗어난 지 3년 만에 국토와 민족이 분단되는 비극을 맞았다. 분단으로 인해 남북한은 극도의 긴장 관계로 변하였고, 미·소 양국이 주도하는 세계정세가 냉전 체제로 굳어지면서 갈등은 더욱 심해졌다. 민족의 분단, 분단국가의 성립은 비극의 시작이었다.

남북의 긴장과 냉전 체제는 분단국가가 성립된 지 2년 만에 전쟁으로 귀결되었다. 이미 전쟁 전에 남·북한은 38선을 중심으로 빈번히 충돌하고 있었다. 결국 1950년 6월 25일, 북한은 남침을 감행하였다. 소련으로부터 막대한 군사 원조를 얻어 막강한 군사력을 갖춘 북한이 기습적으로 38선을 넘어 남한을 공격한 것이다. 이로서 분단국가 성립 2년 만에 남한과 북한 사이에 비극적인 전쟁이 발발하게 되었다.

북한군이 무력 도발을 준비하고 있을 때 남한은 미국으로부터 충분한 군사적 지원을 받지 못하고 있었다. 더구나 정부 수립 이후에 공산주의자들이 남한 각지에서 무장 폭동을 일으켜 정국이 매우 어수선하였다. 전쟁 당시 남한은 무기와 병력, 군사 장비 등이 북한에 비해 훨씬 뒤떨어져 있었다. 이로 인해 3일 만에 수도 서울이 북한군에게 점령당하였다. 그리고 후퇴를 거듭하여 경상도 낙동강 지역까지 후퇴하였다. 한반도에서 전쟁이 발발하자 유엔에서는 즉각 북한을 침략자로 규정하고, 16개국으로 구성된 유엔군을 참전시켰다. 한국군과 유엔군은 반격을 시작하여 1950년 9월에 인천상륙작전을 통해 서울을 수복하였다. 그리고 38선을 넘어 북한 지역으로 진군하여 압록강까지 올라갔다.

유엔군의 참전으로 전세가 역전되었으나, 중국군이 개입하면서 전쟁은 장기전의 양상을 띠게 되었다. 결국 3년간의 치열한 공방전 끝에 북한은 휴전을 제의해 왔다. 이후 판문점에서 유엔군과 북한군 사이에 휴전 회담이 진행되었고, 1953년 7월에 휴전 협정이 체결되어 전쟁이 끝나게 되었다.

한국전쟁은 한국인에게 커다란 상처를 남겨 놓았다. 3년간의 전쟁에서 수십만 명에 달하는 한국군과 북한군이 전사하였으며, 부상자도 헤아릴 수 없이 많았다. 군인뿐만 아니라 민간인들의 피해도 매우 컸다. 수백만에 달하는 민간인들이 전쟁 와중에서 목숨을 잃었고, 수많은 전쟁고아와 이산가족이 생겨났다. 물질적 피해도 막대했다. 건물·도로 등 국토는 초토화되었고, 공장·발전 시설 등 대부분의 산업 시설도 파괴되었다. 더구나 이 전쟁으로 인하여 남북한 사이의 적대감과 불신감은 치유할 수 없을 만큼 깊어지게 되었다. 전쟁이 끝난 지 반세기가 지난 지금까지 남북한 사이에 긴장과 대립이 계속되고 있는 것은 바로 한국전쟁이 남겨 놓은 가장 큰 상처이다.

폐허가 되어 버린 서울 시가

한 걸음 더!

6·25전쟁은 정말 기습이었나 : 새롭게 발굴된 자료를 통해 본 한국전쟁

지금은 한국전쟁이라는 명칭을 흔히 사용하지만 오래전에는 6·25사변 혹은 6·25전쟁으로 불렸다. 1950년 6월 25일 새벽 4시경에 갑자기 북한이 남한을 기습했다는 것이다. 이후의 전황을 보면 남한이 기습을 당한 것은 분명해 보인다. 북한군은 오전 9시경에 개성 방어선을 격파하고 오전에 동두천, 포천을 함락하였다. 26일 오후에는 의정부를, 27일 정오에는 서울의 창동 방어선을 넘었다. 창동 방어선이 뚫린 한국군은 미아리 고개에 다시 방어선을 구축하였으나 북한군 전차에 의해 이마저 붕괴되었다. 결국 28일에 서울을 빼앗기고, 정부는 대전에서 대구를 거쳐 부산까지 이전했다. 급기야 7월 14일에는 한국군의 지휘권을 미군에게 넘겨주어야 했다. 1950년 9월 15일에 인천 상륙 작전을 펼치고 전세를 역전시키기 전까지 한국군은 계속 밀리고 있었다. 이러한 전황이 말해 주듯 한국전쟁은 북한의 치밀한 준비하에 시작되었다. 그런데 한국이 러시아, 중국과 각각 1990년, 1992년에 정식 수교함으로써 이들이 보관하고 있던 한국전쟁에 관한 문서가 속속 알려지게 되면서 새로운 사실이 밝혀지게 되었다.

공개된 옛 소련(지금의 러시아)의 문서에 의하면, 한국전쟁 발발의 시작은 김일성의 남침 계획과 스탈린의 재가였다. 김일성은 1949년 무렵부터 수차례 소련의 지배자인 스탈린과 중국의 통치자인 마오쩌둥을 만났다. 당시 스탈린은 북한군이 절대적인 우위를 확보하지 못하는 한 남한을 공격해서는 안 된다고 했다. 스탈린은 북한이 남한을 상대로 단독으로 전쟁을 치르는 것은 시기상조라고 판단하였다. 그리하여 스탈린은 전방 위주의 게릴라전만 허용했고 전면전은 반대하였다. 스탈린은 김일성의 남침 재가를 무려 48번이나 거절하였다. 그렇지만 김일성과 마오쩌둥은 남한을 무력으로 침공하는 데 매우 적극적이었다. 김일성은 수 차례 스탈린을 만나 설득했다. 결국 김일성의 강력한 의지를 꺾을 수 없었던 스탈린은 남침을 승인하였다. 스탈린은 북한에 군사고문단을 파견하고 중국이 원조하는 조건으로 김일성의 남침을 승낙하였다. 그리고 이 시기에 스탈린의 생각도 바뀌어 미국은 남한을 도와 주지 않을 것이라고 판단하였다.

한편 중국의 문서에 의하면, 중국은 북한의 전쟁 준비를 치밀하게 돕고 있었다. 한국전쟁을 앞두고 김일성의 요청에 따라 중국군 중 한인 출신을 입북시켰다. 만주 지역에 주둔해 있는 만여 명의 한인 군인들은 1949년 7월 20일에 입북하여 북한군 제5사단으로 편입되었다. 그리고 북한군 제6사단으로 개편한 중국군 한인 부대는 전쟁 중에 미 24사단을 괴멸시킨 최강의 부대였다. 그리고 1950년 4월에 입북한 약 1만 4천 병력은 북한군 제7사단이 되었다. 중국군 소속이었다가 북한군에 편입된 한인 출신 군인은 3개 사단에 5만 명에 달하였다. 그리하여 1950년 6월 당시 북한은 13만 5천여 명의 지상군을 확보하였고 소련제 탱크, 전투기와 폭격기, 각종 야포로 무장하고 있었다.

전쟁 직전 남한의 병력은 정규군 6만 5천여 명, 경찰 4만 5천여 명 정도였다. 한국군은 탱크는 전무했으며, 유일한 기갑 부대는 장갑차 1개 대대가 전부였다. 대전차 무기로 바주카포와 57mm 대전차포가 있었지만, 소련제 탱크를 격파할 수 없는 무기였다. 미국은 이 사실을 오산 전투에서야 알게 되었다. 북한이 중국과 소련에게 적극적인 지원을 받은 것과 달리 미국은 남한이 강력한 군사력을 보유하는 것을 원치 않았다. 전쟁이 일어나기 전인 1949년 9월 30일, 외신 기자회견에서 이승만은 "우리는 북한의 실지(失地)를 회복할 수 있으며 북한의 우리 동포들은 우리들이 소탕할 것을 희망하고 있다."고 말했다. 채병덕 육군참모총장 역시 라디오 방송에서 "아침은 개성에서, 점심은 평양에서, 저녁은 신의주에서 먹겠다."고 발언했다. 그리고 한국전쟁이 발발하기 전에도 여러 번의 크고 작은 전투가 있었다. 1949년 1월 18일부터 1950년 6월 24일까지 총 874회의 전투가 벌어졌다. 계속적인 호전적인 발언과 크고 작은 전투로 인해 미국 측은 남한이 북침할 수도 있다고 오해하여 탱크와 전투기 등 공격 무기를 한국군에 제공하지 않았다. 그 결과 남한의 군사력은 북한에 비해 매우 취약한 상태에 있었다.

한편 당시 미국은 소련과의 충돌을 피하고자 했다. 심지어 이를 위해 한반도를 전략적으로 포기한 상태였다. 당시 미국의 입장에서는 한반도가 전략적으로 전혀 가치가 없는 땅에 불과했다. 만일 소련이 동북아시아에서 3차 대전을 일으킬 경우 한반도에 투입될 미군은 군사학적으로 근원적인 한계에 놓여 있었다. 즉 소련과 한반도는 육지로 연결되어 있지만, 미국은 군대를 투입하기 위해서는 태평양을 건너야 했다. 그렇기 때문에 만일 소련이 도발할 경우 미국은 남한과 대만을 포기하고 북태평양에 있는 알류샨 열도와 일본으로 이어지는 방위선을 구축해 소련의 남하를 방어한다는 계획을 세워두고 있었다. 이것이 이른바 애치슨 라인이었다. 그런데 미국의 정보 당국에서는 1949년부터 북한의 전쟁 준비를 감지하고 있었다. 그리고 1950년에 들어 북한의 도발을 예고하는 '5월 위기설'이 널리 유포되어 갔다. 이러한 정보에도 불구하고 미국은 스탈린이 미국을 의식하여 결코 전쟁을 승인하지 않을 것으로 판단하였다. 결국 수많은 전쟁 준비의 정보에도 불구하고 한국전쟁의 발발은 한반도의 전략적 가치를 외면한 미국의 오판, 그리고 단기간에 남한을 점령할 수 있다는 김일성과 스탈린의 야심이 만들어낸 합작품이다.

(3) 민주주의의 시련과 발전

한국전쟁 후 이승만 정부는 국가 안보를 가장 중요하게 생각하였다. 따라서 자유민주주의 체제를 지키기 위해 반공을 강조하였으며 미국 등 우방 국가와의 외교에 힘을 쏟았다. 그러나 이승만 정부는 장기 집권을 획책하여 독재 정치를 자행하고 사회적으로는 부정부패를 낳았다. 결국 1960년 정·부통령 선거에서 이승만을 대통령으로, 이기붕을 부통령으로 당선시키기 위해 대대적인 부정 선거를 자행하였다. 이에 격분한 학생과 시민들이 부정 선거를 규탄하면서 독재 정권을 타도하기 위해 4·19혁명을 일으켰다(1960. 4. 19). 이로서 이승만은 대통령직을 사임하고 자유당 정권도 무너지게 되었다. 4·19혁명은 학생과 시민들이 중심이 되어 독재 정권을 무너뜨린 민주 혁명이었다. 이를 계기로 한국의 민주주의는 새롭게 발전할 수 있게 되었다.

4·19혁명 이후 새롭게 수립된 민주당 정부는 정국을 수습해 나갔다. 그러던 중 박정희를 중심으로 한 일부 군부 세력이 사회의 무질서와 혼란을 구실로 군사 쿠데타를 일으켜 정권을 잡고 군정을 실시하였다(1961. 5. 16).

1962년 12월, 박정희는 쿠데타 초기에 약속한 민정 이양을 외면하고 강력한 대통령 중심제를 골자로 한 헌법을 개정하였다. 박정희는 1963년 선거에서 15만 표의 근소한 차이로 윤보선을 누르고 대통령으로 당선되었다. 이렇게 하여 군부에 기반을 둔 박정희 정부가 출범하였다.

박정희 정부는 '조국 근대화'를 구호

서울 종로 거리를 가득 메운 학생 시위대(1960년 4월 19일)

로 내걸고 급속한 경제 성장을 최우선 정책으로 추진하였다. 그리고 지속적인 경제 성장을 이룩하기 위해서는 강력하고도 안정된 정부가 필요하다는 주장을 내세워 장기 집권의 길을 마련하고자 10월 유신을 선포하였다(1972). 유신 체제에 반대하여 대학생과 시민들의 시위가 계속되고, 집권 세력 내부에서도 갈등이 생겨 박정희 대통령이 피살되는 10·26사태가 일어났다(1979). 이로서 유신 체제는 막을 내렸다.

10·26사태로 한국은 심한 혼란 상태에 빠지게 되었다. 이에 계엄령이 선포되고 군부가 다시 정국을 주도하게 되었다. 1979년 12월 12일, 이른바 신군부 세력이 병력을 동원해서 군권을 장악하고 정국을 주도하였다. 이에 민주화를 요구하는 학생들의 시위가 계속되었다. 이듬해 5월 18일 광주에서는 대대적인 민주화 운동이 일어났으나 신군부는 군대를 동원해 무력으로 진압하였다.

광주 민주화 운동. 1980년 5월의 금남로

광주 민주화 운동을 강제로 진압하고 정국을 장악한 신군부는 새로 정당을 조직하고 간선제를 골자로 한 새 헌법으로 개정하였다. 10·26사태 이후 줄곧 권력을 장악하고 있던 신군부의 전두환이 대통령으로 선출되었다(1981). 그러나 권위주의적인 강압 통치로 민주화 요구가 계속되었다. 마침내 1987년에 민주화와 대통령 직선제를 요구하는 6월 민주 항쟁이 일어났다.

6월 민주 항쟁의 결과 5년 단임의 대통령 직선제 개헌이 이루어졌다. 개정 헌법에 따라 대통령 선거가 실시된 결과 신군부 출신의 노태우가 대통령으로 당선되었다. 노태우의 당선은 두 야당 지도자 김영삼·김대중의 분열이 결정적인 요인이었다. 노태우 정부는 민주화 요구를 받아들여 지방 자치제를 부분적으로 실시하였다.

노태우 정부에 이어 출범한 김영삼 정부는 스스로를 문민정부로 규정하였다. 노태우 정부 시기까지 계속된 군인 출신의 정부가 끝났음을 표방한 것이다. 김영삼 정부는 공직자의 재산 등록, 금융실명제 등을 법제화하고, 지방 자치제를 전면적으로 실시하였다. 또 사회의 누적된 모순을 제거하면서 민주화와 세계화를 위한 개혁을 추진하였다. 그러나 외환 관리의 소홀로 외환 위기를 맞이하였다.

1997년 12월에 있었던 대통령 선거에서 야당 후보인 김대중이 제15대 대통령으로 당선되었다. 김대중 정부는 외환 위기의 극복과 경제 회생을 국가 정책의 최우선으로 삼았다. 이러한 노력으로 한국은 외환 위기를 극복하였다. 김대중 정부, 노무현 정부를 이어 2008년에 이명박 정부가 출범하였다. 이처럼 1987년 6월 항쟁 이후 한국은 선거에 의한 정권 교체를 통해 민주주의를 발전시켜 나가고 있다.

(4) 남북 대화의 진전

국토와 민족의 분단, 한국전쟁으로 인한 비극은 남북한을 화해할 수 없는 적대감으로 가득 차게 만들었다. 그러나 한편으론 남북한의 정치적, 군사적 대치 상태를 완화하고 민족의 번영과 진정한 발전을 위해 평화 통일을 이루어야 한다는 공감대가 있었다. 이에 따라 남북한 사이에서는 평화 통일을 위한 방안이 조심스럽게 모색되기 시작하였다.

1972년 7월 4일에 발표된 남북 공동 성명은 통일을 향한 주목할 만한 진전이었다. 남북한 당국은 이 선언에서 체제와 이념을 초월하여 민족의 대동단결을 추구한다고 밝히고, 그것의 실현을 위한 구체적인 절차를 마련하였다. 그 일환으로 남북한조절위원회를 두었고, 남북한 직통 전화를 가설하였으며, 몇 차례의 실무자 회담이 서울과 평양을 오가며 개최되었다. 그러나 국내외 정세의 변화를 구실로 북한 측이 남북 간의 대화를 일방적으로 중단하고 말았다. 이후에도 대화 재개를 위한 양측의 노력은 계속되어 마침내 서울과 평양에서 이산가족 상봉과 예술 공연단 공연이 성사되었다(1985). 그리고 1990년에는 남과 북을 오가며 통일 축구 경기가 열렸다. 이러한 화해를 바탕으로 1991년에는 남북한이 유엔에 동시에 가입하게 되었다. 그리고 2000년 시드니 올림픽에서는 남북한이 단일팀을 구성하여 한반도의 화해와 협력을 세계인에게 널리 알렸다.

한편 2000년 6월에는 김대중 대통령이 평양을 방문하여 김정일을 만나 남북 정상 회담을 개최하였다. 이 자리에서 남북 정상은 통일을 자주적으로 이루어 내자는 6·15 남북 공동 선언을 발표하였다. 노무현 대통령도 김정일과 회담하여 한반도 평화 증진에 대해 논의하였다. 2007년 10월 4일, 노무현과 김정일은 평양에서 남북 정상 회담을 개최하여 남북 관계 발전 및 평화 번영을 위한 선언을 발표하였다.

두 번에 걸쳐 남북 간에 정상 회담을 가졌지만 군사적 긴장 관계에 의해 남북한의 화해와 협력은 아직 결실을 맺지 못하고 있다. 따라서 평화 통일은 아직 이루어지기 어려운 단계이다. 그러나 남북한의 화해와 협력, 나아가 평

2000년(왼쪽)과 2007년(오른쪽) 두 차례에 걸쳐 개최된 남북 정상 회담을 위해 방북한 김대중 대통령과 노무현 대통령

화 통일만이 한국인의 번영을 보장해 주는 길이라는 사실을 인식하고 남북한은 상호 간의 대립과 불신감을 씻고 대화를 계속해 나가야 할 것이다.

(5) 한국 경제의 발전

한국전쟁으로 한국의 경제 기반은 완전히 파괴되었다. 그러나 한국은 1960년대 초반부터 본격적인 경제 개발을 추진하였다. 특히 5·16 군사 쿠데타로 집권한 박정희 정부는 경제 개발 계획을 성공적으로 수행하여 경제 발전의 기틀을 다졌다.

박정희 정부가 추진한 경제 개발의 기본 방향은 외국 자본을 도입하여 공장을 짓고, 여기에서 생산된 물건을 외국에 수출하는 것이었다. 천연자원이 부족하고 자본과 기술이 축적되어 있지 않았던 당시의 현실로서는 가장 적절한 방법이었다. 박정희 정부 기간 동안 한국은 매년 10% 안팎의 고도성장을 이룩하였다.

경제 개발 정책이 어느 정도 성공하자, 정부는 1970년부터 농어촌의 생활 개선을 위해 새마을 운동을 시작하였다. 새마을 운동으로 농어촌의 생활환경이 개선되고, 농어촌의 소득 수준도 눈에 띄게 향상되었다. 새마을 운동은 한국인에게 국가와 사회 발전에 대한 희망을 심어 주어 경제를 발전시키는 데 기여하였다.

정부의 강력한 경제 개발의 추진, 그리고 국민들의 열성적인 참여로 경제 개발이 시작된 지 20여 년 만에 한국 경제는 급성장하여 세계의 주목을 받게 되었다. 수출은 해마다 비약적으로 증가하여 한국은 세계 시장의 주요 국가가 되었다. 2004년의 통계에 따르면 한국은 디램 반도체 매출액, 초고속 인터넷 보급률, CDMA 단말기 판매량, 선박 건조량 등에서 세계 1위로 나타났다. 그리고 교역 규모는 세계 14위였다.

경제 발전과 함께 한국 기업과 인력이 세계 각국으로 퍼져 나가게 되었

정보통신기업들이 밀집한 서울 테헤란밸리
대한민국은 세계적으로 유례없이 짧은 기간에 산업구조의 첨단화를 이룩했다.

다. 1970년대부터 건설업은 해외로 진출하여 크게 성공하였다. 국내의 주요 건설회사들은 중동, 아프리카, 동남아시아 등지로 진출하여 각종 대규모 공사를 벌였다. 해외에 진출한 한국 노동자와 기술자는 한때 20만 명에 달하였다.

1980년대 이후에는 삼성, 현대, LG, 포스코와 같은 한국 기업들이 세계 각국의 주요 도시에 지점을 설치하였고, 미국과 유럽 등지에 공장을 세워 세계 기업으로 성장하였다.

경제 발전은 산업 구조와 국민 생활에 큰 변화를 가져왔다. 산업 구조는 농·어업 중심에서 벗어나 자동차와 전자 산업 등을 중심으로 개편되었다. 경제 발전으로 국민의 생활도 향상되어 자가용 수요가 늘어나고 국내외 여행이 증가하는 등 여가를 즐기는 사람들이 늘어났다. 도로와 철도는 전국을 1일 생활권으로 묶어 주었고, 편리하고 빠른 교통 인프라는 수도권과 지방의 균형 발전에도 기여하였다.

남한과 북한의 경제력 차이는 왜 발생했나 : 북한 경제의 실패 원인

OECD 보고서로 본 남북한 경제 비교

항목	북한	남한	북/남 비율(%)
인구(백만)	23.3	48.6	47.9
GDP(10억 US달러)	24.7	928.7	2.7
1인당 GDP(US달러)	1060.5	19105.6	5.6
전체교역량 (10억 US달러)	3.8	857.3	0.4
수출	1.1	422.0	0.3
수입	2.7	435.3	0.6
전기생산(10억 kWh)	255.0	4224.0	6.0
철강생산(100만t)	1.3	53.3	2.4
시멘트생산(100만t)	6.4	51.7	12.4
곡물생산(100만t)	4.3	5.5	78.3

2009년 기준으로 남·북한의 경제력 차이는 40배가량 나는 것으로 나타났다. 통계청이 작성한 보고서에 따르면 2009년 기준 우리나라의 국민총소득(GNI)은 8,300억 달러로 북한의 224억 달러보다 37.4배나 많다. 1인당 국민소득(GNI)은 남한이 17,100여 달러, 북한은 960달러에 불과해 차이가 18배 정도였다. 우리의 무역 총액은 6,866억 달러, 북한은 34억 달러에 그쳐 무려 202배나 차이가 난다. 이 같은 통계를 전체적으로 볼 때 남한의 경제력이 북한보다 40배 정도 앞서는 것으로 판단하고 있다. 간단히 비교하자면 북한의 경제력은 광주광역시 정도이다.

그런데 분단 시기로 돌아가 보면 사정은 달라진다. 북한은 남한보다 발전한 공업 지대였다. 일제 강점기에 일본이 만들어 놓은 대규모 공업단지가 북한에 있었기 때문이다. 한국전쟁으로 공업 시설이 많이 파괴되었지만 전후 복구를 위해 소련으로부터 10억 루블을, 중국으로부터 8억 위안을 지원받아 경제를 재건했다. 그리고 김일성은 한국 전쟁의 책임을 박헌영 등 자신의 정적들에게 뒤집어씌우고 숙청하여 '김일성 유일체제'의 기반을 닦았다. 이를 기반으로 김일성은 통제 경제에 따른 공업화를 추진하였다. 북한의 경제 상황은 1960년대까지 남한과 비교하여 조금 우위를 보였다. 1959년의 통계에 의하면 북한의 1인당 소득은

100달러였으나 남한은 81달러에 불과했다. 그러나 1970년대부터 상황이 역전되기 시작하였다. 그 원인은 여러 가지가 있다.

우선은 1970년대부터 남한이 본격적인 경제 개발을 시작했기 때문이었다. 60년대 후반부터 남한의 경제 개발 성과가 나타나기 시작하면서 남·북한의 경제 격차는 조금씩 줄어들었다. 이에 비해 북한 경제는 크게 성장하지 못했는데 이것은 경제 체제의 문제 때문이었다. 남 · 북한은 분단 이후 다른 경제 체제를 선택하였다. 북한은 사회주의 경제 체제를 택하여 모든 경제의 의사 결정권이 정부에 있었으며, 생산수단과 이익을 국가가 독점하였다. 더구나 북한은 경제뿐 아니라 사회 전반을 국가가 계획하고 통제한다. 작은 규모의 경제에서는 이러한 원리가 힘을 발휘하지만 거대 경제에서는 이것이 작동하지 않는다. 통제 경제에 의한 이익의 국가 독점은 노동자의 근로 의욕을 저하시킨다. 소련과 동유럽의 경제 침체와 몰락이 이를 말해 준다. 그리하여 현재 러시아와 중국은 자본주의 경제로 전환하고 있다.

한편 남· 북한은 분단이라는 특수성을 가진 경제 지역이다. 안보와 체제 경쟁을 위해 불가피하게 지출되는 군사비는 경제 발전의 가장 큰 걸림돌이다. 그런데 2009년 통계에 따르면 한국의 국방비는 130억 달러로 세계 10위 수준인데, 북한은 50억 달러로 세계 21위에 올라 있다. GDP 대비 국방비를 보면 차이가 더 두드러진다. 우리는 2.8%로 세계 57위에 해당되는 데 비해 북한은 34%로 당당히 세계 1위에 올라 있다. 과도한 군사비는 북한의 체제 유지에 절대적으로 필요한 것일지 몰라도 북한 경제엔 전혀 도움이 되지 않는다.

국제 정세의 변화도 북한 경제의 몰락을 가져왔다. 북한은 같은 공산주의 국가인 소련과 중국에서 원조를 받아 경제 부흥에 나설 수 있었다. 그러나 80년대에 들어 소련이 해체되고 러시아로 재편되면서 더 이상 북한을 원조하지 않게 되었다. 그리하여 북한 경제는 1990년대 이후 장기 침체에 빠져들게 되었는데, 이에 비해 우리는 경제 발전의 가속도가 붙어 남·북 격차는 점점 커지고 있다.

이러한 실상은 국민 소득의 격차로 드러난다.

결국 체제의 차이에서 오는 경제 동력의 차이, 분단의 특수성에서 오는 과도한 군사비 지출이 북한 경제의 발목을 잡고 있어 남·북한의 경제력 차이는 날이 갈수록 심해지고 있다. 더욱이 북한 체제의 경직성과 폐쇄성은 세계 시장에서 북한을 고립하게 만들어 북한 경제 문제의 해결을 더욱 어렵게 하고 있다.

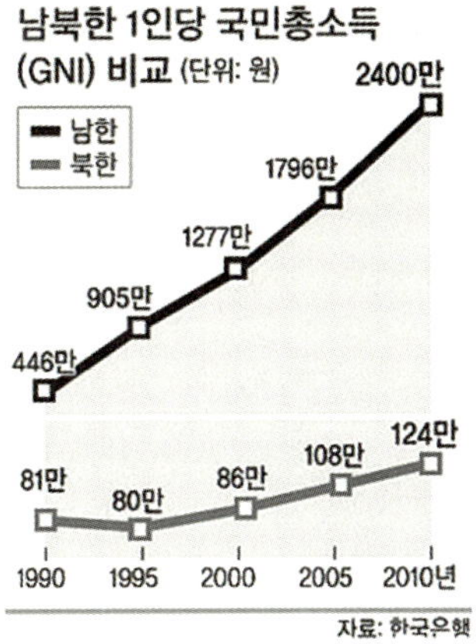

2. 21세기의 한국 사회

(1) 정치와 경제

한국은 서울을 수도로 하는 대통령 중심제 국가이며, 의회는 다당제와 단원제를 채택하고 있다. 공식 언어는 한국어이다. 한국이 자리 잡은 한반도는 아시아 대륙 동북단에 위치하여 중국, 러시아와 접해 있고, 동해 너머에 일본이 자리하고 있다. 한반도는 국토의 65.3%가 산지이며 남북으로 길게 뻗어 있어 길이가 1,000km에 달한다. 한반도의 면적은 22.3만km^2이며 이 중 한국은 99,601km^2로 총 면적의 44.7%를 차지하고 있다.

2008년 기준으로 볼 때 한국의 인구는 4,959만 명으로 세계 26위의 규모이다. 국토는 좁고 인구가 많아 인구밀도는 세계 최상위 수준이다. 그리고 경제 개발에 따라 인구의 도시 집중이 지속되어 도시화율(인구 2만 명 이상 도시 인구)은 1970년에 49.8%였으나 2003년에는 89.0%에 달하고 있다. 특히 수도인 서울을 중심으로 한 수도권(서울시, 인천시, 경기도)은 인구뿐만 아니라 국가의 거의 모든 중요 기능이 집중되어 있다. 수도권의 면적은 전국 면적의 약 11.8%를 차지하나 수도권 인구의 비율은 1960년 20.8%에서 1970년 28.3%로, 1980년에는 35.5%로 지속적인 상승을 보였으며, 1990년에는 비율이 42.7%에 달하였다. 2008년의 수도권 인구는 2,447만 명(서울 인구는 약 1,045만)으로 전국 인구의 약 48.9%가 수도권에 모여 있다. 그리고 제조업체 및 신규 고용자의 40~50%를 수도권이 차지하고 있다.

2008년의 주요 경제 지표(IBRD 자료)를 보면 국내총생산(GDP)은 약 9,291억 달러(세계 15위), 1인당 국민소득은 1만 9,505달러(세계 36위)였다. 2008년에 한국은 4천 200억 달러를 수출해 전 세계에서 12번째 수출국이었으며, 수입액은 4천 350억 달러로 10위에 자리했다. 그리고 세계 500대 기업에는 한국 기업 14개가 포함되어 있다. 특히 2001년 이후 인천국제공항의 개항, 부산 신항만과 광양항 건설 등 국제공항 및 국제 항만 인프라의 지속적 확충으로 동북아 물류의 중심 국가로 성장하고 있다.

(단위: 달러)

순위	나라	국내총생산(GDP)
1	미국	14조 2563억
2	일본	5조 675억
3	중국	4조 9092억
4	독일	3조 3467억
5	프랑스	2조 6494억
6	영국	2조 1745억
7	이탈리아	2조 1128억
8	브라질	1조 5720억
9	스페인	1조 4602억
10	캐나다	1조 3361억
11	인도	1조 2961억
12	러시아	1조 2307억
13	오스트레일리아	9248억
14	멕시코	8749억
15	한국	8325억

2010년 세계와 한국의 경제 규모, 세계은행

(2) 교육과 학문

한국의 문맹률은 거의 0%에 가까우며, 학력수준은 선진국만큼 높다. 오늘날 한국에는 300여 개의 대학, 2,000여 개의 고등학교와 2,700여 개의 중학교, 그리고 5,700여 개의 초등학교, 9,000여 개의 유치원이 있다. 이러한 교육 기반은 한국인이 짧은 시간 내에 지식과 기술을 축적할 수 있는 기반을 마련해 주었다. 그리하여 높은 교육열과 수준 높은 교육으로 훌륭한 인재를 양성하여 경제 성장의 원동력이 되었다.

교육의 발전과 함께 학문 연구에도 큰 진전이 있었다. 특히 국어와 국문학 및 국사학과 같은 한국학은 크게 발전하였다. 식민지 통치 기간 동안 일본은 한국의 역사와 문화를 없애기 위해 이와 관련된 학문 연구를 철저하게 탄압하였다. 따라서 해방 후에 한국학 연구가 열성적으로 진행된 것은 당연하였다. 그리하여 오늘날에는 한국사와 한국 문화에 대하여 체계적인 인식이 가능하게 되었다. 이러한 한국학 연구의 발전은 27권의 『한국민족문화대백과사전』(1988~1991), 52권의 『한국사』(1993~2002)를 완성하는 결과로 나타났다.

오늘날 한국에서는 일 년에 수만 권의 새로운 책이 출판되고 있다. 다양한 분야에서 많은 책들이 출판되고 있다는 사실은 연구와 지식 수준이 그만큼 향상되고, 또 다양해졌다는 것을 말해 준다.

(3) 과학과 기술

한국은 과학·기술의 발전을 위해 꾸준히 투자하고 노력해 왔다. 그리하여 오늘날에는 첨단 과학과 기술에 있어서 큰 진전을 이룩하였다. 과학·기술의 발전은 곧 경제 성장의 원동력이 되었다.

과학 분야에서 특히 두드러진 발전을 보인 것은 응용과학이었다. 한국의 주요 수출품이 철강·섬유·전자·자동차·선박·컴퓨터 등으로 구성되어 있는 것은 해당 분야에 대한 응용과학이 발달되어 있음을 말해 준다.

우주항공 산업에서는 1992년 8월 11일 발사한 우리별 1호를 시작으로, 1995년에 통신 위성인 무궁화 1호를 발사하였다. 그리고 1999년에는 다목적 실용 위성인 아리랑호를 발사하여 상용 서비스를 하고 있다. 아리랑 2호는 2006년에 발사되었으며, 아리랑 3호는 2012년에 발사되었다. 전자 산업에서는 반도체 등에서 세계 최고의 기술력을 가지고 있다. 특히 플래시 메모리 분야에서는 신제품을 개발할 때마다 항상 세계 최초 개발이라고 할 정도로 기술을 주도하고 있다.

과학의 발달은 기술의 발전 없이 불가능하다. 한국의 기술 수준이 선진 단계에 와 있다는 사실은 세계 최고의 젊은 기술자를 가리는 세계기능올림픽에서 한국의 기술자들이 매번 상위를 차지해 왔다는 것에서도 증명된다. 1967년 16회 대회부터 24차례 출전해 15번이나 종합 우승을 차지하여 기술 강국의 입지를 다져 왔다. 한국의 과학과 기술은 이제 줄기세포 연구와 같은 생명공학 분야에까지 영역을 확장하고 있다.

(4) 종교와 문화

정부 수립 이후 민주주의 체제를 유지해 온 한국은 신앙과 예술의 자유를 보장하여 종교와 문화 활동이 크게 번창하였다. 종교 활동에서 나타난 두드러진 특성은 경제 개발과 함께 개신교가 널리 퍼져 나간 사실이다. 따라서 한국의 종교 인구는 전통 종교인 불교를 제일로 하고 개신교, 천주교가 뒤를 잇고 있다.

한국 천주교의 상징 명동성당(1898년 준공)

2003년	15세 이상 인구	종교인구	불교	개신교	천주교	유교	원불교	기타	종교없음
	%	%	%	%	%	%	%	%	%
전국	100	53.9	47.0	36.8	13.7	0.7	0.4	1.4	46.1
서울	100	53.0	32.9	47.3	17.8	0.5	0.1	1.4	47.0
부산	100	57.9	72.0	18.5	7.2	0.4	0.3	1.7	42.1
대구	100	56.8	62.7	20.1	15.2	0.6	0.1	1.3	43.2
인천	100	51.5	30.9	46.6	19.4	0.7	0.3	2.1	48.5
광주	100	51.9	32.6	43.9	19.6	1.1	1.4	1.5	48.1
대전	100	55.9	41.7	42.7	13.2	0.6	0.3	1.5	44.1
울산	100	60.1	76.2	14.9	7.0	0.4	0.2	1.3	39.9
경기	100	50.8	37.2	44.2	16.7	0.8	0.3	0.9	49.2
강원	100	48.6	50.8	34.8	11.9	0.9	0.4	1.3	51.4
충북	100	54.1	51.5	31.4	14.0	1.1	0.6	1.4	45.9
충남	100	54.4	49.1	38.5	9.7	0.7	0.2	1.8	46.6
전북	100	54.4	28.1	55.1	12.1	0.4	3.0	1.2	45.6
전남	100	52.8	36.6	48.9	9.9	2.5	0.9	1.1	47.2
경북	100	56.5	69.0	20.3	7.7	1.3	0.2	1.5	43.5
경남	100	59.8	74.2	16.7	6.3	0.3	0.3	2.2	40.2
제주	100	55.1	63.9	17.7	15.6	0.4	0.2	2.3	43.9

종교분포(통계청)

1970년대 이후 비약적인 발전을 이룩한 한국은 세계인들에게 '한강의 기적'으로 평가받으며 주목받고 있다. 한국이 세계를 무대로 하여 뻗어 나가고 있는 것과 더불어 한국 문화도 세계 속의 한국 문화로 자리 잡아 가고 있다. 이에 따라 미국·일본·프랑스 등 각국의 대학에서는 한국학 강좌와 한국학연구소가 있고, 한국학 전문가들이 늘어나고 있다.

1990년대에 들어서 한국적 특성이 담긴 영화가 제작되면서 세계인의 주목을 받기 시작하였다. 가요, 드라마, 영화 등의 대중문화는 '한류'라는 이름으로 아시아를 넘어 유럽, 아메리카 등에서 큰 인기를 얻고 있다.

한편 한국의 문화를 세계에 알리기 위한 노력도 계속하고 있다. 한국의 문화유산을 소개하는 전시회가 세계 각국에서 개최되고 있고, 사물놀이, 난타와 같은 한국의 전통 춤과 연극이 세계를 순회하며 공연되고 있다. 그뿐만 아니라, 세계무대에 진출하여 활약하는 한국의 예술가들도 적지 않다. 이들은 고전 음악에서 비디오 아트와 같은 현대 예술에 이르기까지 활동 분야가 다양하다.

스포츠 분야에서도 한국을 세계에 알리는 데 크게 기여하였다. 1988년

세계 5대 공항 중의 하나인 인천국제공항

동북아 물류의 중심으로 떠오르고 있는 부산 신항만의 야경

에 제24회 하계 올림픽이 서울에서 개최되어 160개국에서 14,000여 명의 선수들이 참가하였다. 이때 한국은 종합성적 4위를 차지하는 성과를 올렸다. 그리고 2000년 시드니 올림픽 대회부터는 태권도가 정식 종목으로 채택되었다. 2002년에는 한일 공동으로 월드컵을 개최하고 4강에 진출하였다. 이러한 스포츠 분야의 성과는 세계인에게 한국을 널리 알리는 데 큰 역할을 하였다.

60년 전 한국전쟁을 겪고 세계 빈국의 하나였던 한국이 지금과 같은 발전을 이룩하게 된 것은 한국인이 끊임없이 노력한 결과이다. 지금 한국인들은 지속적인 경제 성장과 한반도 통일을 이룩하고, 이를 통해 세계 평화에 기여하기 위해 노력하고 있다.

참고문헌

송남헌, 『해방3년사』, 까치, 1985

한국사연구회 편, 『한국사연구입문』, 지식산업사, 1987

변태섭, 『한국사통론』, 삼영사, 1988

한국역사연구회, 『한국현대사』, 풀빛, 1991

국사편찬위원회, 『한국사』 52, 2002

한영우, 『다시 찾는 우리역사』, 경세원, 1997

이기백, 『한국사신론』, 일조각, 1999

국사편찬위원회, 『한국사』 1(총설), 2002

브루스 커밍스, 김동노 옮김, 『브루스 커밍스의 한국현대사』, 창작과비평사, 2002

한국정신문화연구원, 『한국현대사의 재인식』, 백산서당, 2002

강만길, 『고쳐 쓴 한국 현대사』, 창비, 2006

김동춘, 『전쟁과 사회』, 돌베개, 2006

서중석, 『한국현대사』, 역사비평사, 2007

한국사연구회 편, 『새로운 한국사 길잡이』, 지식산업사, 2008

강만길, 『20세기 우리역사』, 창비, 2009

|부록 1|

역대 왕조 왕위 계승도

고구려 왕실 계보도

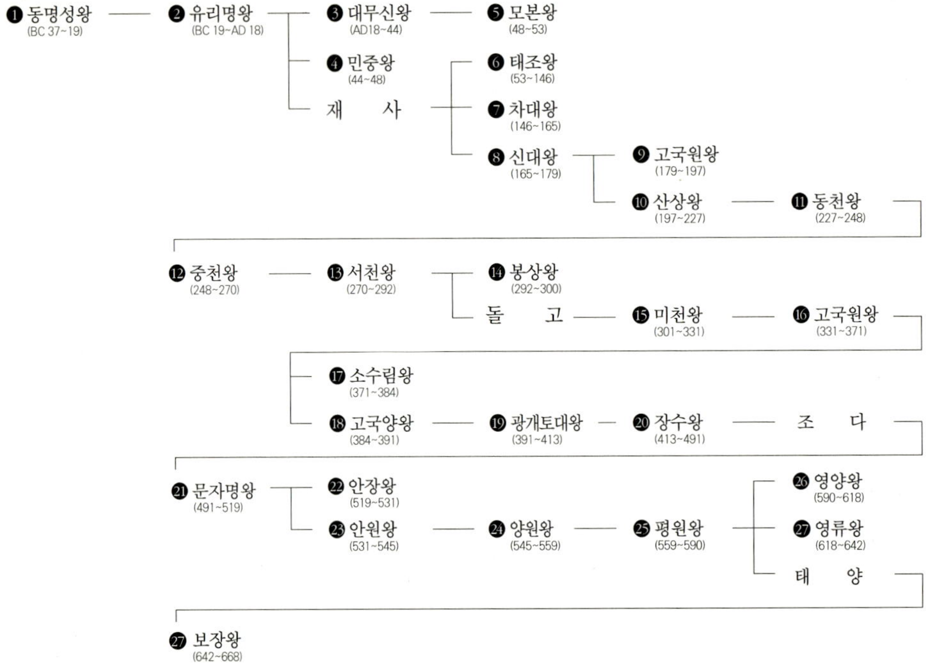

백제 왕실 계보도

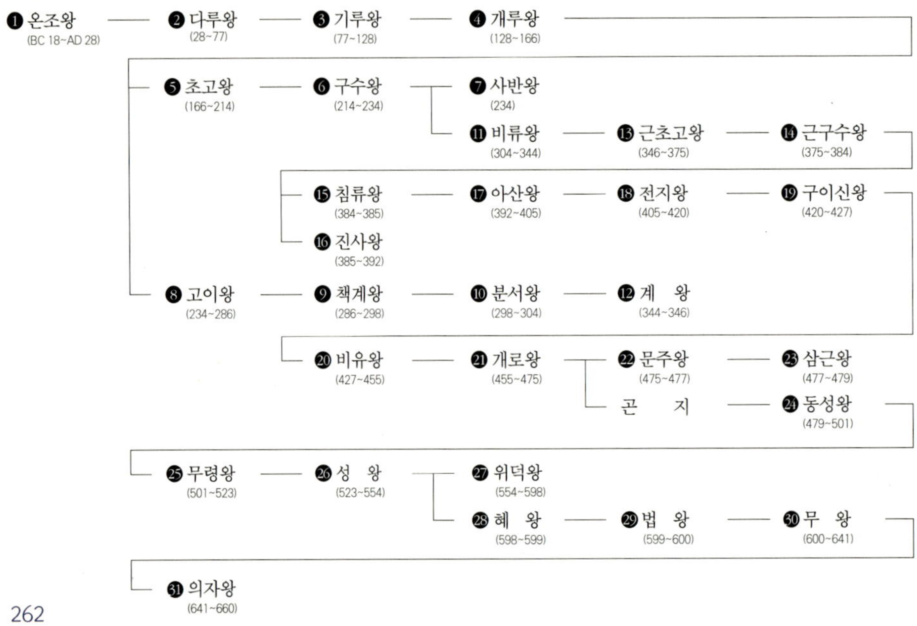

신라 왕실 계보도

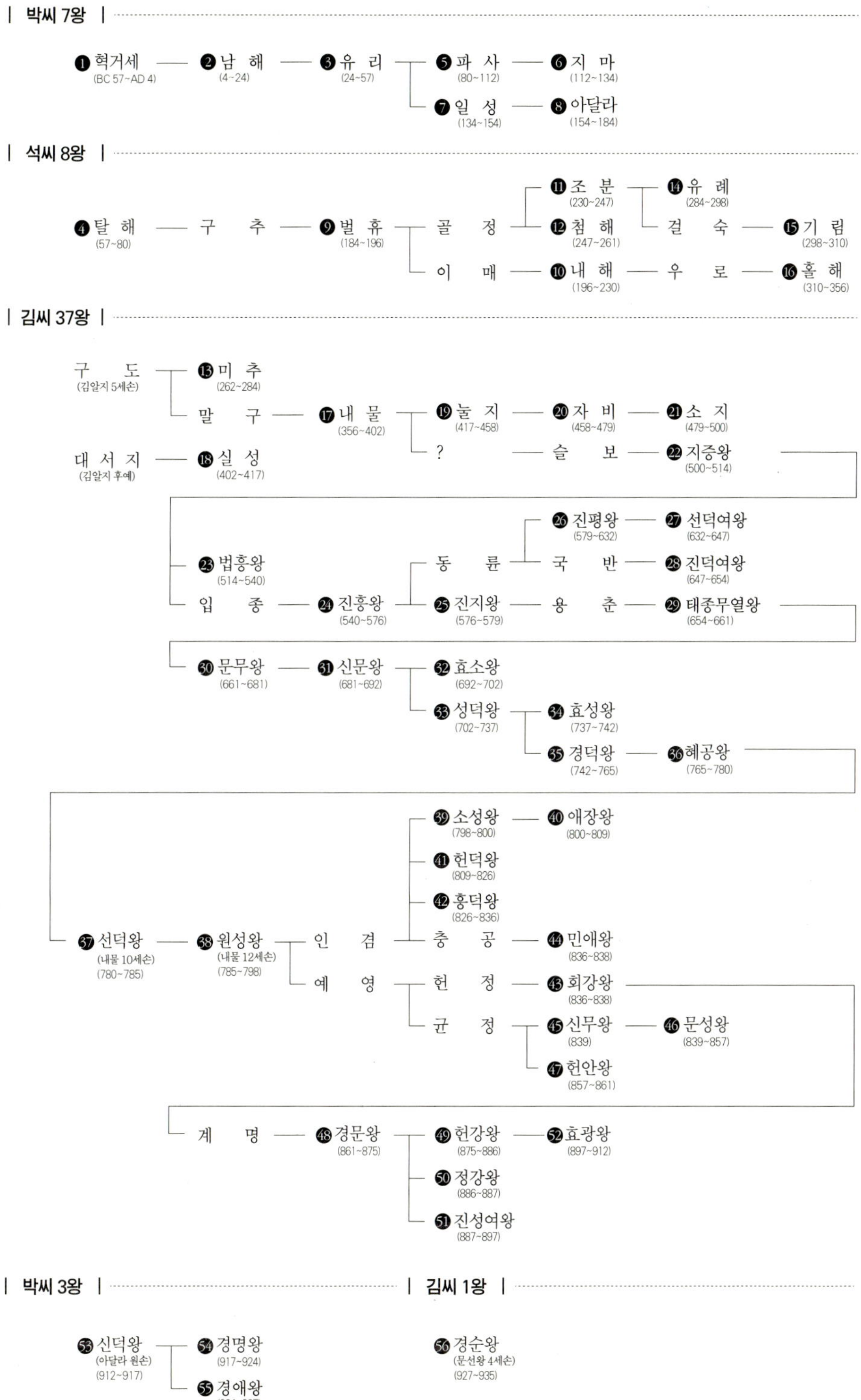
박씨 7왕
❶ 혁거세 (BC 57~AD 4)
❷ 남해 (4~24)
❸ 유리 (24~57)
❺ 파사 (80~112)
❻ 지마 (112~134)
❼ 일성 (134~154)
❽ 아달라 (154~184)
석씨 8왕
❹ 탈해 (57~80)
구추
❾ 벌휴 (184~196)
골정
이매
⓫ 조분 (230~247)
⓬ 첨해 (247~261)
❿ 내해 (196~230)
⓮ 유례 (284~298)
걸숙
우로
⓯ 기림 (298~310)
⓰ 흘해 (310~356)
김씨 37왕
구도 (김알지 5세손)
⓭ 미추 (262~284)
말구
⓱ 내물 (356~402)
대서지 (김알지 후예)
⓲ 실성 (402~417)
⓳ 눌지 (417~458)
?
⓴ 자비 (458~479)
습보
㉑ 소지 (479~500)
㉒ 지증왕 (500~514)
㉓ 법흥왕 (514~540)
입종
㉔ 진흥왕 (540~576)
동륜
㉕ 진지왕 (576~579)
㉖ 진평왕 (579~632)
국반
용춘
㉗ 선덕여왕 (632~647)
㉘ 진덕여왕 (647~654)
㉙ 태종무열왕 (654~661)
㉚ 문무왕 (661~681)
㉛ 신문왕 (681~692)
㉜ 효소왕 (692~702)
㉝ 성덕왕 (702~737)
㉞ 효성왕 (737~742)
㉟ 경덕왕 (742~765)
㊱ 혜공왕 (765~780)
㊲ 선덕왕 (내물 10세손) (780~785)
㊳ 원성왕 (내물 12세손) (785~798)
인겸
예영
㊴ 소성왕 (798~800)
㊵ 애장왕 (800~809)
㊶ 헌덕왕 (809~826)
㊷ 흥덕왕 (826~836)
충공
㊹ 민애왕 (836~838)
헌정
㊸ 희강왕 (836~838)
균정
㊺ 신무왕 (839)
㊻ 문성왕 (839~857)
㊼ 헌안왕 (857~861)
계명
㊽ 경문왕 (861~875)
㊾ 헌강왕 (875~886)
52 효공왕 (897~912)
50 정강왕 (886~887)
51 진성여왕 (887~897)
박씨 3왕
53 신덕왕 (아달라 원손) (912~917)
54 경명왕 (917~924)
55 경애왕 (924~927)
김씨 1왕
56 경순왕 (문성왕 4세손) (927~935)

발해 왕실 계보도

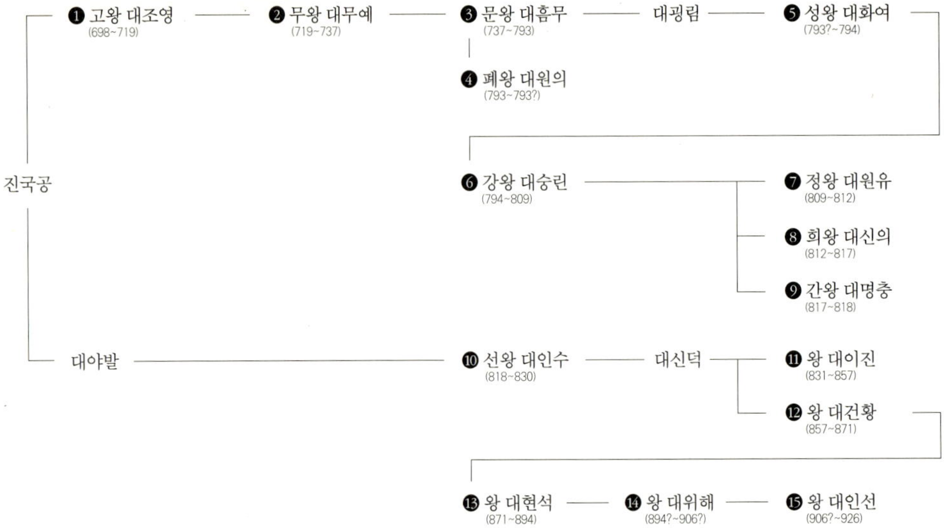

고려 왕실 계보도

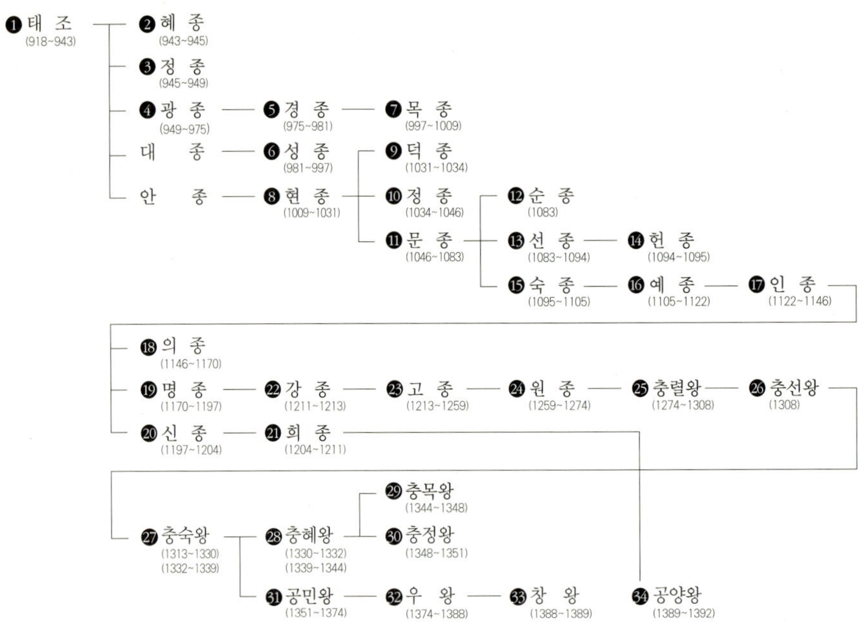

조선 왕실 계보도

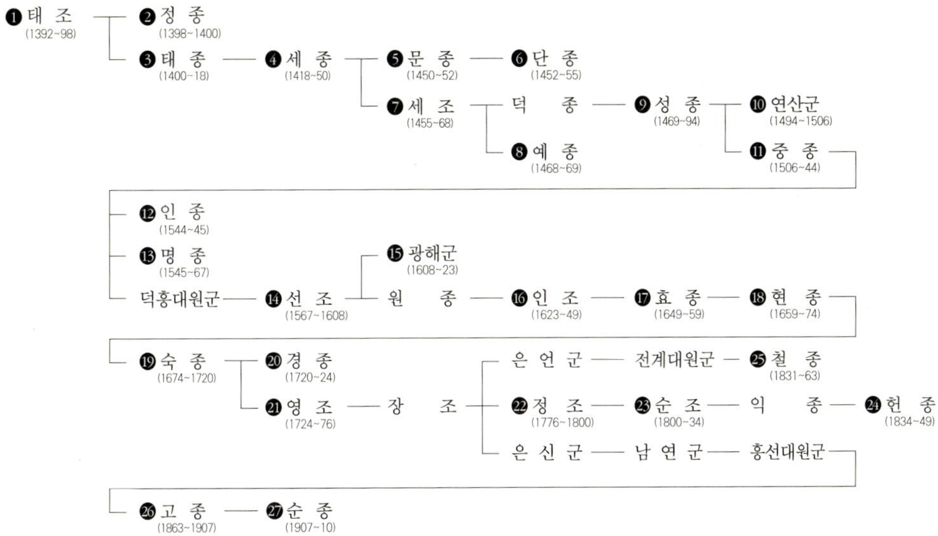
❶태 조 (1392~98)
❷정 종 (1398~1400)
❸태 종 (1400~18)
❹세 종 (1418~50)
❺문 종 (1450~52)
❻단 종 (1452~55)
❼세 조 (1455~68)
덕 종
❽예 종 (1468~69)
❾성 종 (1469~94)
❿연산군 (1494~1506)
⓫중 종 (1506~44)
⓬인 종 (1544~45)
⓭명 종 (1545~67)
덕흥대원군
⓮선 조 (1567~1608)
⓯광해군 (1608~23)
원 종
⓰인 조 (1623~49)
⓱효 종 (1649~59)
⓲현 종 (1659~74)
⓳숙 종 (1674~1720)
⓴경 종 (1720~24)
㉑영 조 (1724~76)
장 조
은 언 군
전계대원군
㉕철 종 (1831~63)
㉒정 조 (1776~1800)
㉓순 조 (1800~34)
익 종
㉔헌 종 (1834~49)
은 신 군
남 연 군
흥선대원군
㉖고 종 (1863~1907)
㉗순 종 (1907~10)

| 부록 2 |

한국과 세계 연표

한국과 세계 연표

연도	한국	중국 · 일본	세계
70만년	▶ 구석기 문화 시작		
BC - 6000	▶ 신석기 문화 시작		
- 4000			
- 3000			▶ 이집트, 메소포타미아, 인도, 황하 문명 발생
- 2750			▶ 인더스 문명 발생
- 2650			▶ 이집트, 고왕국 시대 (-BC 2200)
- 2333	▶ 단군왕검, (고)조선 건국		
- 2050			▶ 이집트, 중왕국 시대 (-BC 1778)
- 2000			▶ 에게 문명
- 1600			▶ 크레타 문명의 전성기 (-BC 1400경)
- 1570			▶ 이집트, 신왕국 시대 (-BC 715)
- 1500		▶ 중국 갑골문 사용	▶ 히타이트 철기 문화 발달
- 1450		▶ 인도 브라만교 발달, 베다의 성립	
- 1400			▶ 미케나, 크레타 공격/미케네 문명의 전성 (-BC1200)
- 1200			▶ 페니키아, 지중해 장악 (-BC 900)
- 1121		▶ 무왕의 주(周) 건국	
- 1000	▶ 청동기 문화 시작		▶ 브라만교 성립, 카스트 제도 발생
- 800			▶ 그리스, 폴리스 형성
- 770		▶ 주의 동천, 춘추시대 시작 (-BC 403)	
- 671			▶ 아시리아, 오리엔트 통일
- 612			▶ 아시리아 멸망
- 566			▶ 붓다 탄생 (-BC 486)
- 551		▶ 공자 탄생 (-BC 479)	
- 525		▶ 청동기 문화 시작	▶ 페르시아, 오리엔트 통일
- 509			▶ 로마, 공화정 수립
- 492			▶ 페르시아 전쟁 (-BC 479)
- 447			▶ 파르테논 신전 건축 (-BC 432)
- 443			▶ 아테네의 민주정치 발달
- 431			▶ 펠로폰네소스 전쟁 (-BC 404)
- 403		▶ 중국, 전국시대 (-BC 221)	
- 400	▶ 철기 문화 시작		
- 334			▶ 알렉산더 대왕의 동방 원정 (-BC 324)
- 330			▶ 페르시아 멸망
- 272			▶ 로마, 이탈리아 반도 통일
- 268			▶ 인도, 아소카 왕의 치세 (-BC 232)
- 264			▶ 포에니 전쟁 (-BC 146)
- 250			▶ 3차 불전 결집/동남아시아에 불교 전파
- 221		▶ 진, 중국 통일	
- 214		▶ 만리장성 출조 시작	
- 213		▶ 분서갱유 (-BC 212)	
- 206		▶ 한(漢) 건국	
- 200		▶ 일본, 야요이 문화 성립 (-AD 300경)	
- 195	▶ 위만, 고조선의 왕이 됨		

연도	한국	중국 · 일본	세계
- 146			▶ 카르타고 멸망, 로마 지중해 지배
- 139		▶ 장건의 서역 여행 (-BC126)	
- 108	▶ 고조선 멸망		
- 97		▶ 사마천, 사기(史記) 완성	
- 73			▶ 스파르타쿠스의 봉기
- 57	▶ 신라 건국		
- 37	▶ 고구려 건국		
- 27			▶ 로마, 제정 성립
- 18	▶ 백제 건국		
- 4			▶ 예수 탄생
AD 8		▶ 왕망, 신 건국 (-23)	
14	▶ 고구려, 요동 공격		
25		▶ 후한의 건국 (-220)	
42	▶ 수로왕, 금관가야 건국		
45			▶ 인도, 쿠샨 왕조의 성립
53	▶ 고구려, 태조왕 즉위		
67		▶ 중국에 불교 전래	
74		▶ 반초, 서역 정벌	
96			▶ 로마, 오현제 시대 (-180)
150			▶ 인도,4차 불전 결집, 대승불교 전파, 만다라미술 융성
184		▶ 황건적의 봉기	
194	▶ 고구려, 진대법 실시		
220		▶ 위, 촉, 오 삼국 시대 (-280)	
235			▶ 로마, 군인 황제 시대 (-284)
280		▶ 서진, 중국 통일 (-316)	
313	▶ 한 군현 소멸		▶ 밀라노 칙령(크리스트교 공인)
316		▶ 5호 16국 시대 (-439)	
372	▶ 고구려에 불교 전래		
375			▶ 게르만 민족의 대이동
376			▶ 인도 굽타 왕조의 전성, 힌두교 성립
384	▶ 백제에 불교 전래		
395			▶ 로마제국, 동서 분열
420		▶ 송의 건국(남조)	
427	▶ 고구려, 평양 천도		
433	▶ 나제동맹 성립		
439		▶ 북위, 화북 통일/중국, 남북조시대(-589)	
475	▶ 백제, 웅진 천도		▶ 서로마 제국 멸망
476			▶ 프랑크 왕국 건국 (-843)
486			
512	▶ 신라, 우산국 정벌		
538	▶ 백제, 사비 천도		
552	▶ 백제, 일본에 불교 전래		
562	▶ 신라 대가야 병합		

연도	한국	중국 · 일본	세계
581		▶ 수 건국 (-618)	
589		▶ 수, 중국 통일 (-618)	
606			▶ 비잔틴 제국, 사산조 페르시아와 싸움
610	▶ 고구려, 살수대첩		▶ 이슬람교의 성립
612			
618			
622			▶ 헤지라(이슬람교 기원 원년)
629		▶ 현장의 서약 여행	
630			▶ 마호메트, 메카 정복
632			▶ 정통 칼리프 시대 (- 661)
645		▶ 일본, 다이카 개신	
660	▶ 백제 멸망		
668	▶ 고구려 멸망		
676	▶ 신라, 삼국 통일		
685	▶ 신라 9주 5소경 설치		
698	▶ 발해 건국 (-926)		
751	▶ 불국사 창건	▶ 탈라스전투	▶ 카롤링거 왕조 성립 (-1258)
755		▶ 안사의 난 (-763)	
762			▶ 바그다드 건설
771			▶ 카를루스, 프랑크 통일
780		▶ 양세법 실시	
794		▶ 일본, 헤이안(교토) 천도	
828	▶ 장보고, 청해진 설치		
875		▶ 황소의 난 (-884)	
892	▶ 후백제 건국		
901	▶ 후고구려 건국		
907		▶ 당 멸망, 5대 10국 시대 (-960)	
916		▶ 요의 건국 (-1125)	
918	▶ 고려 건국		
926	▶ 발해 멸망		
936	▶ 고려, 후삼국 통일		
958	▶ 과거제 실시		
960		▶ 송의 건국 (-1279)	
962			▶ 신성 로마제국 성립 (-1806)
979		▶ 송, 중국 통일	
987			▶ 프랑스, 카페 왕조 성립 (-1328)
993	▶ 거란의 침입		
1019	▶ 귀주대첩		
1037			
1069		▶ 송, 왕안석의 개혁	
1077			▶ 카노사의 굴욕
1086	▶ 속장경 조판		
1096			▶ 십자군 운동 (-1270)

연도	한국	중국 · 일본	세계
1107	▶ 윤관, 여진 정벌		
1115		▶ 금의 건국 (-1234)	
1126	▶ 이자겸의 난		
1127		▶ 남송의 건국 (-1279)	
1135	▶ 묘청의 서경 천도 운동		
1145	▶ 삼국사기 편찬		
1170	▶ 무신 정변		
1192		▶ 일본, 가마쿠라 바쿠후 성립 (-1333)	
1196	▶ 최충헌 집권		
1206		▶ 칭기즈칸, 몽골 건국 (-1368)	
1215			▶ 영국, 대헌장의 성립
1231	▶ 몽고의 침입		
1232	▶ 강화 천도		
1258		▶ 몽골, 바그다드 침략	
1265			▶ 영국 의회 시작
1270	▶ 개경으로 환도		
1271		▶ 원 제국 성립 (-1368)	
1274		▶ 원, 일본 원정 (-1284)	
1299			▶ 오스만 투르크의 건국 (-1922)
1300			
1302			▶ 프랑스, 삼부회 소집
1309			▶ 교황의 아비뇽 유수
1337			▶ 백년전쟁 (-1453)
1338		▶ 일본, 무로마치 바쿠후 성립 (-1573)	
1347			▶ 흑사병 만연 (-1451)
1359	▶ 홍건족의 침입		
1368		▶ 명의 건국 (-1644), 북원의 성립	
1388	▶ 위화도 회군		
1389	▶ 박위, 대마도 정벌		
1392	▶ 조선의 건국		
1402	▶ 호패법 실시		
1405	▶ 나제동맹 성립	▶ 정화, 남해 원정 (-1433)	
1414			▶ 콘스탄츠 공의회 (-1418)
1421		▶ 베이징 천도	
1426	▶ 삼포 개항		
1446	▶ 훈민정음 반포		
1450			▶ 구텐베르크, 활판인쇄술 발명
1453			▶ 비잔틴 제국 멸망
1455			▶ 장미전쟁 (-1485)
1467		▶ 일본, 전국시대 시작	
1469	▶ 경국대전 완성		
1486			▶ 바르톨로뮤 디아스, 희망봉 통과
1492			▶ 콜럼버스, 아메리카대륙 방문

연도	한국	중국 · 일본	세계
1498			▶ 바스코 다 가마, 인도 항로 개척
1510	▶ 삼포왜란		
1517			▶ 루터의 종교개혁
1519			▶ 마젤란, 세계일주 (-1522)
1521			▶ 에스파냐, 아즈텍 정복
1526			▶ 인도, 무굴제국의 건국 (-1858)
1532			▶ 에스파냐, 잉카제국 정복
1541			▶ 칼뱅의 종교개혁
1543	▶ 백운동서원 세움		
1551			▶ 네덜란드, 말라카 점령
1554	▶ 비변사 설치		
1557			▶ 포르투갈, 마카오상관 세움
1565			▶ 에스파냐, 필리핀 점령
1581			▶ 네덜란드, 독립 선언
1583		▶ 마테오 리치, 광둥 도착	
1588			▶ 영국, 에스파냐 무적함대 격파
1590		▶ 도요토미 히데요시 일본 통일	
1592	▶ 임진왜란		
1598			▶ 낭트 칙령
1600			▶ 영국, 동인도회사 설립
1603		▶ 일본, 에도 바쿠후 성립 (-1867)	
1605		▶ 곤여만국지도 간행	
1608	▶ 경기도, 대동법 실시		
1613			▶ 러시아, 로마노프 왕조 (-1917)
1616		▶ 후금 건국	
1618			▶ 30년전쟁 (-1648)
1620			▶ 청교도, 신대륙 상륙
1623	▶ 인조반정		
1624			▶ 네덜란드, 타이완 점령
1627	▶ 정묘호란		
1628			▶ 권리청원
1631		▶ 이자성의 난	
1636	▶ 병자호란		
1642			▶ 청교도혁명 (-1649)
1644		▶ 명의 멸망, 청의 중국 지배	
1646		▶ 청 변발령 실시	
1648			▶ 베스트팔렌조약
1649			▶ 영국, 공화정 (-1660)
1651			▶ 크롬웰, 항해조례 발표
1661		▶ 청, 강희제 즉위 (-1722)	
1673		▶ 삼번의 난 (-1681)	
1687			▶ 뉴턴, 만유인력의 법칙 발표
1688			▶ 명예혁명

연도	한국	중국 · 일본	세계
1689		▶ 청-러, 네르친스크 조약	▶ 권리장전
1690		▶ 영국, 인도 캘커타에 상관 건설	
1708	▶ 전국에 대동법 실시		
1710		▶ 강희자전 편찬	
1712	▶ 백두산정계비 건립		
1720		▶ 티베트, 청에 복속	
1725	▶ 탕평책 실시		
1750	▶ 균역법 실시		
1765			▶ 와트, 증기기관 발명
1776	▶ 규장각 설치		▶ 미국 독립선언
1782		▶ 사고전서 편찬	
1784	▶ 이승훈, 카톨릭 전도		
1786	▶ 서학을 금함		
1789			▶ 영국, 국민의회 성립 프랑스 대혁명 (-1795), 인권선언 발표
1796		▶ 백련교도의 난	
1798			▶ 나폴레옹, 이집트 원정
1801	▶ 신유박해		
1804			▶ 나폴레옹 1세 취임
1806		▶ 중국, 크리스트교 포교 금지	
1811	▶ 홍경래의 난		
1814			▶ 나폴레옹, 엘바섬 유배/빈 회의 (-1815)
1815		▶ 청, 아편 수입 금지	
1824			
1830			▶ 스티븐슨, 증기기관차 발명 프랑스, 7월 혁명/벨기에 독립
1839	▶ 기해박해		
1840		▶ 아편전쟁 (-1842)	
1842		▶ 난징조약	
1850		▶ 태평천국운동 (-1864)	
1851			▶ 영국, 런던만국박람회
1852			▶ 나폴레옹 3세 즉위 (-1870)
1856		▶ 애로호 사건 (-1860)	
1858			▶ 인도 무굴제국 멸망, 영국의 식민지가 됨
1859			▶ 다윈, 종의 기원
1860	▶ 최제우, 동학 창시	▶ 베이징조약	
1861	▶ 김정호, 대동여지도 제작		
1862	▶ 임술민란	▶ 양무운동 (-1874)	
1864	▶ 서원 철폐		
1866	▶ 병인양요		
1867		▶ 메이지 천황 즉위 (-1912)	▶ 마르크스, 자본론 편찬 (-1894)
1868		▶ 일본, 메이지 유신	
1869		▶ 수에즈운하 개통	

연도	한국	중국 · 일본	세계
1871	▶ 신미양요		▶ 독일제국 성립/파리 코뮌
1875	▶ 운요호 사건		
1876	▶ 강화도조약		
1882	▶ 임오군란		
1884	▶ 갑신정변		
1889		▶ 메이지 헌법 공포	
1894	▶ 동학농민운동/갑오경장	▶ 청일전쟁	
1895	▶ 을미사변		
1896	▶ 독립협회 설립		
1897	▶ 대한제국의 성립		
1898			▶ 필리핀, 미국령으로 됨
1899	▶ 경인선 개통	▶ 의화단운동 (-1901)	
1902		▶ 영일동맹	
1904		▶ 러일전쟁 (-1905)	
1905	▶ 을사조약/경의선 개통		
1907	▶ 신민회 설립		
1908			
1909	▶ 안중근, 이토 사살		
1910	▶ 일본, 한국 강점		
1911		▶ 신해혁명	
1912	▶ 일제, 토지조사사업 실시 (-1918)	▶ 중화민국 성립	
1913		▶ 위안 스카이, 대총통 (-1916)	
1914			▶ 제1차 세계대전 (-1918)
1917			▶ 러시아혁명
1918	▶ 대한독립선언서 발표		
1919	▶ 2.8 독립선언/3.1 운동/임시정부수립	▶ 중국 5.4 운동/국민당 결성	▶ 간디, 비폭력 무저항 운동
1920	▶ 청산리 대첩		▶ 국제연맹 성립
1921		▶ 중국 공산당 성립	
1924		▶ 중국, 제1차 국공합작	
1925	▶ 일제, 치안유지법 공포		
1926	▶ 6.10 만세운동	▶ 국민당의 북벌	▶ 영국연방 수립
1927		▶ 중국, 국민정부 수립	
1928			
1929	▶ 광주학생운동/원산총파업		▶ 세계 경제공황 발생
1931		▶ 만주사변	
1932	▶ 윤봉길 의사 의거	▶ 만주국 성립	
1933	▶ 한글 맞춤법 통일안 제정	▶ 일본, 국제연맹 탈퇴	▶ 독일, 나치 정권 성립
1934			
1937		▶ 노구교 사건/중일전쟁 발발 (-1945)	
1938	▶ 일제, 한글 교육 폐지		
1939			▶ 제2차 세계대전 (-1945)
1940	▶ 광복군 결성		
1941		▶ 일본, 태평양전쟁 (-1945) 시작	

연도	한국	중국 · 일본	세계
1942	▶ 조선 독립동맹 조직/조선어학회 사건		
1943			▶ 카이로 선언/테헤란 회담
1944	▶ 건국 동맹 결성		▶ 노르망디 상륙작전
1945	▶ 8.15 해방/조선건국준비위원회 발족	▶ 히로시마, 나가사키 원폭투하/일본 항복	▶ 얄타회담/포츠담선언/독일 항복/국제연합 성립
1946	▶ 미소공동위원회 개최		
1947	▶ 유엔 한국위원단 구성		
1948	▶ 남북협상/남한 단독 총선거-대한민국 정부 수립/조선민주주의인민공화국 수립		
1949		▶ 중화인민공화국 성립	▶ 북대서양 조약기구 성립
1950	▶ 한국전쟁 (-1953)		
1953	▶ 휴전협정 조인		
1955			▶ 바르샤바 조약기구 성립
1957			▶ 소련, 인공위성 발사
1959			▶ 유럽공동체(EC) 성립
1960	▶ 4.19 혁명		
1961	▶ 5.16 군사 쿠데타		
1963	▶ 박정희 정부 수립		
1964		▶ 도쿄올림픽 개최	
1965	▶ 한일조약 비준		
1966		▶ 중국, 문화대혁명	
1968			▶ 체코, 민주화 선언/아폴로 11호 달 착륙
1971		▶ 중국, 유엔 가입	
1972	▶ 유신헌법 공포, 유신체제 시작		
1973			▶ 동서독 유엔 가입
1975			▶ 베트남 번쟁 종식, 베트남 공산화
1976		▶ 마오쩌둥 사망	
1978		▶ 덩샤오핑 집권	
1979	▶ 10.26 사건, 박정희 대통령 피살		▶ 이란 혁명
1980	▶ 광주 민주화 운동		▶ 폴란드, 자유노조운동/이란-이라크 전쟁 (-1988)
1981	▶ 제5공화국 출범(전두환)		
1983	▶ KAL기 소련기에 격추		
1986	▶ 서울 아시안게임 개최		▶ 필리핀, 마르코스정권 붕괴
1987	▶ 6.10 항쟁, 대통령직선제로 헌법개정		▶ 소련, 페레스트로이카
1988	▶ 노태우 정부 출범/서울올림픽 개최		
1989		▶ 중국, 천안문 학생 시위	
1990	▶ 한국, 러시아와 수교		▶ 동서독 통일/이라크 쿠웨이트 침공
1991			▶ 미국, 이라크 침공 걸프전 발생 소련 해체, 독립국가연합과 러시아 출현
1992	▶ 한국, 중국과 수교		
1993	▶ 김영삼 정부 출범	▶ 장쩌민 집권	▶ 유럽연합(EU) 출범
1994	▶ 김일성 사망		
1995			▶세계무역기구(WTO) 출범
1996	▶ OECD 가입		

연도	한국	중국 · 일본	세계
1997	▶ 외환위기 발생		
1998	▶ 김대중 정부 출범	▶ 포르투갈, 마카오를 중국에 반환	
1999			▶ 유럽 단일통화 '유로' 출범
2000	▶ 김대중, 김정일 1차 남북정상회담		
2001			▶ 미국 9.11 테러 발생/미국 · 나토, 아프가니스탄 침공
2002	▶ 한일월드컵 공동 개최	▶ 후진타오 집권	
2003	▶ 노무현 정부 출범		▶ 미국, 이라크 침공
2004	▶ 노무현 대통령 탄핵		
2005			
2006	▶ 반기문, UN사무총장에 당선		
2007	▶ 노무현, 김정일 2차 남북정상회담		
2008	▶ 이명박 정부 출범	▶ 베이징올림픽 개최	▶ 리먼 사태, 세계 금융위기 발생
2009			▶ 미국 최초 아프리카계 대통령 오바마 취임
2010	▶ 천안함 침몰, 연평도 포격 사건		

한눈에 읽는 파노라마 한국사

2012년 8월 31일 초판 1쇄 인쇄
2012년 9월 10일 초판 1쇄 발행

저 자 | 한시준·김철웅
펴낸이 | 장호성
기 획 | 이재석
제 작 | 김남필
편 집 | 성두현·박보혜
펴낸곳 | 노스보스
등 록 | 1968년 6월 27일 제03-00095호
주 소 | 경기도 용인시 수지구 죽전로 152
전 화 | 031-8005-2403~5
팩 스 | 031-8021-7154

값 15,000원

ISBN 978-89-7092-482-3 03910

* 'NOSVOS'는 라틴어 'Nos(우리가)'와 'Vos(당신을)'의 합성어로
지혜로운 삶을 지향하는 분들에게 유익한 도서를 펴내겠다는 의지를 담고 있습니다.